L'Image de Soi

Éditions Eyrolles
1, rue Thénard
75240 Paris cedex 05

Consultez notre site :
www.editions-eyrolles.com
www.editions-organisation.com

« L'IMAGE DE SOI® » est un concept « pétale » protégé par copyright. Il recouvre différentes approches concernant le marketing, la communication, la publicité, l'esthétique, la formation, le management, le développement personnel, la psychothérapie, etc. Certains termes sont des néologismes que nous avons créés et qui lui sont spécifiques : ils sont aussi protégés par copyright. Il en va de même pour les outils d'analyse et de diagnostic.

www.imagedesoi.com

Du même auteur, chez le même éditeur
L'Intelligence Relationnelle, 2003
Valorisez votre image, 2004

Le code de la propriété intellectuelle du 1er juillet 1992 interdit en effet expressément la photocopie à usage collectif sans autorisation des ayants droit. Or, cette pratique s'est généralisée notamment dans l'enseignement provoquant une baisse brutale des achats de livres, au point que la possibilité même pour les auteurs de créer des œuvres nouvelles et de les faire éditer correctement est aujourd'hui menacée.
En application de la loi du 11 mars 1957, il est interdit de reproduire intégralement ou partiellement le présent ouvrage, sur quelque support que ce soit, sans autorisation de l'Éditeur ou du Centre Français d'Exploitation du Droit de copie, 20, rue des Grands-Augustins, 75006 Paris.

© Eyrolles, 2005
ISBN : 2-7081-3392-6

Marie-Louise PIERSON

Illustrations réalisées par Irma Mercadé

L'Image de Soi

EYROLLES

« *Chacun, s'il a le respect de l'autre, a le droit d'habiter son église, sa maison, son paysage, son visage.* »

Jacques SOJCHER,
Petits savoirs inutiles, le Grand miroir, 2005

*Pour Alba (10 ans) et Saskia (6 ans)
mes deux élégantes petites filles.*

Sommaire

Introduction 11
   Le poids des apparences, une question taboue 11
   Le vêtement est une vision du monde 13

Première partie
Le pourquoi de l'Image de Soi

**Chapitre 1 : Tout ce que vous avez toujours
voulu savoir sur le *look* sans oser le demander** 21
   La dictature des apparences 21
   Bienvenue chez les tribus ! 23
   La première impression ou pour quoi s'habiller 24
   La communication à la rescousse de votre image 26
   Une histoire de codes 31
   Image, mode d'emploi 32
   Pourquoi vous ne plairez jamais à tout le monde…
   et cela n'est pas grave ! 37
   Du bon usage de la séduction 41

Chapitre 2 : L'Image de Soi ou l'identité rendue visible 43
   Les mécanismes psychiques en jeu dans le regard 45
   Le *feed-back* 48
   Du bon usage des émotions 50

Chapitre 3 : La maîtrise de l'image personnelle 57
   La présence, un don à cultiver 58
   Transformez ce qui cloche en évènement ! 59
   Faites un allié du naturel 61
   L'Image de Soi et les fidélités cachées 65
   Symboles et archétypes : des images qui appartiennent
   à l'inconscient collectif 67
   Ne vous laissez pas trahir par votre apparence 71

Chapitre 4 : La construction de l'identité 75
   Le rôle de la mémoire dans l'identité 75
   Le secours des images 76
   Représenter c'est donner corps à des idées 77
   La sémiologie ou « l'empire des signes » 78
   Les conséquences
   d'une bonne ou mauvaise estime de soi 82
   Estime de soi et haine de soi 86

**Chapitre 5 : Vie privée, vie publique,
la juste distance à l'Autre ?** 91
   Différencier le Moi et la fonction 92
   Façons, manières et sensorialité 95
   Tact, rituels et maintien de la paix sociale 99
   Tout le monde doit mentir 101
   Les territoires de l'honneur 103
   Le tact, une histoire à deux faces 104
   Amortisseurs, minimisateurs et autres adoucisseurs 107

Chapitre 6 : Les paroles du corps 109
   On lit sur votre corps comme dans les lignes de la main 110
   Le visage également est bavard 111
   Dix clés de lecture du corps 113
   Le langage des gestes 115
   Les signaux remparts : on ne passe pas ! 118
   Les signaux d'expansion : entrez ! 120
   Le regard parle 123
   L'espace parle : proxémie et juste distance 124
   Le territoire et autres signaux indicateurs 129
   À chacun sa place 131
   Votre pas vous signe 133
   Savoir conclure est un art… qui s'apprend 135

Chapitre 7 : La vie sociale est une scène 137
   Image des personnes et image du groupe 138
   Image de Soi et circonstances exceptionnelles 140
   Les Vecteurs d'Image 142

Chapitre 8 : L'habit fait bien le moine 145
   L'ordre hiérarchique 145
   De la nudité au vêtement 146
   Le langage du vêtement, ou du corps physique au corps social 148

Appartenir et se distinguer : un exercice de liberté 150
Petite leçon de mode à l'usage des béotiens 154
Mode et corps : confort ou contenance ? 156
Mode et sexualité : la grande mutation 158
Mode et économie : l'étoffe des héros 159
Mode et fonction : les nouveaux basiques 160
Mode et politique : décaler, c'est créer 162
Mode et séduction : on veut tout ! 164
Le jeunisme, ou comment gérer la précocité des filles 167

Seconde partie
Comprendre les codes et construire une « bonne » Image de Soi

Chapitre 9 : Il est temps de coacher votre image 173
   Comment j'ai pu acheter ce truc ! 173
   Le corps se libère 181
   Que dites-vous avant d'avoir dit « bonjour » ? 182
   Le coaching d'Image 184
   É-li-m-inez les massacreurs d'image ! 189

Chapitre 10 : Apprenez à composer votre garde-robe professionnelle 193
   Quelques trucs pour bien acheter 195
   Apprenez à reconnaître les tissus 196
   Harmonisez tissus et couleurs, basiques et accessoires 202

Chapitre 11 : Parlons de votre garde-robe, Messieurs 207
   Les codes gagnants 207
   L'étoffe des héros et les archétypes ou les basiques pour hommes 214
   La bonne forme pour vos formes… 218
   Le gilet de Werther 219
   Le blazer est-il métrosexuel ? 220
   Le pardessus est de retour 223
   Le *duffle-coat* a le vent du large en poupe mais le *trench* et la parka résistent 225
   La veste de *tweed* 229
   Le pantalon droit 230
   La garde-robe masculine idéale 234

Les accessoires, c'est magique ! À vos chemises, cravates, chaussettes et chaussures	236
Et pour le soir ?	246

Chapitre 12 : À votre garde-robe, Mesdames 249
Être femme dans l'entreprise	249
La garde-robe professionnelle des femmes	251
Le merveilleux petit tailleur	260
Quelques détails qui ont leur importance	263
Le sexe du pantalon	266
Votre garde-robe idéale, Madame	267
Donnez-vous du genre, changez de style	272
Les chaussures féminines	273
Quelles sont vos couleurs	275
Les hommes préfèrent les rondes !	277

Chapitre 13 : Le décalage est un art qui s'apprend 283
Le *décalage* créatif	283
Jamais sans mon *jean* !	285
Soft transgression	287
Le décalage au masculin	291
Quelques décalages au féminin	293

Chapitre 14 : Faites-vous une tête sans vous prendre la tête 299
Le langage des cheveux	299
Que faire de vos cheveux ?	306
Comment équilibrer la nature	309
Les lunettes, le sourire ou le maquillage ne sont pas accessoires	311

Conclusion	317
Se plaire à soi-même	317
Réponses aux questionnaires	321
Bibliographie	327
Index des noms propres	329
Index des concepts et notions	331

Introduction

Le poids des apparences, une question taboue

Dans les années quatre-vingt, alors que l'on tenait l'apparence pour une question frivole, j'attirais l'attention de mes contemporains sur l'importance des représentations de soi et sur le poids des apparences.

Mannequin vedette chez Coco Chanel, puis modèle international, j'avais posé pour les photographes les plus talentueux. Helmut Newton, Frank Horvat, Guy Bourdin, Richard Avedon, Peter Knapp et bien d'autres avaient chacun vu en moi une femme différente et, quoi qu'on en dise, leur regard n'avait pas toujours été tendre.

Que penser de la beauté lorsqu'elle vous est impartie ? Faut-il en croire Kant quand il écrit : « *Est beau ce qui plaît universellement sans concept* »[1] ? Universellement ? Autant de questions qui se posent.

Travailler en compagnie des plus belles femmes (et des plus beaux hommes) du monde m'avait permis de financer de longues études de psychologie et de psychanalyse, mais surtout d'observer leur relation à leur propre beauté ainsi que le regard social posé sur les apparences. Je m'étonnais que personne ne prête alors attention à ce qui crève les yeux : nous jugeons et sommes jugés *sur les apparences*. Comment en serait-il autrement, d'ailleurs ?

---

1. Emmanuel KANT, *Critique de la faculté de juger*.

Or, rien n'a varié autant que les codes de la beauté et le regard qui est posé sur elle. Il y a peu de choses en commun entre l'idéal féminin vaporeux photographié par Steinchen – à l'époque, on photographiait de la même façon les vieilles dames et les jeunes filles – et le « jeunisme » androgyne des corps adolescents moulés dans leurs *jeans* ou flottant dans leur *baggy*. Longtemps parquées dans le camp des belles-et-forcément-sottes, les « belles » subissaient le diktat d'une morale austère et punitive ; ce n'est que récemment que la beauté est devenue à la mode. Il est enfin permis aux femmes de l'être. Et mieux, mais plus récemment encore, d'être belles *et* compétentes. Mais la beauté, comme la laideur ou la richesse, d'ailleurs, est parfois un cadeau empoisonné.

Ce livre – bien qu'il s'amuse souvent à donner des clés esthétiques, histoire de transmettre une expérience de l'élégance aux jeunes générations – n'est donc pas un manuel de *relooking*. Je déteste cet anglicisme apparu ces dix dernières années avec l'avènement d'une beauté clinquante, commerciale, qui « en jette », quand nous avons à notre disposition le joli mot d'« image » qui transmet mieux l'idée d'une représentation, voire d'une présentation de soi.

Kant, dans sa définition citée plus haut, laisse une large part au sensible. Authenticité ou travestissement, nous parlerons peu dans ce livre de beauté, la chose au monde la moins consensuelle comme la plus familière. L'injonction moderne de séduire n'est pas nouvelle, elle nous amène à penser notre image et à ne plus laisser au hasard, ou à l'industrie le soin de dire à notre interlocuteur qui nous sommes.

Dans ce long parcours autour de la beauté, j'avais été amenée à présenter un mémoire sur « L'égalité des chances en milieu professionnel ». Il me fut alors donné d'observer que parfois, une sorte d'« intelligence de soi » permettait à certains, beaux ou non, de construire une représentation de soi organisée et porteuse de sens. Voilà ce dont il s'agira, ici.

Introduction

Le vêtement est une vision du monde

Après cette longue expérience de plus de vingt-cinq ans dans la mode (pour faire mentir ceux qui prétendent que la carrière des modèles photographiques est courte), trois conclusions s'imposèrent à mon esprit, dont certaines devraient vous rendre l'optimisme.

Les plus belles femmes du monde avaient parfois fort peu confiance en elles, et leur fragilité intérieure était aussi grande que celle de leur carrière. L'estime de soi n'avait donc rien à voir avec la beauté et lui était parfois inversement proportionnelle.

Certains êtres dépourvus d'attraits entretenaient une relation sereine avec leur apparence, et peu leur importait de déplaire. Certains, même, trouvaient du goût à cette singularité et en faisaient un effet de style.

La beauté ouvrait certes quelques portes mais en fermait beaucoup. Le regard social posé sur la beauté consistait à la considérer comme une « monstruosité » et, comme telle, parfois, amenait à l'immoler. Fort peu de gens entretiennent avec leur apparence une saine distance ludique et lucide. Et ceux qui disent le plus s'en affranchir sont les plus inconscients des signes qu'ils véhiculent...

Non, nous n'étions pas tous égaux devant le monde socioprofessionnel, et à diplômes égaux, certains avaient un *petit quelque chose* qui faisait la différence.

Ayant longtemps vécu, étudié et travaillé aux États-Unis, je connaissais les travaux du sociologue Erving Goffman[1] sur les rituels sociaux et j'avais constaté combien la France était en retard dans son approche des représentations de soi. Lors de ses cours, Erving Goffman invitait ses étudiants à se pencher

---

1. Erving GOFFMAN, *Les rites d'interaction*, Minuit, 1974.

sur la démarche de leurs interlocuteurs et à étudier la semelle de leurs chaussures – et plus précisément le talon de ladite chaussure – pour détecter (à travers la forme, mais aussi l'usure du talon) l'origine géographique, le montant du revenu, et les goûts de la personne. La démarche chaloupée du cow-boy ne produit pas les mêmes traces que le talon décidé du jeune loup de la finance.

Deux sociologues français, Georg Simmel et Marcel Mauss, avaient bien souligné combien des questions jugées triviales comme l'apparence physique, l'odeur et autres histoires de chiffons étaient des clés essentielles à la compréhension du fonctionnement de nos sociétés.

Mais personne ne s'était encore penché sur l'impact de l'apparence dans le recrutement des salariés, pas plus que sur leur importance dans la vie sexuelle et amoureuse. Encore moins sur l'enjeu psychique et sociétal du narcissisme. Nul n'avait osé suggérer encore que le pouvoir de conviction d'un homme politique dépendait aussi de son *look* et de ce qu'il donnait à voir de sa vie familiale.

Décoder les diverses fonctions de l'apparence ne me suffisait pas ; j'entendais aller plus loin et les mettre au service de l'humain. Pour la première fois est apparu ce concept de communication globale, l'« Image de Soi », et je n'ai cessé, depuis, d'en explorer la teneur comme les conséquences de sa structuration, voire de ses défaillances, sur notre vie sociale, professionnelle et personnelle.

Aujourd'hui, il paraît acquis que nous évoluons dans un *bain sensoriel* qui véhicule des messages d'autant plus puissants qu'ils sont parfois *subliminaux* et inconscients. De nombreux chercheurs ont exploré ce champ, tant dans les sciences humaines – psychanalyse, sociologie, éthologie, anthropologie – que dans le marketing, la mode et la publicité. S'habiller, c'est exprimer une vision du monde. C'est aussi exprimer une vision de soi, de sa place dans le monde, mais aussi son rapport à son propre corps et à celui d'autrui.

À l'heure où l'entreprise s'interroge sur son éthique et sur son âme, où cadres et dirigeants sont conscients de transmettre une *culture* et une *histoire* à leurs équipes ; à l'heure où la compétition se fait forte, la sélection impitoyable ; à l'heure où sévit le « jeunisme » mais ou l'on parle déjà du travail des seniors, à l'heure où les petites-filles de douze ans s'habillent comme des femmes ; à l'heure où les implants fessiers et le Botox font rage, comment ne pas vouloir faire le point avec sa propre image ?

Ce livre n'est pas un gadget supplémentaire promettant le *look* du gagnant. On en a trop vu, et, si ça marchait, ça se saurait. L'être est plus exigeant que cela ; pour changer ses comportements, il veut comprendre et faire ses choix en fonction de ses valeurs profondes et de son désir. Voilà le maître mot : désir. Il nous semble aujourd'hui impossible d'aborder la question de l'Image de Soi sans se demander si notre manière d'être fait de nous des *fashion victims* passives, que ne guide aucun objectif personnel, ou des *êtres de sens,* conscients de ce qu'ils font, conscients et de leur désir.

Une bonne image n'est pas celle qui fera de vous une image de mode, bien au contraire. Une trop belle gueule, une apparence trop parfaite, trop « riche », peut desservir autant que le contraire. Une bonne image est une image qui vous va. Qui à du sens. Qui est votre identité rendue visible. Identité sexuelle, affective, mais aussi identité sociale. Une bonne image de soi n'a jamais remplacé une qualification professionnelle mais il est des carrières gâchées, des services déficients, des performances invisibles, des discours incompris, pour cause d'image. La qualité est parfois démentie par le contre-discours dévalorisant des apparences.

Il est frappant de voir comme l'entreprise, prête par ailleurs à investir généreusement pour son image de marque, accordait jusqu'alors peu d'attention à cette communication non publicitaire gratuite qu'est l'image des personnes. Depuis quelques années, cependant, des grandes écoles aux professions du bâtiment, des laboratoires pharmaceutiques aux grainetiers, des professions du luxe à l'ANPE, on place enfin les « apparences » (dont le vêtement n'est qu'un des avatars) dans le travail de communication. Plus récemment, c'est à l'espace sensoriel du client qu'entreprises et organisations s'adressent pour positionner leurs marques, *via* leur image : odeurs, sons, musique, couleurs, parfums, matériaux de décorations sont utilisés par le truchement de nouveaux métiers.

C'est à porter au bénéfice des entreprises comme des individus, car travailler sa communication visuelle est à la jonction d'intérêts qui sont parfois perçus comme contradictoires. Tout le monde y trouve son compte.

Il est frappant aussi de voir comme les individus sont démunis face à la montée des signes et à la prolifération des codes. Car nous ne sommes pas égaux devant l'Image de Soi. Les disparités physiques sont évidentes et certaines sont immuables. Elles ne sont rien cependant face à la suprématie que donne la possession des codes. Et celle-là s'acquiert.

Disons-le franchement : il est impossible d'aborder l'Image de Soi sans évoquer une morale de l'image et ses sources psychiques. L'image n'est un *leurre* que pour celui qui n'en a pas percé les secrets. C'est de cette manière novatrice que nous vous proposons d'aborder votre image dans ce livre.

Il y a aussi un choix qui sous-tend notre communication : être ou paraître ? Les deux, mon capitaine ! Nous nous en expliquons dans les chapitres qui suivent. Si Narcisse ne doit en aucun cas se « noyer » dans la soumission au « paraître », c'est

Introduction

qu'il court le risque d'y perdre sa boussole intérieure. Son authenticité. La totalité de son « éprouvé », émotions comprises, est la base d'un sain narcissisme.

Avant de vous donner les moyens de comprendre les codes et de construire une « bonne » Image de Soi (en deuxième partie), nous voulons vous convaincre que ni l'entreprise ni les individus ne peuvent aujourd'hui faire l'économie d'une conscience stratégique de leur image. C'est l'objet de la première partie : le *pourquoi* de l'Image de Soi.

Cette première partie dénouera avec vous les objections qui vous ont fait, jusqu'ici, négliger votre image. Elle répond aux ennemis jurés qui sont en vous : le sceptique, le coupable et le rêveur. Il se peut que vous soyez pressé et que l'envie vous prenne de sauter à pieds joints dans la deuxième partie. Pourquoi pas ? Elle foisonne de « trucs » pratiques et d'indications personnalisées qui feront de vous votre supporter numéro un. Gardez pourtant en mémoire de revenir un jour ou l'autre à cette première partie. C'est du lien entre le fond et la forme, et de leur harmonisation, que dépendent l'impact et la force de votre image ; car elle s'enracine dans votre histoire familiale et sociale, et il y a des fidélités cachées qui vont parfois à l'encontre de vos intérêts d'aujourd'hui. Nous en reparlerons.

Lorsqu'on demandait à Yves Saint Laurent ce qu'était l'élégance, il saisissait une cravate et l'accordant à une chemise et à une veste il répondait que c'était cela, l'élégance : relier entre eux des éléments disparates, *manager* son apparence. Manager, c'est organiser.

Avoir confiance en soi c'est découvrir quel est votre rapport à votre image et conforter votre identité. Parfois c'est aussi en traquer les incertitudes, voire les pathologies. La puissance d'une image personnelle bien pensée permet d'être à l'aise dans tous les milieux professionnels, de communiquer avec aisance dans toutes les situations, de développer ses capacités d'anticipation, de savoir influencer avec élégance.

Nous n'en resterons pas là, cependant. Aborder ce sujet sensible ne peut se faire qu'en abordant le terme d'Image de Soi dans toutes ses implications. La représentation sociale de soi, mais aussi l'image intérieure ou l'image psychique, l'idée que nous nous faisons de nous-même est le socle sur lequel se construit une Image de Soi juste.

L'élégance, certes. Mais aussi une meilleure confiance en soi avec une estime de soi restaurée ; une clarification du désir, une identité sexuelle, affective et sociale élaborée sont quelques-unes des bénéfices inattendus que nos lecteurs tireront de ce livre.

PREMIÈRE PARTIE

Le pourquoi de l'Image de Soi

Chapitre 1

Tout ce que vous avez toujours voulu savoir sur le *look* sans oser le demander

> « *Qu'est ce qui est le plus beau pour un crapaud ?*
> *Sa crapaude !* »
> Voltaire

La dictature des apparences

Tout était plus simple autrefois prétendent candidement certains experts qui semblent découvrir que l'État et le pouvoir ont maille à partir avec les apparences. Tout allait pour le mieux, entend-on, quand nous n'avions pas encore abordé ce siècle terrible de l'image, où la question de l'apparence prend toute son importance[1] ! Que n'ont-ils lu Shakespeare qui déjà écrivait que le monde est un grand théâtre !

Nous sommes certes entrés dans l'ère de la beauté médiatique et commerciale, et la petite *bimbo* fleurit dans les émissions de télévision. L'industrie aidant, « *le corps devient notre plus bel*

---

1. Pierre SANSOT, La beauté m'insupporte, Payot, 2004.

objet de consommation »[1], selon la formule de Jean Baudrillard mais, quitte à décevoir les érudits, rappelons-leur que c'était probablement pire avant ! Il n'empêche : la « dictature des apparences »[2], que l'on semble curieusement découvrir aujourd'hui, a de quoi inquiéter car elle laisse peu de place au non-conformisme ou à l'expression de la personnalité.

Mais cette dictature a toujours été ; c'est seulement la manière de l'exprimer qui a changé. Ainsi, au XVIIe et XVIIIe siècle l'Espagne, le Portugal mais aussi la France, l'Angleterre, la Russie régulaient à coup de *lois somptuaires* l'usage des matières, des couleurs et des formes, qui présidaient au choix quotidien que d'aucuns étaient amenés à faire en matière de toilette : longueur des pointes des *poulaines,* ces chaussures extravagantes du Moyen Âge (qui, soit dit entre nous, ressemblent un peu aux bouts pointus des chaussures des années 2004) ; hauteur du *hennin,* cette coiffe réservée aux dames de qualité ; autorisation ou interdiction du port de la fourrure (ainsi en était-il du *vair* et de l'*hermine*, réservés à la royauté) ; hauteur de la *fraise*, ce col de dentelle empesée incommode ; mais aussi régulation des couleurs ou des tissus à travers leur interdiction à certaines classes sociales, avec l'usage de la pourpre (une couleur fort rare à certaines époques et qui fut longtemps réservée à certains métiers), l'usage du jaune (réservé à certaines époques aux prostituées) l'usage des velours et des damas (réservés à la noblesse). La liste est longue : au Portugal, au XVIIIe siècle, plus de huit cents lois somptuaires tentaient de préciser le code des apparences, ce formidable *marqueur social*.

Ainsi les états légiféraient sur ce qui était permis ou non ; c'était clair.

---

1. Jean BAUDRILLARD, La société de consommation, ses mythes, ses structures, Gallimard, 1996.
2. Jean-François AMADIEU, *Le poids des apparences*, Odile Jacob, 2004.

Bienvenue chez les tribus !

Aujourd'hui, c'est à n'y rien comprendre, le *look* devient fou. Tout semble permis ? Grave erreur ! Les codes affirment leur complexité, et l'œil averti ne s'y trompe pas. On reste perplexe car chacun croit avoir raison et connaître leur clé.

La chemisette manches courtes de l'informaticien étonne le financier dans son costume sombre et les gens de pub dans leurs superpositions, leurs vestons colorés, leurs *jeans baggy* et leurs vestes *customisées.* Ils trouvent que l'entreprise s'habille mal, avec dix ans de retard, que le vêtement y est *ringard*, vraiment *pavtard* (banlieues pavillonnaires, classes moyennes). Dans l'entreprise, on regarde d'un œil sévère ces innovations ridicules caractéristiques de ces *fashion victims* narcissiques qui ne pensent qu'à leur apparence, et l'on revêt avec ennui mais bonne conscience le même veston depuis des années ; puis on noue sa cravate (quand il y en a une !) à la va-vite, avec la certitude qu'on est dans la bonne voie.

Dans la grande distribution, on endosse de mauvaise humeur un uniforme parfois mal taillé, et peu ergonomique, et l'on regarde d'un mauvais œil les coquetteries déplacées propres à certaines professions. Les démonstratrices en parfumerie se parfument trop, les jeunes diplômés s'endimanchent pour leur premier entretien d'embauche (ils ont du mal à quitter le cocon douillet du gros chandail dans lequel ils ont révisé leurs partiels). Pour faire taire les mauvaises langues qui ne cessent d'interpréter les signes de l'apparence et leur relation au pouvoir en place, les rédactrices, ces *divas* de la mode telles qu'on les voit pendant les collections, s'habillent tout en noir, traitant par le mépris le *vulgum pecum*, ces « minus » qui n'ont pas compris que « ... *si l'habit fait le Prince, c'est le Prince qui fait l'habit* ».

Bienvenue chez les tribus ! Chacune a ses emblèmes, ses valeurs, ses *codes corporate,* ses ironies, ses clins d'œil aux initiés. Et les fanfarons qui déclarent s'en être totalement affranchis sont les plus dépendants.

Feuilletez, si vous ne me croyez pas, les journaux des décennies passées et remarquez l'évolution du vestiaire des intellectuels et des hommes politiques. Attardez-vous sur ceux qui véhiculent dans leurs écrits un certain dédain du paraître. Soit dit sans agressivité aucune, n'y a-t-il pas de la coquetterie avérée dans la chevelure floue de Bernard-Henri Levy et dans sa chemise blanche de jeune poète ? Et dans la frange de Philippe Sollers ne découvrez-vous pas un rapport au sacré qui traîne encore et un séminariste qui sommeille ? Comment ne pas tenter d'interpréter les chemises étroites, les cols roulés moulants du grand philosophe Michel Foucault qui s'habillait si « près du corps » ? Et que dire de Jean-Paul Sartre qui a si bien parlé de sa « laideur » et de son influence sur son écriture et sur sa vie ! Édouard Baladur n'a-t-il pas été mal inspiré de se mouler dans le *tweed* précieux de vestons quatre boutons, qui l'engonçaient comme un petit marquis ? Et Ségolène Royal qui fait beaucoup de zèle avec ses tailleurs sages et ses longues jupes hors d'âge assorties d'une coiffure d'étudiante ?

Mais arrêtons là car vous êtes vous-même un expert sans le savoir. Il suffit de regarder autour de vous. Les lois somptuaires ont été abrogées mais elles sont remplacées par une série de *codes corporate* qui viennent asseoir un véritable *esprit de corps*. Aussi parlant qu'un uniforme !

Personne n'échappe à la pression sociale autour des apparences ; et elle est inévitable car elle trouve son prolongement dans l'exercice du pouvoir politique et économique.

La première impression ou pour quoi s'habiller

Et vous, où en êtes-vous ? Jetons ensemble un coup d'œil sur votre apparence.

Exercice

Comment vous êtes-vous habillé(e), coiffé(e), ce matin. Avez-vous repris le vêtement d'hier ou en avez-vous mis un autre ? Pourquoi avez-vous changé ? Ce veston et sa couleur, pourquoi les avez-vous choisis ? Pourquoi ces bas, ces chaussettes ? Et vos cheveux, pourquoi cette coiffure ? Pourquoi cette robe, cet imprimé ? Ce rouge à lèvres, ce sac, cette cravate ? Quel effet recherchez-vous en les portant ?

Tâchez de répondre sans utiliser les mots, « c'est joli » ou « ça me va bien », qui sont des réponses subjectives ; essayez de trouver les raisons objectives.

....

....

....

....

Voyez que c'est une véritable stratégie qui préside aux choix que vous faites sur votre apparence. Vous désirez ménager votre confort mais aussi influencer le jugement d'autrui à votre égard. Vous ménagez des effets et comptez donner une certaine image de vous-même. Mais peut-être devrions-nous écrire : pour quoi vous êtes-vous habillé(e) ce matin ?

Les preux chevaliers passaient la nuit à prier et à se vêtir, imaginant les embûches du combat, visualisant leurs faiblesses afin de mieux ajuster leur armure et se préparer à combattre, plaçant en bonne place le blason ou les couleurs de la famille.

On le voit bien, s'habiller ne se réduit pas au simple fait de couvrir sa nudité pour ménager la pudeur et ne pas prendre froid. Le vêtement a une importante valeur symbolique, et on ne se revêt pas de tissus et d'étoffes mais de sentiments et d'émotions. On se prépare, et, comme Monsieur Jourdain faisait de la prose sans le savoir, on fait de la *visualisation* sans le savoir[1].

Chaque matin, vous tentez de résoudre une énigme. Comment suis-je ? Comment les autres me voient-ils ? Vous savez d'instinct que la première impression est essentielle.

La communication à la rescousse de votre image

Pour la première fois, une méthode de communication se consacre à votre image et vous offre de résoudre l'énigme. Cette méthode est novatrice car elle est globale et ne laisse dans l'ombre aucune des composantes de votre image.

On a coutume en effet d'enseigner la communication par petits bouts : un tiers d'expression verbale, un tiers de gestuelle, un tiers de psychologie ; et vous voilà bel et bien découpés, écartelés.

> Or, tous les éléments de votre image sont indissociables :
> signes visuels, sonores, olfactifs, tactiles, spatiaux,
> ils forment son contenant et son contenu.
> Ils inter-réagissent les uns par rapport aux autres,
> se confirmant ou s'infirmant.

Le message reçu en cas de non-concordance est alors celui du mensonge, de la méfiance, du *bluff*.

Tout serait simple dans le meilleur des mondes si... on communiquait tout seul. Mais la présence d'un « Autre », qui regarde et écoute avec son univers propre, introduit dans la communica-

---

1. Psychothérapie qui consiste à se représenter mentalement un évènement afin d'en influencer favorablement le cours. Elle est souvent utilisée dans le sport.

tion une bonne dose d'incertitude. On n'est jamais sûr que les signaux ont la même signification pour tout le monde.

Et comme si l'étude des codes n'était pas assez compliquée, s'y ajoute la grande inconnue que sont les goûts de la personne en face de vous et de son inconscient. La présence de l'inconscient et d'un univers psychique différant à chaque personne a amené certains psychanalystes à affirmer que la communication n'existe pas, sinon d'inconscient à inconscient.

En outre, nous vivons notre « aujourd'hui » en fonction des expériences d'« hier » et du sens que nous leur donnons. Mais nous reviendrons plus tard sur cet aspect important de la communication.

 Les recherches et leurs auteurs qui ont étayé ce travail

Penchons-nous ensemble sur les chercheurs qui ont alimenté nos recherches sur la communication. De nombreuses sciences l'ont exploré :

Sigmund Freud, avec la psychanalyse, s'est penché sur l'inconscient, ce grand « disque dur » de la mémoire qui engrange toutes nos expériences et surtout le sens que nous leur avons donné dans le passé. L'inconscient, comme son nom l'indique, n'est pas accessible à notre conscient mais il interfère perpétuellement avec notre présent à travers des actes, des gestes, des mots ou des images, c'est-à-dire toutes les représentations qui peuplent notre pensée. Notamment à travers le rêve, cette « voie royale qui mène à l'inconscient ». Il s'est penché aussi sur la relation et l'importance du désir et de la sexualité dans la vie humaine. Il a établi les frontières du narcissisme, *ce nécessaire amour de soi, qui conditionne la capacité à se maintenir en vie et à prendre soin de soi. Il existerait aussi un* **narcissisme de mort**[1] *que nous explorerons dans les pages qui suivent.*

Carl Gustav Jung, qui s'intéresse à l'inconscient collectif, note que ce vaste réservoir culturel est lui aussi peuplé de grandes images récurrentes, les **archétypes**, *qui sont véhiculés par les contes, les religions et les croyances.*

Wilhelm Reich, un dissident de Freud, fait parler le corps. Il voit dans le refoulement sexuel la cause de la névrose, et tente d'y apporter des réponses à travers le corps. Il y décèle les traces de certains malaises psychologiques. Ignorant le travail sur l'inconscient, il se penche sur les nœuds ou tensions que les conflits intra-psychiques (dus en particulier à notre éducation) ont déposés dans le corps. Empêchant nos émotions de se produire, ils sont baptisés **cuirasses musculaires**. *De leur dissolution (à travers des exercices, des cris et des massages) dépendent la santé physique et l'équilibre psychologique de la personne. La bioénergie d'aujourd'hui est la psychothérapie qui se rapproche le plus des recherches reichiennes.*

Peu après, le psychanalyste Jacques Lacan explorait le « stade du miroir » chez l'enfant, et ses conséquences, tandis que peu à peu s'élaborait une réflexion fertile également sur le narcissisme, cet amour de soi (je préfère dire ce « soin » de soi), constructif ou destructeur.

La morpho-psychologie, avec le Professeur Corman, est née de la biologie et de la psychologie. Elle étudie la manière dont le milieu et les conditions de vie – géographiques, psychiques, phy-

---

1. André GREEN, *Narcissisme de vie, narcissisme de mort*, Minuit, 1983.

siques, etc. – dans lequel nous avons évolué ont contribué à sculpter notre corps et les traits de notre visage. Elle fonctionne à travers une série d'expertises liées à la **norme**.

L'éthologie étudie le comportement des espèces vivantes, notamment en ce qui concerne la formation des grandes structures sociales : hiérarchie, exclusion ou intégration, agressivité, séduction et utilisation des leurres, résistance à l'épreuve. Konrad Lorenz nous a laissé le souvenir délicieux d'un merveilleux vieux monsieur qui nageait avec ses bébés oies et savait leur parler comme leur maman, préfigurant les envolées cinématographiques du Peuple migrateur. *Plus près de nous, Boris Cyrulnik remonte à la source biologique de nos gestes et de nos parures. Il est l'auteur d'un concept intéressant :* **la résilience**, *propriété psychique de certains êtres capables de résister à la destructivité, interne ou externe.*

La philosophie et la sociologie étudient la pensée humaine, les formes sociales, et l'action de la société sur les personnes, sur les corps et sur les comportements. Pierre Bourdieu (qui fut l'un des premiers à faire remarquer que le corps était un produit social), Jean Baudrillard et Roland Barthes sont les pionniers des recherches sur l'image, la photographie, la mode. Erving Goffman se fait le metteur en scène de la vie quotidienne et explore en finesse l'art de l'interaction en public.

André Leroi-Gourhan, paléontologue, fait le lien entre le geste et le langage à travers l'expérience des premiers hommes.

L'anthropologie et l'ethnologie se sont penchées sur l'impact de la culture sur nos vies. Edward T. Hall fut un des premiers à parler de la « dimension cachée » des métalangages.

La sémiologie, avec Ferdinand de Saussure et Roland Barthes, est dérivée de la linguistique. Elle repère les structures de langage, c'est-à-dire l'organisation des codes et des signes.

Voyez dans le tableau ci-après l'immense gisement inexploré de l'Image de Soi. Votre vêtement n'est pas le seul vecteur d'image, d'autres Vecteurs d'Image, qui émanent des cinq sens, participent à ce *bain sensoriel* par lequel nous communiquons avec autrui.

Différents Vecteurs d'Image		
Moi et moi	Vecteurs morphologiques et physiologiques	Dilatation, rétraction, regards, gestes, démarche, tonus, postures, tensions musculaires, couleur de la peau, estime de soi, narcissisme, « couleur » vocale, odeur
Moi et les autres	Vecteurs psychologiques, et relationnels et interrelationnels	Retrait, ouverture, défi, protection, état du moi, position de vie, respect
Interface	Vecteurs esthétiques, vestimentaires, cosmétiques, capillaires	Couleur, coupe, texture, assemblage, confort, aisance Usage, signes, emblèmes Coiffures, maquillage Beauté, harmonie, goût, style
Moi et vous	Vecteurs anthropologiques, éthologiques, sociologiques	Distances, proxémie, liens, leurres, présentations Réparations, séduction Honneur
Nous	Vecteurs historiques	Modes, usages, savoir-vivre, égards Caractère pratique, fonctionnalité

Une histoire de codes

Si votre image ne dépendait que de votre bon plaisir, les entreprises seraient des lieux bigarrés où l'on se rendrait au travail en salopette, en pyjamas, en queue-de-pie ou en robe du soir. Pourquoi un manager ne présiderait-il pas une réunion, enveloppé dans la cape rouge de Goldorak ? Pourquoi une secrétaire ne porterait-elle pas des bas résilles ou des oreilles de *Bunny* américain ? À moins qu'elle ne conserve son tablier de cuisinière devant l'ordinateur de sa société, ou que le vendeur d'automobiles ne se présente en pyjamas.

Chacun sait que pour composer son image il doit puiser non pas dans un réservoir illimité, mais dans des codes bien définis. Connaître les codes, cela s'appelle le *bon goût*, ou les *bonnes manières*. Lesquels ne sont pas universels mais changent selon l'époque, le pays, le climat politique et religieux.

Constatant les fluctuations du goût et de la manière, vous en avez conçu une méfiance légitime pour les apparences et décidé, pour rester authentique, que tout cela ne vous concernait pas. Le problème commence là, car le *naturel* que vous invoquez souvent n'existe pas.

> L'Image de Soi doit faire face à de lourds handicaps,
> et vous êtes en la matière votre pire ennemi :
> vous avez peur de votre image au nom de l'authenticité.

Rassurez-vous, il n'entre dans ce livre aucun projet de vous faire entrer dans un moule. Pas plus celui de vous modéliser sur une star quelconque, ou sur le manager de l'année. La beauté, disent les poètes, est promesse de bonheur, mais sa définition a bien varié au fil des temps. Des femmes africaines d'aujourd'hui se percent le nez et pensent que les Occidentales avec leur nez « naturel » sont de véritables sauvages, laides et incapables de sublimer la nature. Ce que nous rechercherons ensemble ici est plus une *adéquation* de votre image à ce que vous êtes et au *contexte* culturel et social qui vous entoure qu'une interprétation obéissant à un idéal esthétique.

Après tout, votre apparence est le premier lieu de votre communication. Êtes-vous sûr qu'elle dise bien ce que vous souhaitez ? Êtes-vous reçu cinq sur cinq ?

C'est sur *la forme*, et sur les *formes*, que nous nous interrogerons ensemble. Celles que vous donnez à vos intentions, à vos valeurs personnelles, à vos projets, à vos relations dans l'entreprise.

Car votre image, c'est avant tout de l'information et de la communication. Communiquer ? Voilà un mot bien flou et bien galvaudé ; tantôt il évoque une opération matérielle qui consiste à connecter deux machines, tantôt il désigne un contenu – une conférence par exemple –, tantôt enfin il désigne la faculté humaine de se faire entendre et comprendre.

La biologie du XXe siècle n'a pas cessé de démontrer que tout communique et que sans cette communication, la vie n'existerait pas. Il en est, pour commencer, de nos organes entre eux. Avant même que vous ne disiez « bonjour », votre image a déjà tout dit de vous à votre interlocuteur, et celui-ci, consciemment ou inconsciemment, l'a décodée et y a répondu. Voilà bien des incertitudes en perspective. Qu'est-ce qui a été communiqué ? Qu'est-ce qui est compris ? Qu'est-ce qui est répondu ? Qu'est-ce qui est mis en jeu ? C'est pour réduire ces incertitudes que nous nous pencherons sur le *mode d'emploi* de votre image.

Image, mode d'emploi

Mais au fait, qu'est-ce que l'Image de Soi ? Le concept d'image, s'il est tout nouveau dans son application aux personnes, est couramment utilisé en marketing pour les produits. En voici la définition de l'IREP[1] : « *Une image est l'ensemble des représentations à la fois affectives et rationnelles associées par un individu à une marque, un produit, une entreprise, une idée.* »

C'est en fonction d'un contexte que se mesure l'effet ou la pertinence d'une image. Mieux vaut dans ce cas comprendre tout de suite que l'important n'est pas tant d'envoyer le *bon* message – s'exprimer – que d'être reçu et compris, et d'avoir la réponse que l'on souhaite, c'est-à-dire influencer.

Nous sommes conscients, cependant, de devoir faire face à un véritable procès de l'Image de Soi. Complaisance, narcissisme s'opposent dans votre esprit aux valeurs de sérieux, de crédibilité, d'efficacité qui ont cours dans l'entreprise. S'occuper de son corps, c'est indécent et s'occuper de son image, c'est bien superflu.

Vous opposerez sans doute des raisons imparables, des questions de budget ou de temps, pour justifier votre méfiance. « Une bonne image ça coûte cher », direz-vous, en évoquant intérieurement un personnage prestigieux vêtu de pur mohair et de vigogne. Comme s'il n'existait de « bonne image » que sur l'Olympe de ces demi-dieux.

> Désolée de vous renvoyer à votre miroir :
> une bonne image est celle qui vous va.

Tout reste encore à dire du travail des apparences, si longtemps cantonnées au mythe du futile. Le « donné à voir » est réduit à des histoires de « fringues » et de « modes ». À des minauderies, pensez-vous : l'apparence, par définition c'est superficiel et ça ne va pas loin.

---

1. Institut de recherches et d'études publicitaires.

Car l'Image de Soi hérite d'une vieille suspicion ; le corps et ses apprêts sont jugés superflus dans notre culture judéo-chrétienne, quand ils ne sont pas regardés comme la source du péché. Entre l'exhibition forcenée du corps triomphant, contraint de se « libérer », et le repli nostalgique dans un naturalisme utopique, il y a l'espace ouvert d'une gestion consciente de votre image.

C'est donc « en douce » que vous vous occupez le plus souvent de votre image. Pourtant, chaque jour, chacun de nous face à son miroir cherche à résoudre une énigme de taille : comment fait-on pour montrer à l'extérieur ce que l'on est à l'intérieur ? Comment fait-on pour savoir si ce que l'autre montre est bien ce qu'il pense ou ce qu'il est ? S'il est sincère ? Comment faire pour séduire ? Est-il moral de manipuler autrui ? Toutes questions qui peuvent être réduites à une seule : « Comment faire pour être aimé ? »

Pour résoudre cette énigme il nous faudra abandonner une illusion tenace : la coïncidence identité-physionomie n'existe pas. Réservoir de références auquel nous puisons, la culture[1] nous sculpte autant que nous la sculptons. À ce titre, nous ne sommes guère différents de ces cultures qui portent l'étui pennien ou la djellaba ; notre complet veston n'est pas moins étonnant que le pagne d'écorce, nos maquillages ne sont pas moins exotiques que les scarifications ou les peintures corporelles.

---

1. Dans son livre *Guide du comportement dans les affaires internationales* aux éditions du Seuil (1990), Edward T. HALL définit ainsi la culture : « [...] système développé par l'être humain pour créer, émettre, conserver (stocker) et traiter l'information, système qui le différencie des autres êtres vivants. Les termes "mœurs", "traditions", "coutumes", "habitudes" sont donc à ranger dans le terme générique de "culture". »

De la coïncidence identité-physionomie

La coïncidence identité-physionomie est une illusion qui a mené à des classifications de triste mémoire. L'étude de Claude Hadège[1] nous rappelle que de tout temps on a tenté de classifier les individus d'après leurs caractéristiques physiques. Le nazisme, certes, mais, avant lui, tous les tenants de la métoposcopie[2] dont Jean Cardan fut un fervent défenseur en proposant un atlas des rides et de leur signification quant au caractère de la personne.

Nous sommes confrontés, à cause de cette impossible coïncidence, à une sorte de devoir d'identité qui consiste à organiser de manière consciente les représentations de notre être intérieur, afin qu'elles servent notre être social.

La culture codifie sur notre apparence les rapports que nous entretenons avec elle. Seule la capacité de décrypter ces codes peut nous réconcilier avec notre image et nous en rendre, enfin, les possesseurs.

Le vêtement est un bon exemple de cette emprise des codes : pourquoi en effet l'homme ne se vêtirait-il pas autrement qu'il ne le fait, si ce n'est parce qu'un véritable projet, voire une « morale » vestimentaire, préside à ses choix ? Les sanctions, exclusions, moqueries sont parfois cuisantes. Les mesures pénales existent.

---

1. Jean-Jacques Courtine et Claudine Haroche, *Histoire du visage du XVIe au XIXe siècle*, Payot, 1994.
2. Jean Cardan, « La Métoposcopie », extrait de Grillot de Givry, *Le Musée des sorciers, images et alchimistes*, Tchou, 1929.

Nous ne parlerons pas que de « fringues » dans ce livre ; l'apparence ne se réduit pas aux frontières du corps, mais englobe toute notre communication non verbale. Sur notre corps bien sûr, mais aussi autour de lui, dans cet espace péri-corporel, cette « bulle » dans laquelle nous évoluons.

La lecture de l'introduction vous a convié à voir dans les apparences plus que l'expression de l'utilitaire – se couvrir, avoir chaud –, celle d'un investissement symbolique – se réclamer de certaines valeurs, prendre sa place. Connaître les codes est le premier signe d'un désir d'appartenance à un groupe. Se réconcilier avec son image, c'est prendre une (bonne) place au sein de la collectivité.

Une bonne image est une signature car votre image est **vue** : c'est donc la partie visible de vos comportements que nous explorerons en premier lieu (dans le chapitre 2). Une bonne image est ensuite mémorisée par vos interlocuteurs et devient alors un véritable capital, une valeur. C'est sur cette mise en valeur que nous travaillerons ensuite (chapitres 3 à 8).

Rumeur silencieuse qui vous précède l'image fait *impression* et parle sous vos mots, avant vos mots. Valeur déduite ou valeur ajoutée, votre image ne vient pas toujours convaincre et séduire ; parfois elle altère et déforme vos propos. Bruitage plein de fausses notes, elle vous trahit et vous dévalue. Dans le pire des cas, elle est la mauvaise fée qui démentira votre qualité humaine et votre valeur professionnelle, limitant considérablement vos projets futurs.

L'Image de Soi est toujours un atout : mettons-le à votre service. Tout comme pour le peintre ou le musicien, communiquer une image passe par l'apprentissage de certains moyens ; à nous de vous proposer les outils, à vous de faire les choix.

Vous l'avez compris, vous resterez le maître d'œuvre de votre image, et si dans les pages finales nous jouerons à vous *relooker*, c'est vous qui resterez l'expert. Il n'y a pas d'Image de Soi idéale, même si les journaux en sont pleins. Redisons-le encore, une bonne image est celle qui sert vos projets professionnels et personnels.

L'Image de Soi est inséparable d'une éthique et d'une écologie de l'apparence et des relations humaines. Elle trouve tout naturellement sa place à l'époque du développement durable. Il existe d'ailleurs un joli mot qui s'applique aussi bien au fond et à la forme de nos comportements, c'est « élégance ». Pourquoi ne pas le ressortir des oubliettes ?

Pourquoi vous ne plairez jamais à tout le monde... et cela n'est pas grave !

La Castiglione, une grande dame du siècle dernier, adorait la parure. Elle arriva, un jour, vêtue *« d'un vêtement d'organza de couleur claire, extrêmement léger et transparent, tout parsemé de cœurs rouges. L'impératrice, fixant le cœur placé à la hauteur du pubis, lui dit aigrement : "Vous avez le cœur placé trop bas, comtesse" »*[1]. Nul ne dit comment la Castiglione vécut cet affront, mais bien des personnes s'identifient au regard posé sur elles. Même si ce regard leur fait beaucoup de tors.

Dans la vie, c'est selon les moments : nous sommes tantôt la Castiglione tantôt l'impératrice. Tantôt nous avons envie de *projeter* sur autrui l'aigreur qui est en nous, et c'est une *projection*. Tantôt nous nous identifions au regard qui est posé sur nous, et c'est *l'introjection*.

Cela commence parfois très tôt, dans l'éducation qui nous est donnée : « Tu es vilain », dit la maman pleine de zèle au petit garçon qui refuse d'embrasser grand-papa à cause de sa barbe

---

1. Cité par Eugénie LEMOINE-LUCCIONI, *La robe : essai psychanalytique sur le vêtement*, Le Seuil, 1983.

qui pique (quelle idée, d'ailleurs, d'obliger les enfants à embrasser tout le monde !). Peu à peu l'enfant se voit vilain, dès qu'il est lui-même.

Notre époque elle-même oscille entre le déni coupable de l'image et l'engouement tapageur pour celle-ci, entre l'illusion d'une neutralité possible et la revendication d'une séduction tapageuse. C'est comme si aucune distance adéquate n'existait pour juger de l'image des personnes. « Il est narcissique », entend-on parfois dire d'une personne, dont on juge qu'elle porte trop de soin à son apparence. Pour beaucoup, les valeurs du « paraître » ne peuvent que contredire les valeurs de l'« être ».

S'occuper de son image n'est pas seulement satisfaire le besoin primaire d'avoir chaud et de se protéger. C'est aussi répondre aux besoins fondamentaux d'appartenance, de reconnaissance et d'accomplissement personnel, tels qu'ils sont définis par Abraham Harold Maslow[1]. J'y ajouterai pour ma part le besoin de créativité.

Une des raisons pour lesquelles l'apparence n'est pas une question futile réside dans l'importance du regard, et l'émoi dans lequel nous met le regard de l'autre. C'est parce que nous sommes d'abord vus que le regard à une importance si grande. Et lorsque je dis *regard*, je l'entends au sens le plus large du terme. Ainsi le regard que nos parents ont posé sur nous est-il déterminant pour notre constitution psychique et la manière dont nous nous voyons nous-même.

J'en fis la constatation quand, à mes touts débuts, je fus amenée à intervenir en traumatologie et en chirurgie esthétique réparatrice. Certaines personnes étaient très incommodées de défauts mineurs, alors que d'autres, victimes de déformations importantes, les vivaient très bien. J'ai aussi constaté le désarroi des

---

1. Abraham Harold MASLOW, *Motivation and personality*, Harpercollins College, New York, 1987.

chirurgiens esthétiques qui, opérant un nez ou une poitrine, revoyaient peu après leur patient qui voulait redevenir comme avant. Les raisons du corps touchent à l'intime et à cette *autre scène* (celle de l'inconscient) où se déroule notre vie psychique. La pertinence de votre image tient compte obligatoirement de ces éléments dont on mésestime habituellement l'importance. Et prioritairement de votre *genre* et du rapport conscient et inconscient que vous entretenez avec le féminin ou le masculin ; de votre sexualité et du désir, et de la connaissance (ou de la méconnaissance) que vous en avez.

Sans oublier l'image du corps et la symbolique que vous y attachez, le contexte professionnel (ou affectif) et les représentations qu'ils prennent dans votre esprit. Enfin l'idéal du moi qui a souvent son mot à dire.

Si le regard de l'autre nous fait exister, il nous inquiète aussi. L'éthologue Boris Cyrulnik décrit les retentissements organiques que cause une simple rencontre : « *La simple apparition d'un Autre dans notre conscience suffit à modifier nos émotions et nos métabolismes […] une émotion alertante va accélérer les rythmes cérébraux, faire disparaître l'alpha, augmenter les fréquences cardiaque et respiratoire, provoquer une flèche électrocutanée […] l'Autre, dès qu'il apparaît dans mon champ de conscience, me change mon monde.* ».[1]

Jean-Paul Sartre évoque cet état d'alerte que crée le simple fait d'être regardé : « *Lorsque je suis regardé par une autre personne, il y a un mouvement vers l'extérieur, un "saignement" "de mon état intérieur" "d'être pour moi" "vers un état extérieur" "d'être pour autrui".* »

Agresser, *ad gredior* en latin, signifie « aller vers, à la rencontre de ». Le prédateur n'est pas loin. La confusion, nous le verrons, est fréquente entre la parade de la séduction et le corps à corps

---

1. Boris CYRULNIK, *Mémoire de singe et paroles d'homme*, Hachette, 1998.

de la lutte. Schopenhauer, qui avait de l'humour, disait que les hommes sont comme les hérissons : ils meurent de froid quand ils sont seuls, mais piquent quand ils se rapprochent trop.

C'est que les frontières de notre « moi » ne se limitent pas aux frontières du corps, pas plus que le moi n'est séparé du corps par une ligne nette. Si, comme le soutient Didier Anzieu, psychanalyste, le Moi est un « Moi-Peau »[1], le vêtement et l'espace autour du corps sont une *interface* ou se mêlent le monde social et la vie publique ainsi que le monde individuel et intime et la vie privée. C'est cette interface qui permet de réguler harmonieusement les tensions entre l'intérieur et l'extérieur.

Le petit homme est un fragile cosmonaute lancé dans l'univers. Sa capsule, c'est son apparence. Sorti nu du ventre maternel, jamais il ne se couvrira de poils, de plumes, ni d'écailles. Aucune protection, aucune armure, aucun bouclier à attendre, si ce n'est ceux qu'il se créera : vêtements de poils, peaux, tissus, espaces, territoires, qu'il agencera sur lui et autour de lui.

Il faut le dire très haut ici, le narcissisme est une fonction vitale. C'est lui qui préside aux soins nécessaires que vous vous portez. Sans lui, pas de vie. Il y a des excès, bien sûr, mais Narcisse se contemplant éperdument dans son miroir n'est qu'un grand solitaire qui meurt de n'avoir su rencontrer un autre que lui-même.

Le vêtement et la parure répondent au plus radical des besoins auxquels la peau ne suffit pas : ils délimitent un dedans et un dehors, un « moi » et un « autre », créant un éloignement nécessaire à la vie sociale. Votre image informe et influence autrui, elle vous protège aussi.

---

1. Didier ANZIEU, *Le Moi-Peau*, Dunod, 2001.

Pourtant, le besoin de séduire, tellement ancré depuis l'enfance dans nos comportements, n'est pas toujours notre allié. Il nous ancre au-dehors de nous-mêmes, dans l'attente d'une approbation qui nous éloigne de notre *boussole intérieure*. C'est dans la relation de séduction que commence la vie. Avec une caresse au nouveau-né, une mimique engageante à son égard. Mimique à laquelle il répondra en retour, renforçant ainsi le lien mère-enfant, et s'ouvrant lentement à la relation au monde.

Plus tard l'enfant séduira ses parents tout en craignant de leur déplaire, et parfois même, tant sa dépendance est extrême, sa vie dépendra de cette conformité. On mesure l'importance de ce regard lorsqu'on sait que l'enfant se voit d'abord vu. Il s'identifie au regard posé sur lui, même lorsque ce regard lui est défavorable. Il a parfois le plus grand mal à se séparer de ce regard pour expérimenter sa créativité et s'ouvrir à la liberté que lui confèrent ses propres choix.

Souvent le désir de séduire fait de nous des êtres anxieux, craignant le conflit, très conformistes, voire creux, car suspendus aux marques extérieures ; le risque des pratiques de *relooking* qui fleurissent aujourd'hui et dévoient l'Image de Soi est d'accentuer cet aspect de la névrose ou d'y contribuer en *façonnant* des pantins anxieux d'une approbation perpétuelle et craignant le conflit. Or, le conflit, c'est la vie ! Il est inévitable ici ou là car nous sommes tous différents, et notre droit le plus élémentaire est d'exprimer cette différence.

Du bon usage de la séduction

Comment aborder la séduction et en faire bon usage, si elle est à la fois incontournable, nécessaire, et dangereuse ? D'autant que si l'on jette un regard sur les séducteurs, ils finissent bien mal : Casanova meurt jeune, décati et solitaire, tandis que Don Juan est terrassé par la statue du commandeur. Du côté du féminin, plus contemporain, cela ne vaut guère mieux, faute de trouver une héroïne qui ne meurt pas jeune et ruinée. La comédienne Louise Brook termine sa vie dans une chambre meublée en écrivant dans son journal qu'elle sait désormais comment on rate sa vie, Marilyn Monroe a la fin tragique que l'on sait, après une vie minée par la souffrance psychique et les barbituriques.

Peut-on se passer de la séduction dans une société ou la multiplicité, la rapidité et l'importance des échanges relationnels nous obligent à une codification claire, rapide et pertinente de nos intentions et de nos appartenances ? On peut en douter. Car il n'existe pas une, mais des séductions.

La séduction *passive* qui est celle d'une personne dont le charme opérera à son insu, et sans volonté aucune de vous abuser. La séduction *active* qui est le fait de stratégies destinées à influencer un auditoire ou un interlocuteur, ou à exercer une forte emprise à travers l'exercice d'un métier (mannequin, star, homme politique). Enfin, la séduction *manipulatoire* ou séduction perverse, qui vise à exercer une manipulation à votre insu, afin de dévoyer vos intentions ; elle passe souvent par la terrible *empathie prédatrice* cette empathie douce et compréhensive faite pour pénétrer vos secrets afin de mieux vous utiliser.

Tout se complique lorsqu'on sait qu'une séduction active peut être totalement inconsciente, ignorée de la personne elle-même. Car le désir de séduire est souvent lié non seulement au désir infantile d'être aimé par tous, mais surtout à ce qui conduit et entretient la dépendance : l'incapacité à s'aimer soi-même.

Chapitre 2

L'Image de Soi
ou l'identité rendue visible

« J'ai mes brouillards et mes beaux temps au-dedans de moi »
PASCAL

Le langage silencieux de l'Image de Soi prend ses racines au plus profond de ce qui lie un individu à sa biologie, à son histoire, à sa fratrie, à son groupe social ou professionnel. Donc à son identité. Mettre en forme son image, c'est se positionner par rapport à ces différents domaines. D'ailleurs, impossible de ne pas communiquer visuellement puisque, nous l'avons dit, vous êtes d'abord vu. Même si la prise en compte de ce langage silencieux est curieusement occultée par certaines personnes qui font l'impasse de l'*espace sensoriel* dans lequel chacun évolue.

Être trop dépendant du regard d'autrui est signe d'immaturité.
C'est une erreur à ne pas commettre.

Dans l'effort louable que vous faites chaque jour entre une bonne dose d'inquiétude : « Que vont-ils penser de moi ? », le souci de plaire, la crainte de déplaire ne sont pas loin. Je tiens à vous rassurer et vous expliquer, si vous ne le savez pas encore, pour quelle raison il serait bon de relâcher un peu cette pression mise sur l'apparence, et qui vous a fait vous jeter sur ce livre comme sur une planche de salut !

Nous l'avons vu, quoi que vous fassiez, et auriez-vous tout bon dans la déclinaison des variantes de la mode, vous ne plairez jamais à tout le monde. Et j'entends ici vous expliquer pourquoi un peu de distance et d'humour doivent nuancer notre regard sur notre apparence.

Vous n'ignorez pas qu'être vu signifie être « réifié » (l'expression est de Jean-Paul Sartre), c'est-à-dire chosifié, donc classé, étiqueté. N'avoir aucune prise sur l'univers mental de l'interlocuteur transforme notre rapport à l'apparence en exercice de haute voltige.

Certains mécanismes psychiques viendront immanquablement contrecarrer vos meilleures intentions, et il est bien des fois où il sera peine perdue d'essayer de plaire : ou l'univers mental de votre interlocuteur est trop éloigné du vôtre, ou ce qu'évoque votre image lui rappelle des expériences personnelles négatives. On ne sait jamais exactement comment l'autre vous perçoit. Outre les modes et les codes en vigueur (et nul n'est à l'abri d'un impair), deux mécanismes viennent dévoyer nos efforts et nous inviter à l'humour : la projection et l'identification. Et rien ne peut, en fait, les maîtriser. Donc, relax !

L'image n'est un leurre que pour celui qui n'en a pas percé les secrets, ou pour cet autre qui – au nom d'une *authenticité* désincarnée – s'érige en moralisateur, ennemi du paraître. Il existe malgré tout une *juste* distance qui permet de regarder l'image (en règle générale) et sa propre image, en particulier.

Nous vous en disons plus dans les lignes qui suivent.

Les mécanismes psychiques en jeu dans le regard

Jean-Luc Godard, dans son film *Bande à part*, donne une explication magistrale d'un mécanisme subjectif qui jette le trouble sur l'image que vous avez de vous, à la base, pourtant, de toute communication. Nous voulons parler de la *projection*.

La scène se passe dans le métro, Godard en voix *off* commente l'image d'un petit homme mal rasé. Il dit : « *Tout dépend de ce que tu penses. Si tu penses que le paquet que cet homme tient sur les genoux contient un ours en peluche pour sa petite fille malade, tu lui trouves une bonne tête. Si tu penses que dans ce paquet il transporte une bombe, tu lui trouves une sale gueule.* »

Cela dépend des jours mais nous pouvons être tantôt à la place du petit homme mal rasé, ou à la place de celui qui le regarde. Les projections vont bon train, selon ce que nous avons dans la tête et nos expériences passées. Car le petit homme mal rasé nous regarde aussi. Et comment nous voit-il ?

Il est, tu es, nous sommes tous un peu parano, confrontés à notre incapacité de percer à jour les sentiments véritables de notre interlocuteur. Le plus souvent nous projetons, c'est-à-dire que nous lui prêtons nos propres sentiments. C'est que toute personne, toute image, tout objet est porteur d'évocations : d'amour ou de menace, agréable ou désagréable, sympathique ou antipathique sont les positionnements psychiques, parfois compliqués, que nous devons quotidiennement arbitrer afin de construire notre identité et répondre à la question : « Moi ou Non-Moi ? »

Freud avait raison, là encore, la question du désir est centrale. Et celle de l'identité ne l'est pas moins. Malheureux sont ceux qui ont éteint en eux la capacité de ressentir. Car c'est à partir de cette *boussole intérieure* que l'être humain peut s'orienter.

Il y a bien sûr des signes rationnels dans votre image – il est rare qu'une personne qui montre les dents et qui à l'air furieux en vous regardant vous veuille du bien… Quoique ! Êtes-vous sûr que sa fureur s'adresse bien à vous ? N'est-elle pas parfois le *déplacement* d'un autre énervement (inconscient ou inconnu), destiné à une autre personne ?

> Je repense à cette maman qui était venue me voir car elle « ... battait ses enfants, oh, un tout petit peu mais c'est ennuyeux quand même. » Nous avons rapidement mis au clair que son énervement était destiné à son mari, alcoolique, à qui pourtant elle n'osait s'opposer.

Car c'est vous qui décidez du contenu et surtout du sens à donner à ce contenu, selon votre humeur, votre passé, vos expériences personnelles.

On a parfois tenté de réduire la communication humaine aux mécanismes observés dans la communication des machines. La cybernétique, par exemple, nous explique que dans toute communication il y a au moins deux acteurs en présence : un émetteur et un récepteur. Ce principe laisse entendre que tout ce qui passe de l'émetteur au récepteur est conscient et codifié, et surtout que les deux partenaires sont d'accord sur la signification des signaux. Or, en matière de communication humaine, les intentions les meilleures n'induisent pas nécessairement les bons résultats. L'essentiel est-il d'envoyer le « bon » message ou de déclencher la bonne réponse ? Votre « je suis sincère » ne suffit pas pour que cette sincérité passe la rampe et soit perçue par votre interlocuteur. Ainsi, ce qui est exact pour la machine est cependant plus complexe quand il s'agit de l'homme.

Freud, qui s'est beaucoup intéressé aux images en terme de *représentations de choses*, nous propose une lecture un peu différente de la communication. Selon lui, notre Moi serait constitué d'une partie visible et consciente, et d'une partie invisible et inconsciente. Comme dans un iceberg, la partie inconsciente

L'Image de Soi ou l'identité rendue visible

est la plus importante, c'est celle d'où sont issues vos projections. Elle est formée le plus souvent de souvenirs, d'images et d'émotions refoulées.

Le récepteur reçoit et interprète le message de l'émetteur selon son univers intérieur, ses propres codes et références, et, disons le grand mot, tout le réservoir inconscient de sa psyché. Là est la source de sa projection, c'est-à-dire qu'il attribue à autrui ce qui est à lui.

Ceci, bien évidemment a des conséquences pour votre image que nous développerons dans les pages qui suivent. Dégageons ici quatre priorités :

1. Il existe un contenant et un contenu de la communication ;
2. Il y a au moins trois acteurs en présence lors d'une rencontre en face à face : un émetteur, un récepteur... et leurs expériences affectives importantes (avec papa, maman...) ;
3. Deux partenaires en présence s'influencent et induisent leur communication réciproque ;
4. C'est vous qui donnez sens au message reçu. Certaines personnes se trompent sur le sens à donner aux choses.

> En clair... Vous ne pourrez jamais plaire à tous car peu de gens sont conscients de leurs projections et peuvent s'en dégager.
> Mais il est important d'influencer dans le bon sens la communication afin de déclencher la réponse appropriée.

Et puis, pensez simplement à ceci : vous parlez à quelqu'un, à un Autre que vous. Y avez-vous pensé ? Avez-vous réfléchi aux attentes de cette personne ?

Le *feed-back*

L'écoute active a une importance capitale en matière d'ouverture ou de fermeture de cette boucle fatale qui va de l'émetteur au récepteur. Les *feed-back*, ces « retours », sont les signes verbaux ou non verbaux qui vont aider les deux partenaires à ajuster leur communication en dépit de leurs projections.

Soyez sensibles aux *feed-back* non verbaux (un geste d'énervement, un visage qui transpire de peur, une pâleur, un corps qui s'éloigne, un retrait affectif) et tenez-en compte dans votre communication en invitant posément la personne à exprimer ce qu'elle ressent.

Les *feed-back* non verbaux s'exprimant en *acting* sont la plaie de la communication. Ils produisent violence, passage à l'acte, colère, bouderie, silence et rendent très difficile la mise en sens. Ils sont souvent le fait de personnes qui, pour des raisons diverses, ont coupé court à leurs émotions et, le plus souvent, ne s'autorisent pas à exprimer leurs sentiments. Ils sont piégés alors par un désir de bien faire qui les a amenés à se *suradapter*.

> Ainsi Claude, quarante ans, qui prend rendez-vous parce qu'il ne comprend pas ce qui lui arrive. Sanglé dans un costume impeccable, d'allure ronde et joviale, il est aujourd'hui directeur achats d'un grand groupe de télécommunication. Mais rien ne va dans sa vie alors que, dit-il, il « ... fait tout bien ». « Je me fais peur, continue-t-il, car je suis de plus en plus souvent en colère. Cela tombe sur mes enfants, ma femme, et je sais qu'ils ne m'ont pourtant rien fait qui soit la cause de mes colères. »

Quand vous le pouvez, provoquez les *feed-back* verbaux. Ils vous permettent de vérifier que vous ne parlez pas à un miroir, mais à un Autre.

C'est en général à l'émetteur de solliciter les *feed-back*. C'est une précaution à prendre, également, dans toutes les prises de paroles en public. Ils peuvent être verbaux : vous me comprenez ? Suis-je assez clair ? Avez-vous des questions à poser ? Ou non verbaux : un signe de tête, un sourire, un regard direct ou interrogateur, un geste de la main sont des appels au *feed-back*.

Mais le récepteur y participe aussi car la reformulation est la manière adéquate de s'aviser que l'on parle bien de la même chose : est-ce bien ceci que vous voulez dire ? Si je redis ce que je viens d'entendre de votre bouche avec mes mots, je dirais ceci… Est-ce bien ce que vous voulez dire ?

Les *feed-back* non verbaux que vous pourrez lire chez vos interlocuteurs donnent des indications précieuses sur les variations émotionnelles de celui-ci : mouvements des membres, coloration de la peau, expressions, tonus musculaire, rythme respiratoire… c'est toujours aux changements, aux ruptures, aux passages d'un état à l'autre que vous serez attentif. Ils vous permettent d'anticiper et de lire chez vos partenaires. Avoir une longueur d'avance peut tout changer dans les situations difficiles car elle vous permet de trouver les « mots justes » pour objectiver la situation et repositionner le débat.

Il existe bien souvent des *feed-back* pathologiques qui s'expriment par de violents « orages émotionnels »[1]. Ils laissent souvent perplexes émetteurs et récepteurs qui ne peuvent plus donner de sens à la communication. L'impression est étrange et confuse : on a le sentiment de ne pas parler de la même chose, du même sujet. Et c'est bien de cela qu'il s'agit. Littéralement, « on ne s'entend plus ». On est submergé par ses émotions.

Impossible d'évoquer l'Image de Soi sans passer par les émotions qui sont, en fait, ce que nous avons de plus personnel.

---

1. Marie-Louise PIERSON, *L'Intelligence Relationnelle*, Éditions d'Organisation, 2004.

Du bon usage des émotions

L'Image de Soi a partie liée avec l'émotion. Une personne sans émotions est une personne dévitalisée qui génère chez l'interlocuteur ce sentiment pénible qu'un désir de maîtrise excessif rend impossible toute expression *authentique* de l'être.

L'ennui, la distance, la solitude, l'incompréhension en sont souvent les corollaires chez ces personnalités que les spécialistes appellent *alexythimiques*. Sans parler des graves désordres somatiques qui peuvent voir le jour. Car si l'éprouvé ne s'exprime pas en émotions, puis en *mots,* il se traduira bientôt en *maux* et autres somatisations.

Il faut savoir qu'il y a toujours une raison à nos émotions. Et cette raison est souvent liée à nos expériences passées et au sens que nous leur donnons aujourd'hui.

Il faut dire que tout n'est pas rose au royaume des émotions, et leurs débordements (ou leur inaccessibilité), leur manière d'apparaître quand on ne les attend pas, l'impression de désorganisation interne qu'elles nous laissent sont à la base de la méfiance qu'elles nous inspirent.

Combien de fois dans la vie de tous les jours n'entend-on pas cette phrase qui exprime si bien ce qu'elle veut dire : « Il (elle) pète les plombs ! » Alertée par on ne sait quoi, une espèce de sentinelle interne se déclenche parfois. Colères subites et incompréhensibles, antipathies violentes et soudaines, peurs paniques à la vue d'un objet, d'un animal, alerte maximale dans une situation anodine. C'est le chaos intérieur. Que se passe-t-il alors ?

Comme certaines personnes se trompent sur le sens des mots, d'autres se trompent sur le sens des situations. Voire sur le sens des *représentations de choses.* Elles ont pourtant leurs raisons. Le problème est de les retrouver. Mais une véritable écoute de la personne qui en souffre permet quelquefois de résoudre certains troubles psychiques.

Écoutons Muriel qui vient nous voir pour guérir sa peur panique des pigeons :

« J'ai marché pour venir jusqu'à chez vous et tout allait bien jusqu'à ce que je voie un pigeon sur le trottoir... J'ai essayé de faire ce que vous m'aviez conseillé et j'ai continué à marcher, mais mon cœur battait si fort que j'ai dû m'arrêter. J'ai cru m'évanouir !

— Avez-vous réussi à donner un nom à cette émotion ?

— J'ai d'abord cru que c'était de la peur, mais je crois que c'était plutôt de la colère. Du dégoût aussi. J'ai dû changer de trottoir.

— Qu'est-ce qui vous mettait tant en colère dans ce pigeon. Décrivez-moi en détail ce qui vous énervait.

— Il était repoussant...

— Repoussant ?

— Ses plumes hérissées... c'était laid...

— Continuez !

— Cette démarche dandinante. Ah ! je sais, il y avait ses yeux ! Ces yeux ronds et...

— Ces yeux ronds et... ?

— ... bêtes ! Oui, ces petits yeux écarquillés qui me regardaient sans me voir étaient très bêtes !

— À quoi ou a qui vous font-ils penser, ces yeux ?

Inutile de prolonger le suspens. La jeune femme s'était figée sur place et je voyais sur ses traits la stupeur succéder au fou rire. C'est avec un soulagement amusé qu'elle reprit :

— Ces yeux ronds me font penser à ma mère ! Oui, c'est à elle qu'ils me font penser. »

Cette phobie qui avait résisté à tous les traitements médicamenteux et comportementalistes (dont l'hypnose) a cédé d'un seul coup. La jeune femme a d'ailleurs entamé une psychothérapie analytique afin de dénouer ses problèmes avec sa mère...

Notre sentinelle interne veille sur nous pour le meilleur et parfois pour le pire. Notre réactivité peut être une excellente chose quand il y a du danger, mais elle est quelquefois bien encombrante. Combien de fois, comme Muriel, notre cœur bat-il pour des raisons qui paraissent futiles ou incompréhensibles ?

La lecture du journal quotidien abonde d'exemples terribles où les émotions, perdant leur caractère bénéfique, prennent le pouvoir pour conduire à la catastrophe : « *Une jeune jordanienne salue un inconnu d'un petit geste de la main, le frère abat sa sœur d'un coup de fusil de chasse [...] Un habitant du Missouri qui regarde un match de foot à la télé tue son fils qui n'arrête pas de passer devant le poste...* »[1]

On peut comprendre que si l'on se promène dans la jungle – ce qui n'est pas le quotidien de tout le monde – notre cerveau reptilien, à la vue du tigre féroce ou du serpent venimeux, nous enjoigne, sans prendre le temps de la réflexion de prendre nos jambes à notre cou.

Mais au quotidien, avec notre mari, notre fils, notre patron, notre collègue, comme c'est dérangeant d'être traversé(e) d'éclairs neuronaux, provoqués par des réminiscences venues de cet ailleurs que nous ignorons, et qui font remonter à la mémoire, en une fraction de seconde, le sentiment d'un danger imminent.

Constatons que parfois la sentinelle émotionnelle s'affole bêtement, nous poussant à des réactions de peur ou de colère extrêmes alors que la situation *ici et maintenant* ne nécessite pas un tel déploiement d'alerte. C'est que les émotions *d'aujourd'hui* ont un rapport avec la mémoire des expériences d'hier. Et il est parfois nécessaire d'interroger le *passé* pour mettre fin à ces troubles gênants au *présent*.

---

1. *Le Monde*, lundi 6 avril 1998.

L'Image de Soi ou l'identité rendue visible

Les émotions sont parfois bêtes

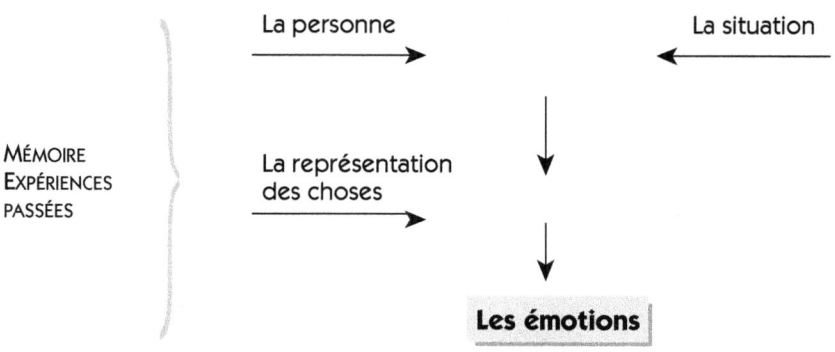

C'est votre capacité à relier ce qui vous fait peur aujourd'hui à ce qui vous a fait peur hier qui vous permettra de penser tranquillement si cette émotion est pertinente et s'applique bien à l'objet concerné.

Les psychothérapies analytiques guérissent en principe ces paniques invalidantes qui ne sont bien souvent que le symptôme visible d'un mal-être ne demandant qu'à être exploré en profondeur. Mais il n'est pas toujours nécessaire d'y avoir recours pour en comprendre les mécanismes. C'est ce que nous développerons dans les chapitres suivants.

Prenons la métaphore de l'ordinateur et pointons l'icône choisie – notons au passage qu'une icône est une forme qui *représente* quelque chose. Apparaissent alors, sortis de la mémoire (du disque dur) toutes les informations recherchées.

Avec les émotions, c'est pareil. Une situation d'aujourd'hui réactive un ressenti (panique, colère, anxiété) forgé à travers une (des) expérience(s) vécue(s) hier.

L'Image de Soi

La personne et son désir

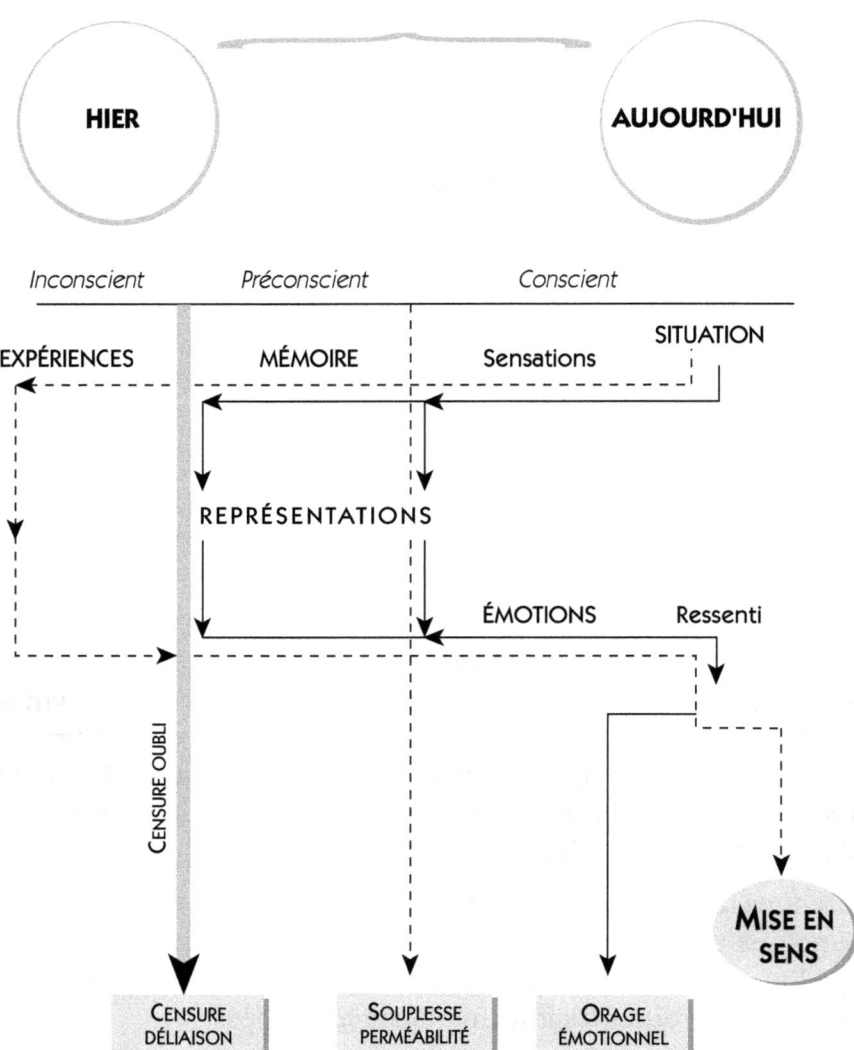

L'Image de Soi ou l'identité rendue visible

« Quand on voit une personne, on n'en voit jamais que la moitié », dit, désabusé, le jeune héros du film de Jean-Luc Godard. Vous avez maintenant compris que la moitié immédiatement visible dans l'image d'autrui est celle qui fait écho à votre propre histoire psychique et culturelle.

Une des erreurs les plus répandues est de croire que chacun partage la même culture, voit avec les mêmes yeux, entend avec les mêmes oreilles, goûte avec la même bouche. Nos canaux de perception passent par nos cinq sens et varient d'une personne à l'autre, mais aussi d'une culture à l'autre. Le verre est-il à moitié vide ? Est-il à moitié plein ? Le sens que nous donnons aux événements qui jalonnent notre histoire est éminemment personnel.

C'est parfois l'arbre qui cache la forêt. Accéder à l'autre moitié d'une personne exige une écoute active ouverte et bienveillante : vous n'êtes pas les possesseurs de la réalité, chacun a son mot à dire. Votre carte n'est qu'une petite partie du territoire tout entier.

Chapitre 3

La maîtrise de l'image personnelle

> « ... *Leur virtuosité devenue trop évidente met en cause leur spontanéité, partant leur sincérité...* »
> François DE CLOSETS

Si la virtuosité était la clé de voûte de votre image, les grands communicateurs seraient légion. Or ils sont rares. Pour emporter l'adhésion d'un auditoire, il est impossible de tricher : les figures de style ne suffisent pas à créer le charisme, cette qualité des grands.

Voilà un point sur lequel nous serons tous d'accord : la langue de bois fleurit et nous endort. Jeux de mains, visages impassibles, allure irréprochable, émotions tenues à distance, voici de parfaits communicateurs qui ratent leur cible à ne chercher qu'à prouver la sincérité de leurs intentions ou à vendre leurs idées. François de Closets, qui n'a pas sa langue dans sa poche, aimerait comme moi un peu moins de virtuosité et un peu plus de spontanéité : « *On aimerait que M. Chirac se reconnaisse pris de court, que M. Mitterrand ne trouve plus ses mots, que M. Marchais soit intimidé, que M. Giscard d'Estaing exprime ses incertitudes.* » Bref, qu'ils existent. « Mais j'existe tout le temps ! », dites-vous avec inquiétude.

La présence, un don à cultiver

Le jargon théâtral parle souvent de « présence ». La présence est ce petit quelque chose qui fait qu'une personne fait preuve d'un poids de conviction supplémentaire. Cette conviction fait vibrer l'auditoire comme une belle musique, elle est un mini-événement qui se déroule sous nos yeux.

À force de répéter leurs gammes, certains musiciens oublient que ce qui fait la bonne musique, c'est la capacité d'être émus par elle et de transmettre cette émotion. Ceci est vrai pour votre image, et pour toutes vos prestations en public, de la plus banale réunion à l'interview télévisée. Notre siècle de l'image est un dévoreur d'émotions et de vie. Que consomme-t-on à la télévision par voie de *talk-show* et de grands débats ? On consomme l'émotion des autres… de la vie. L'émotion est une grande pourvoyeuse d'énergie, or de l'énergie nous n'en avons jamais assez.

La séduction est toujours stimulation. Si le *message* n'a pas les vertus d'un *massage* énergétique, gare au *zapping* ! Habiter sa parole et son image est une des choses les plus difficiles qui soit. Comme il y a des paroles inhabitées, il y a des images inhabitées et la plus belle fille du monde peut ne pas réussir à captiver son auditoire si elle n'habite pas son image.

Certains ont le don, d'autres ne l'ont pas. À ces derniers, répétons que la présence, cela s'apprend. Être là, avec tout le poids de ce que l'heure nous apporte, tout le poids de notre vécu physique et émotionnel, tel qu'il est, c'est bien par là qu'il faut commencer. Non pas en construisant une image creuse. À y bien réfléchir, ce don se cultive au quotidien comme on doit cultiver la liberté intérieure. Non pas en se sur-adaptant à des modèles socioprofessionnels, mais en s'autorisant à *éprouver* dans son corps toute la gamme des émotions. *Ressentir,* voilà le maître mot.

> Ceci vous y aidera : laissez votre corps manifester son intelligence particulière. Prenez le temps de vous installer, de trouver la position de vrai confort. Ne jouez pas l'aisance, ressentez-la ! Prenez conscience des regards, des lumières, de la température, du temps qui vous est imparti. Positionnez-vous de manière à ne pas en être gêné.
> Puis sautez… Oubliez tout !

Transformez ce qui cloche en évènement !

Maîtriser son image est un projet de développement personnel dont il faut comprendre les limites. Pas plus que les évènements de la vie, la totale maîtrise d'une image n'est possible ni même souhaitable. Le principe de réalité, tôt ou tard, vient dire son mot… ou apporter son couac ! Et ça n'est pas si grave. Nous mettons souvent en scène dans nos séminaires des situations périlleuses auxquelles sont parfois confrontés nos stagiaires dans leur vie professionnelle : retards catastrophiques à une réunion au sommet, pertes de mémoire, pertes des notes nécessitant une improvisation, lapsus, gaffes, impairs, fatigue intense, interviews de plusieurs personnes en plusieurs langues, oublis calamiteux, exigences impossibles à satisfaire, etc. Les exemples ne manquent pas.

> À la suite d'une longue journée de travail, une de nos participantes, directrice d'une grande chaîne d'hôtels, avait voulu préparer avec nous sa prochaine intervention en public. « Ah, je suis épuisée, c'est pour ça que j'ai été mauvaise ! », s'écria-t-elle, exprimant sa déception en lisant le score de sa Lecture d'Image[1].

---

1. La Lecture d'Image, mise au point en 1988 par l'auteur, est un procédé déposé. Outil de diagnostic et de travail, elle permet de qualifier et de quantifier les évocations présentes dans l'image d'une personne. La Grille Sémantique donne noir sur blanc le résultat de cette mise en forme et permet à la personne de comparer les résultats obtenus à ses intentions, puis d'améliorer en connaissance de cause sa communication. Ces outils sont utilisés dans nos séminaires de formation et mis au service des managers, hommes politiques, diplomates, formateurs, acteurs, désireux de faire le point sur leur image et de savoir comment ils sont perçus.

Vos meilleures prestations en public doivent-elles être réservées à vos rares moments de pleine forme physique ? Aux vacances ? Rudolf Noureev nous donne sa réponse. Alors qu'un journaliste s'étonnait de le voir se préparer à danser avec une forte fièvre, il répondit : *« Vous allez voir comme on fait danser les morts ! »* Et s'élançant sur la scène il dansa ce soir-là le plus mémorable de ses ballets. Tout le monde n'a pas ce panache, mais où puiser sa sincérité, sinon dans sa vérité ?

Les situations abondent dans votre vie professionnelle où les accrocs, qu'ils soient vestimentaires, physiques ou psychologiques, vous démoralisent. Ce sont eux que vous craignez le plus. Retards, oublis, détails qui clochent, intendance qui cafouille, langue qui fourche… viennent mettre en péril votre souci de tout tenir en main. Et pourtant c'est sur eux que s'appuie votre charisme, cette qualité des grands communicateurs. La gaffe émeut, le lapsus attendrit et fait sourire, l'accroc génère la sympathie et l'envie d'aider à réparer, l'oubli stimule, le cafouillage dénoue les situations bloquées, etc. Ce ne sont pas ces accrocs qui nous gênent, c'est plutôt notre gêne face à eux.

Mon but n'est pas de démontrer que la fatigue est bonne conseillère, bien que je ne sois pas loin de penser qu'elle oblige à puiser dans des ressources insoupçonnées et à donner le meilleur de soi-même. Il ne faut pas en abuser. Disons plutôt qu'il ne tient qu'à vous de transformer en événement poétique, esthétique, affectif, professionnel, tout ce qui vous arrive, même (et surtout) si c'est quelque chose qui cloche.

De tout cela découle une évidence : Il n'y a que *vous* qui puissiez le faire. Vous ne pouvez le faire qu'avec ce que vous êtes : *vous-même*. Soyez vous-même, mais avec panache. Avoir du charisme, c'est exercer de l'influence, faire l'unanimité. Pas d'unanimité sans identification. C'est votre vérité, votre conviction, votre sincérité propre qui vont animer la statue et enflammer d'enthousiasme votre auditoire. Avec ce que vous êtes, y compris vos défauts.

> Je voudrais écrire ceci en lettres d'or :
> c'est avec ses défauts qu'on construit une personnalité,
> c'est avec ses défauts qu'on construit un style,
> c'est avec ses défauts transformés magistralement en signature
> que l'on fait son Image de Soi.

Et ce n'est pas Stanislavsky, ce maître du théâtre, qui dira le contraire. Il sélectionna un jour un comédien boiteux pour jouer le rôle d'Hamlet (qui ne boitait pas). S'étonnant de voir celui-ci s'appliquer, lors des répétitions, à éliminer toute claudication de sa démarche, Stanislavsky lui demanda d'être simplement lui-même, avec son défaut. Le comédien fut un extraordinaire Hamlet boiteux qui enthousiasma la critique.

Faites un allié du naturel

Votre naturel, vous le connaissez bien, et vous avez sur lui des opinions diverses qui sont la résultante de tout ce que vous avez pu entendre à ce sujet depuis votre enfance. Vous y pensez souvent avec nostalgie et sans bien savoir qu'en faire. On vous a conseillé des tas de choses et leur contraire, vous n'avez jamais su que choisir. Que faire de toutes ces projections ? Quand déciderez-vous d'être l'expert de votre image ?

Même Brigitte Bardot avait des complexes. Vous vous alarmez des défauts terribles qui vous accablent, vous passez votre vie à les cacher, vous ne pensez qu'à eux quand vous devez prendre la parole, à tel point que vous attendez souvent le dernier jour de mes séminaires pour demander conseil.

Je ne résiste pas à l'envie d'envoyer un coup de chapeau à tous les braves qui m'ont annoncé, dès le premier jour, que leurs oreilles décollées, leurs dents mal plantées, leur embonpoint sans remède, leurs cheveux rares, leur calvitie, leur silhouette chétive, leur carnation tristounette, leur rougissement, leur bégaiement, leur petite taille, leur nez ou leur menton, leurs

Dîtes non au syndrome de Vénus			
Oreilles décollées	**Hommes :** OUI aux cheveux en brosse très courts. NON aux cheveux couvrant les oreilles. **Femmes :** OUI aux cheveux mi-longs et flous. NON aux cheveux tirés.	**Hommes et femmes :** Jouez l'humour avec des couleurs tendres et des lunettes drôles.
Dents mal rangées	**Hommes et femmes :** OUI aux sourires épanouis. NON aux sourires crispés. NON à l'absence de sourire.	**Hommes et femmes :** Ce sont vos dents les fautives, pas votre sourire : laissez-le vivre !
Surcharge pondérale	**Hommes :** OUI aux couleurs et aux formes nettes. **Femmes :** OUI aux jupes courtes et aux ceintures. NON au noir éternel, aux formes amples, aux vêtements de maille trop larges et moulants.	**Hommes et femmes :** Conservez la vivacité de vos mouvements : dansez, joggez. Adoptez de formes nettes et modernes, bien épaulées. Pas de superpositions.
Calvitie	**Hommes :** OUI à votre crâne chauve. NON à la mèche rabattue pour le recouvrir. OUI aux détails flatteurs attirant l'œil : cravate, pochette, lunettes.	Poudrez votre crâne si vous passez devant les caméras. Évitez les lumières plongeantes.

Cheveux rares	**Hommes et femmes :** OUI aux coupes courtes. NON aux brushing compliqués.	Soignez-les. N'allez pas contre leur nature, raffinez plutôt votre maquillage ou la couleur de la chemise.
Bégaiement	**Hommes et femmes :** OUI à votre bégaiement si il résiste aux thérapies. NON à votre peur de bégayer, elle vous coupe la respiration et… vous fait bégayer.	Respirez et faites des temps quand vous parlez. Le silence fait partie de la parole. Utilisez-le.
Rougissement	**Hommes et femmes :** Dites OUI à ces rougeurs : elles vont disparaître sur l'heure si vous êtes sincère. NON aux fonds de teint et aux poudres trop claires.	**Hommes et femmes :** Évitez blouses blanches et chamises blanches, le rose près du visage. Préférez les couleurs douces, gris, beige, bleu lavande.
Silhouette chétive	**Hommes et femmes :** OUI aux couleurs vives, aux harmonies subtiles, aux camaïeux raffinés. **Hommes :** NON aux vêtements passe-muraille, aux formes trop près du corps.	**Hommes et femmes :** Faites partie des aristocrates du décalage.
Petite taille	**Hommes et femmes :** OUI aux couleurs de l'autorité : marine, blanc, noir, aux formes relax. NON sans appel aux chaussures à talons. **Femmes :** OUI aux talons plats et aux talons maximum 5 centimètres.	**Hommes et femmes :** Éloignez de votre image toute connotation enfantine. **Hommes :** Évitez les cols blancs Windsor. N'ajoutez pas à la fragilité : chaussez-vous solide.

	Hommes et femmes :	**Hommes et femmes :**
Cheveux blancs	OUI à la transgression valorisante des cheveux blancs sur un visage jeune. Sur un visage moins jeune, à vous de décider. NON à des teintures éloignées de votre couleur naturelle.	Vos cheveux seront un atout s'ils sont soignés. **Femmes :** Ne dédaignez pas les accessoires de coiffure raffinés.

cheveux blancs, que sais-je, leur gâchaient la vie. J'ai eu le plaisir de leur montrer que les héros n'étaient plus les seuls à régner au panthéon de l'image : l'avaient-ils d'ailleurs jamais été ? Les antihéros font leur apparition et revendiquent avec panache leur part du gâteau publicitaire et social. La liste est longue de ceux et de celles qui ont renoncé au syndrome de Vénus.

C'est votre « gêne » qui gêne, pas votre défaut.

Avez-vous déjà vu : *La naissance de Vénus* ? C'est un tableau fameux de Botticelli, où Vénus toute nue se présente à nos regards. Par un geste bien connu de la main elle tente de dissimuler une partie sensible de son anatomie, mais loin d'être efficace, son geste au contraire attire l'œil sur l'endroit proscrit : il montre parce qu'il essaye de dissimuler. Il est d'ailleurs au centre du tableau. Voilà le syndrome de Vénus : vous montrez du doigt ce que vous voulez dissimuler. Il existe bel et bien des particularités physiques pour lesquelles vous ne pouvez rien, alors arrêtez de les cacher, acceptez-vous.

Chassez le naturel, il revient au galop : faites-en prudemment un allié. Mieux ! Faites de vos défauts des qualités de style. Faites comme Woody Allen, Orson Welles, Yul Brynner, Josiane Balasko, donnez avec panache le pouvoir aux antihéros.

L'Image de Soi et les fidélités cachées

Il y a dans votre image deux archétypes qui ont sur elle une forte influence, que vous le vouliez ou non. Ils ont pour nom Papa et Maman. Non pas votre vrai papa ou votre vraie maman, plutôt les grandes images paternelles et maternelles que vous avez dans la tête. Parfois, même, il s'agira d'un grand-père ou d'une grand-mère, d'une tante, d'un oncle, qui joue le rôle dans votre mémoire de la mère ou du père idéal.

Votre image intérieure (image psychique) et extérieure (représentation de Soi) est à l'origine modélisée sur deux grands *modèles* des *imagos* (selon les termes de Jung), qui sont dans l'enfance et l'adolescence des supports d'identifications. Positifs ou négatifs, selon votre personnalité, ces identifications sont triées, acceptées (« c'est bien moi ! ») ou rejetées (« ce n'est pas moi ! ») à l'adolescence. C'est d'ailleurs l'objet de la crise d'adolescence dont on a bien tort de se moquer car ce moment difficile préside à la construction identitaire qui se poursuivra toute la vie.

Votre image hérite de l'Histoire avec un grand « H » (qui porterait des robes à paniers aujourd'hui ?). À vous d'écrire l'histoire avec un petit « h » la vôtre. Comme tout héritage, celui-ci n'est pas toujours à votre avantage. Il est utile à ce sujet de se rappeler qu'on peut accepter ou refuser un héritage. Je vois tous les jours des managers qui traînent les lourdes valises d'un passé dont ils pourraient fort bien se débarrasser. Les connaître et mesurer leur influence à l'aune de vos projets actuels, c'est se demander si l'héritage est bon ou mauvais pour vous, aujourd'hui.

> L'histoire de Claude le démontre. Il fut l'un de mes premiers participants et l'un des plus réfractaires ; celui aussi dont je suis la plus fière. Son patron l'avait envoyé en formation pour « s'occuper de son image » ; c'est donc avec le sentiment désagréable d'être là, à son corps défendant, qu'il m'apparut. Directeur de la communication dans un grand groupe aéronau-

tique, il prenait la parole quotidiennement devant un auditoire international de décideurs. On lui avait laissé entendre à mots couverts que son travail était irréprochable, mais qu'une promotion était irréalisable dans l'état actuel des choses. Je le trouvais très sympathique bien qu'il s'appliquât à jouer les trublions, revendiquant d'une voix grasseyante et sans appel « qu'on lui fiche la paix avec son image, car il était tout à fait naturel, lui, au moins ».

Chemise cintrée et pas très nette, largement ouverte sur un poitrail d'homme des bois, pantalon collant et poché aux genoux, veste trop petite de couleur incertaine, chaussures éculées, il semblait se donner un mal fou pour avoir l'air de sortir du fin fond de la France profonde, alors que sa culture, ses études, son emploi actuel faisaient de lui un élément prometteur pour l'entreprise.

Rien n'y fit, ni les jeux vidéo où il fut habillé de pied en cap conformément à sa fonction, ni la Lecture d'Image où il fut confronté par le groupe à sa propre image. Je crus un instant qu'il partirait comme il était venu : sans avoir d'un pouce reconsidéré ses choix.

Une chose me frappait : tous les vêtements qu'il portait étaient trop petits ou trop étroits pour lui.

Ce fut à une demi-heure de la fin du séminaire, alors qu'assis tranquillement les participants évoquaient leurs acquis, que je mis le débat sur l'héritage familial. En verve soudainement, Claude nous parla avec enthousiasme de son grand-père bûcheron qu'il vénérait : lui au moins était un homme, lui au moins avait su vivre. Il donna l'impression d'être touché par la foudre lorsque je lui déclarais qu'il vouait à son grand-père une fidélité cachée qui mettait en cause son avenir professionnel. Le grand-père aurait-il souhaité cela ? Était-ce bien nécessaire de lui sacrifier sa réussite professionnelle ?

Il fut inutile d'aller plus loin, Claude avait compris. Il s'inscrivit au séminaire suivant et recommença de zéro. Il accepta de grandir et garda ses vêtements d'homme des bois pour le week-end. Il apprit à introduire dans son apparence des valeurs terriennes auxquelles il tenait, sans pour autant massacrer son image. Il fut un manager élégant et sûr de lui, bien dans son *tweed* et dans ses couleurs raffinées. Un mois plus tard il m'annonça avec enthousiasme sa promotion.

Symboles et archétypes : des images qui appartiennent à l'inconscient collectif

Il existe, au sein des images personnelles, un tronc commun de communication, ce sont les symboles et les archétypes. Ces figures et ces mythes habitent l'inconscient collectif et font partie du langage de notre imaginaire.

Les symboles expriment des « *idées qui se situent au-delà de ce que la raison peut saisir* »[1]. Le soleil est symbole du divin, le serpent – encore présent sur le caducée – symbole de l'acte de guérir, le dragon celui du mal, le lion celui du courage, etc.

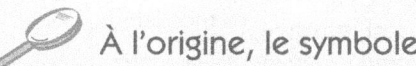 À l'origine, le symbole

À l'origine, le symbolon *était un petit objet de terre ou de métal (une pièce de monnaie, par exemple), que deux amis, ou deux partenaires commerciaux, partageaient en deux pour en conserver chacun une moitié. Cette moitié – symbole d'un accord passé – représentait* autre chose. *Elle servait de signe de reconnaissance lors des retrouvailles. Un symbole vient de la nuit des temps. Il s'est élaboré à la suite d'une longue évolution historique. Il est différent d'un simple signe dans la mesure où* « il implique quelque chose de plus que leur sens évident et immédiat »[2]. *Avec le symbole on voit plus loin.*

---

1. Carl Gustav JUNG, *L'homme et ses symboles*, Robert Laffont, 1967.
2. Symbole : « *Élément substitutif riche en significations… seul moyen d'expression dont le sujet dispose pour formuler une réalité affective […] qu'il ne parvient pas à conceptualiser clairement.* » Norbert SILLAMY, *Dictionnaire de la psychologie*, Larousse, 2003.

Exercice

Vérifiez ci-après dans quelle catégorie se rangent les premiers symboles dont vous êtes porteurs et voyez s'ils correspondent à vos intentions. Le vêtement a l'avantage énorme de vous aider à modifier ces messages archaïques s'ils ne servent pas vos projets. Voyez ensuite comment les renforcer ou comment les atténuer.

Votre silhouette et ses symboles			
Silhouette	**Symbole**	**Pour atténuer**	**Pour renforcer**
Longue, haute, fine, osseuse, lisse, foncée, étroite, anguleuse, dure, brusque, Couleurs sombres.	**Paternel** : ordre, autorité, loi, force Mais aussi : violence, brutalité, domination, rigidité Effet positif : respect, structure, adhésion, cadrage Effet négatif : crainte, rejet	Empruntez aux deux autres vocabulaires symboliques. Intoduisez des couleurs douces, des matières moelleuses. Élargissez la silhouette. Adoptez les cheveux flous.	Préférez les couleurs sombres pour tailleurs et costumes. Vestons croisés, chapeaux, talons hauts, tissus secs et raides. Épaules bien marquées. Chaussures larges avec semelles débordantes.
Ronde, douce, moelleuse, courbe. Taille moyenne. Allure souple, gestes ronds.	**Maternel** : souplesse, intimité, protection, douceur. Mais aussi : fusion, manipulation. Effet positif : sécurité, convivialité. Effet négatif : régression.	Couleurs sombres et neutres – gris, marine – ou tranchées. Cheveux lisses, coiffés en hauteur. Talons plats. Chapeaux.	Tissus doux, fins, moelleux. Chandails volumineux, coiffure bouclée. Camaïeux de couleurs claires.

| Petite taille et gestes vifs. | **Enfance** : dynamisme, créativité, rapidité. Mais aussi : immaturité. Effet positif : stimulation, modernisme. Effet négatif : fragilité, éparpillement. | Empruntez aux univers symboliques précédents : tissus secs et couleurs neutres (beige, gris). Vestons croisés. | Tweeds très épais, très colorés. Semelles souples, mocassins ou ballerines. Couleurs vives ou « sucrées ». |

Notre image est particulièrement concernée par les symboles. Certains sont plus ou moins forts, plus ou moins parlants. Jung parle de leur *numinosité*, un joli mot qui veut dire charme, scintillement, influence. La numinosité d'une image, c'est sa charge affective. Votre image est porteuse de symboles parfois très archaïques, auxquels vos interlocuteurs sont loin d'être insensibles.

Votre silhouette, un des premiers éléments perçu par votre interlocuteur, est déjà porteuse de messages ; avant même que vous n'ayez prononcé un mot, sa numinosité, son potentiel d'évocation et d'émotion influencent votre interlocuteur.

Vos formes sont-elles rondes et douces ? Cela est fréquent, même si vous êtes un homme ; elles évoqueront toujours l'univers maternel et sa sécurité. Votre silhouette est-elle longiligne, êtes-vous grand(e) et mince, plutôt osseux ou osseuse ? Ces formes phalliques, longues ou pointues, évoquent l'univers paternel, la confrontation au monde social et à la loi. Les petites tailles, les formes fines, minces, les couleurs pastel ou très vives font référence à l'enfance.

Pour représenter l'image des gens, l'humanité a depuis toujours recours à des modèles : les archétypes. Véhiculés par la mythologie ou les contes de fées, ces héros remplissent l'inconscient collectif. Dans l'histoire contemporaine, la pub prend largement le relais. C'est aussi à eux que consciemment ou inconsciemment nous faisons allusion dans notre image.

Savez-vous que ces héros qui vous font rêver déambulent dans l'entreprise et dans les salons dorés de la diplomatie ?

- Ce dirigeant d'entreprise étouffe dans son veston et dans les 25 mètres carrés de son bureau : il se réclame de Davy Crockett et aimerait bien, comme lui, avoir tué un ours à trois ans. Cela se voit dans son refus absolu de la cravate, dans son amour pour le cuir vieilli et les tonalités feuilles mortes, dans la barbe « sauvage » qu'il s'obstine à laisser pousser sur son visage ;
- Cette secrétaire rêve que le temps ne passera pas et que son prince viendra. C'est un Peter Pan au féminin, une Fée Clochette qui renonce à quitter l'enfance (et sa maman). Son visage ne vieillit pas et, à cinquante ans, elle a toujours sa voix de petite-fille. Elle s'habille de couleurs sucrées, de larges pulls de mohair qui sont comme des cocons, la barbe à papa n'est pas loin. C'est ainsi qu'elle apprivoise l'univers impitoyable de son patron ;
- Ce chef d'entreprise est un vrai Superman : démarche athlétique, biceps gonflés, il aime beaucoup sauver les jolies collaboratrices et les entreprises en difficulté.

Dieu ou Diable, Belle ou Bête, Prince ou Crapaud, Blanche Neige ou Sorcière, ces héros ne font pas toujours référence à ce qu'il y a de plus joli en l'homme. Prenez soin de choisir le bon.

Jouez avec nous aux portraits chinois et cherchez dans le tableau ci-dessous quel est votre héros ou votre héroïne. Rappelez-vous aussi que la vie est une scène, et qu'il vaut mieux y jouer, comme au théâtre, son « emploi ». Impossible à la servante de jouer la jeune première, impossible à Arlequin de jouer le père. Il y a des emplois qui vous vont comme un gant, d'autres pour lesquels vous n'êtes pas doué. Chassez le naturel, il revient illico !

Ne vous laissez pas trahir par votre apparence

« *L'anatomie, c'est le destin* », écrivait Freud qui ajoutait : « *Aucun mortel ne peut garder un secret, si les lèvres restent silencieuses ce sont les doigts qui parlent.* » Pas de secret, donc, car ce que le visage veut dissimuler, les mains vont le dévoiler. Cela fait un peu peur et n'est plus tout à fait vrai.

La présence de caméras placées dans les lieux publics, l'interpénétration de la vie professionnelle dans l'espace privé, l'engouement pour les *reality shows*, autant de risques de disparition de l'intime qui nous ont amenés à une redéfinition des territoires privés et publics. La capacité d'une vie sociale permettant à *l'être authentique* d'exister est un enjeu majeur. La santé psychique autant que l'évolution des mœurs invitent à une meilleure séparation vie privée-vie publique.

> Il est nécessaire à ce stade que vous compreniez qu'une trop grande dépendance au regard posé sur vous renforcera votre anxiété et vous éloignera de votre « boussole intérieure », celle qu'il faut écouter pour savoir où l'on va.

« C'est comme en amour, nous disait récemment Michel, participant à un séminaire. Pour que ça marche, il faut accepter l'idée de déplaire à l'autre. » Mais vous vous en souvenez, bien sûr, vous ne plairez jamais à tout le monde. Ce n'est pas une raison pour vous laisser trahir par votre apparence.

Dès 1977, le sociologue Pierre Bourdieu signale que notre corps à une propriété très particulière. Certes, nous *sommes* un corps, et certains de ses aspects ne peuvent être modifiés, mais nous *avons* aussi un corps, celui-ci étant alors un « produit social ». L'espace entre l'*être* et l'*avoir* fait du corps une sorte d'interface sur laquelle on peut jouer.

Or, dans une large mesure notre apparence est de notre responsabilité. D'importants changements peuvent modifier une apparence, et des modifications minimes peuvent modifier radicalement des comportements ou des caractères. Nous y reviendrons plus loin.

Voyons pour l'heure quelles sont les résistances qui vous empêchent de vous occuper de vous et vous donnent envie de fermer ce livre. Votre image a trois ennemis :

- « Cela ne sert à rien ! », dit le premier qui se croit invisible. Il ne croit que ce qu'il voit et décide que quand il ne voit rien, c'est qu'il n'y a rien. Il a décidé de se désintéresser de la communication car il n'y comprend rien. Il redoute les réactions d'autrui, surtout si elles sont négatives. Il attend désespérément le calme plat dans la relation. Il garde tout, ne dit rien, n'exprime rien. Mais c'est un danger public, une vraie cocotte-minute qui explose dans la fuite ou le conflit ;
- « Ce n'est pas bien ! », dit le coupable qui redoute les regards sur sa personne. Il se déteste et rase les murs. Quelqu'un il y a longtemps l'a regardé d'un œil désapprobateur, et il ne l'a jamais oublié ;
- « Ce n'est pas naturel ! », dit le rêveur dans son nuage, qui confond l'ignorance et le vert paradis de l'innocence. Il communique tout seul, et l'altérité (l'Autre) n'existe pas.

La première chose à leur répondre est qu'il est impossible de ne pas communiquer. L'homme invisible n'existe pas.

Traîner à la terrasse ensoleillée d'un café, laisser son regard flâner alentour est un luxe que peu d'entre nous peuvent aujourd'hui s'offrir. Et pourtant, quelle passionnante étude d'image s'offre à nous ! Pour parler de votre image, commençons par regarder celle des autres.

Observez celui-ci, avec son attaché-case ; les épaules levées, le cou rentré dans un veston trop grand pour lui, la mise grise et neutre du passe muraille, il semble déjà s'abriter des coups qui vont pleuvoir sur lui dans la journée. Celle-là court au travail dans un sévère uniforme bleu marine, les jambes soigneusement gainées de bas noirs et chaussée d'escarpins aiguilles vernis noir : une conductrice d'autobus, certainement, mais aussi une femme qui revendique une séduction que l'uniforme lui vole. Ces deux-là parlent ensemble au loin. Le buste raide, ils se font face à bonne distance pour dialoguer sans se toucher ; bien différents de ces deux hommes d'affaires qui passent, volubiles, se tenant par l'épaule, peau bronzée et complets clairs. Leurs chaînes, gourmettes, épingles à cravates jettent au soleil du matin tous leurs feux. Des Japonais et des Brésiliens, concluez-vous en notant qu'on ne se parle pas à même distance d'un pays à l'autre. Un homme traverse l'avenue d'un pas sportif, vêtu d'un blazer imprimé pur polyester : un Américain à Paris. Un jeune homme salue une jeune fille, il pose la main sur son bras murmurant quelque chose d'important. Celle-ci le regarde en souriant, son corps tout entier est tourné ailleurs, un pied esquisse un pas. Elle est déjà partie. Inutile d'insister !

Pas un mot n'a été prononcé et pourtant, c'est comme si chaque passant avait communiqué une mine d'informations sur lui-même. Nationalité, religion, emploi, style de vie, goûts, humeur, psychologie, relation au monde social. Avec un peu d'entraînement vous pourriez chiffrer leur feuille de paye, donner le prénom de leurs enfants, la marque de leurs meubles et leurs habitudes de consommation.

Rêveur, vous êtes rentré au bureau. Comme d'habitude, l'hôtesse n'a pas levé les yeux de son *Marie-Claire*, cachée derrière un bouquet fatigué. « Pas très ouvert l'accueil », vous êtes-vous dit. Les entreprises auraient-elles aussi une image ? Vous avez jeté un coup d'œil machinal dans le miroir du hall en vous demandant pourquoi vous enfiliez chaque matin vos vêtements sans penser aux gens qui vous regardent dans la journée. Dans l'ascenseur, votre collègue de service, ses grosses lunettes de myope et son éternel paquet de dossiers dans les bras, vous a tenu un long discours sur sa difficulté à se faire entendre à la dernière réunion. Vous avez remarqué qu'il avait son pan de chemise qui dépassait de son pantalon ; son image fugitive en tout petit garçon vous a effleuré et c'est en souriant que vous vous êtes assis à votre bureau.

Vous avez sans le savoir recueilli des informations multiples sur les individus que vous avez croisés, et sans que jamais un mot soit dit, c'est bien de communication qu'il s'agit.

Démonstration est faite : l'homme invisible n'existe pas. Il n'est pas nécessaire de parler ou de faire quelque chose pour communiquer : on ne peut pas ne pas communiquer car toute interaction génère de la communication.

Si l'on enlève les moments solitaires, 70 % de notre temps est occupé à communiquer, que nous le voulions ou non. Lorsque vous parlez, par exemple, il n'y a que 20 % du volume communiqué qui est occupé par les mots. Le reste est occupé par le langage corporel, qui à lui seul en occupe 55 %. La « manière », c'est-à-dire le son de votre voix, votre débit, vos « façons », occupe les 25 % restants.

Il y a des priorités dans ce volume global d'informations. Nous sommes d'abord vus, puis entendus et enfin (éventuellement) compris. Le non-verbal laisse une trace prioritaire dans la perception du message par l'interlocuteur. Le « cela ne sert à rien » du sceptique rationnel, ennemi juré de votre image, bat déjà en retraite. Car votre image, c'est de l'information. Il n'y a pas de communication verbale isolée, celle-ci est toujours accompagnée de communication non verbale, la communication non verbale pouvant exister, elle, sans communication verbale. Silence, refus de communiquer, neutralité sont de la communication non verbale. Nous sommes rarement conscients de notre communication non verbale ; c'est elle pourtant que retient en priorité notre interlocuteur.

Chapitre 4

La construction de l'identité

> « *Chaque fois qu'une chose m'apparaît clairement et distinctement dans mon esprit il se peut que je me trompe.* »
>
> DESCARTES

Le rôle de la mémoire dans l'identité

Contrairement à ce que l'on croit, on ne naît pas avec une identité, mais on la construit. C'est ainsi que l'on écrit son histoire, souvent à partir de l'histoire de sa famille, de sa fratrie, de ses parents. En se positionnant, en se définissant, en s'opposant, en s'apposant.

La mémoire à donc une fonction importante dans cette opération qui va consister à retenir ou évacuer ce qui est soi et ce qui ne l'est pas. « *Nous venons au monde comme individus, nous assumons un personnage et nous devenons des personnes* », dit le sociologue Robert Park. Passer d'une dimension à l'autre, de celle de la pensée à celle de la représentation, sans se perdre, n'est pas facile. Il n'y a que sept notes dans une gamme, mais tant de mélodies possibles ; il n'y a que vingt-six lettres dans l'alphabet mais tant de langages possibles.

Le secours des images

Lorsque nos possibilités de concevoir tournent court et que le langage s'essouffle, on utilise la métaphore[1] pour trouver un passage. On dit une chose avec une autre.

« *Le regard écoute* », écrivait Paul Claudel[2], indiquant par là que des passerelles existent d'un univers de communication à un autre. C'est sur votre image et avec des images que s'effectue ce transfert. Les techniciens qui conçoivent les ordinateurs sur le modèle du cerveau humain se sont heurtés à ce même problème : comment faire passer un message d'une machine et d'un système à l'autre ? Ce rouage essentiel de la machine informatique s'appelle une *interface*. Notre apparence est aussi une interface entre différents systèmes de représentation.

Depuis la nuit des temps les images viennent à notre secours pour représenter ce que le langage est impuissant à exprimer : amour, valeurs, liberté, confiance, professionnalisme, autorité, crédibilité, beauté. Il en va de même des valeurs personnelles dont vous vous voulez porteur. Ces images renvoient à des souvenirs personnels ou communs à tous les hommes. Le subjectif et l'objectif entrent en jeu.

Renoncer à s'interroger sur les mécanismes présents dans la représentation de soi s'apparenterait à renoncer à utiliser le langage parce qu'aucun mot n'est vraiment représentatif de la réalité. Cela reviendrait à se passer d'un instrument puissant qui a la faculté d'influencer autrui et de vous rendre maître de votre communication.

Votre image est un langage organisé et organisateur. S'intéresser à la représentation de ce que vous êtes ne signifie pas faire

---

1. Métaphore : procédé de langage qui consiste à employer un terme concret dans un contexte abstrait par substitution analogique. Exemple : « *La racine du mal* », « *une source de chagrin* » Petit Robert.
2. Paul CLAUDEL, *L'œil écoute*, Gallimard, 1990.

joujou avec une poupée futile mais sculpter votre statue intérieure pour la faire exister à l'extérieur. Jung a donné un nom à cette statue intérieure, il l'a appelée le Soi. Le Soi est la partie réalisée de vous-même, celle qui a négocié avec la réalité et son rêve une place satisfaisante au sein du monde social.

De l'Image de Soi à l'image *du Soi* il n'y a qu'un pas. Faisons-le ensemble afin que votre image soit la plus belle et la plus accomplie possible : celle d'un prince plutôt que celle d'un crapaud, d'une princesse plutôt que d'une sorcière.

Jetons un coup d'œil sur les outils qui feront de vous les sculpteurs talentueux de votre statue intérieure. Émotions, symboles, archétypes, signes... tout le monde connaît cela à peu près. Cybernétique, sémiologie, *feed-back*... c'est moins évident, déjà. Inconscient, censure, refoulement, plus du tout ! Projection n'évoque pour finir qu'un écran de cinéma ou de télévision. Tous ces noms semblent compliqués mais recouvrent des mécanismes que nous allons tenter d'éclairer.

Mais auparavant voyons comment se pose le problème de la représentation de soi. Comment faites-vous pour montrer grâce à votre image que vous êtes sincère, crédible, compétent, fiable, solide ou créatif ? Que vous avez de l'autorité, une âme de *leader* ? Du pouvoir ? De la volonté ? Du dynamisme ? Que sais-je encore ?

Représenter c'est donner corps à des idées

Lorsque Magritte peint sur son fameux tableau représentant une pipe, *Ceci n'est pas une pipe*, il nous rappelle qu'un objet n'est jamais vu, mais qu'il est toujours pensé. Entre la pensée et l'objet réel, il y a l'immense territoire de la représentation et la nécessité de se rendre maître des bons outils. Il en va de même pour votre image et vous pourriez faire un succès comme peintre conceptuel en écrivant sur une de vos photographies : « Ceci n'est pas moi. »

N'empêche, vous êtes là, et vous n'avez pas le choix, votre statut d'humain fait de vous un candidat obligé à la représentation. De même, lorsque vous parlez, c'est dans un vocabulaire, dans une grammaire de l'image que vous allez puiser. Cette grammaire s'est organisée au fil des temps autour de traces, de projections, d'identifications qui se sont sédimentées pour faire peu à peu force de loi. Ces codes, nous les jugeons immuables, oubliant qu'ils représentent en fait la vision consensuelle d'un groupe donné à un moment donné. Il n'y a qu'à se pencher grâce aux beaux-arts sur les représentations de la beauté pour s'apercevoir que rien ne ressemble moins à une beauté de Fragonard qu'une beauté du Second Empire ou qu'une beauté peule. Ignorer volontairement ou involontairement les codes, c'est s'exclure d'un groupe. C'est dire : « Je n'en fais pas partie. » Libre à vous de faire ce que vous voulez ; sachez seulement ce que vous faites…

Certains codes évoluent très lentement. Ils sont portés par les changements socioculturels, et l'on se rend à peine compte de leur évolution. Une science nouvelle vient à point pour nous aider à les repérer et à les lire, c'est la sémiologie.

La sémiologie ou « l'empire des signes »[1]

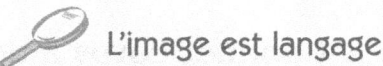 L'image est langage

Issue de la linguistique, science du langage, la sémiologie a vu le jour avec Ferdinand de Saussure en 1900. Elle accompagne en toute logique la montée des signes dans notre société de l'image, le passage de la substance à la forme noté par Jean Baudrillard. À l'origine, elle s'appliquait de préférence aux formes

---

1. Roland BARTHES, *L'empire des signes*, Le Seuil, 1993.

La construction de l'identité

> *du langage. Roland Barthes, dès 1964, élargit son champ d'application à tous les signes (codes, langues, signalisations, etc.) et à l'image.*
>
> *Pour la sémiologie toute image est langage. Comme les lettres de l'alphabet, comme les mots, l'image est composée de signes stables qui ont une signification. En mathématiques on les appellerait des* invariants. *Nouvellement utilisée par les hommes de marketing ou de publicité et souvent appliquée à la lecture de l'image des produits, la sémiologie est aussi utilisée dans le décodage de l'image cinématographique, photographique, peinte ou dessinée.*

La sémiologie s'applique avec bonheur à la lecture de l'image et, depuis ma rencontre avec Roland Barthes, j'en ai fait l'outil privilégié de mes Lectures d'Image. Rappelons cependant que la sémiologie est subjective. Elle répertorie des tendances, rend compte de consensus. Bien que porteurs de traces fort anciennes qui peuvent faire croire un instant à l'existence d'une fusion forme-sens, les signes sont liés à la subjectivité et aux projections d'un groupe donné. On a toujours tendance à croire que *sa* vision est *la* vision. Que *sa* carte mentale est *la* carte de la réalité. Ne tombez pas dans le piège. Si la couleur rouge est pour beaucoup la couleur de la vie et du dynamisme, elle sera dans d'autres cultures celle de la mort et du deuil.

Vous faites d'ailleurs de la sémiologie sans le savoir ! Tenez, laissez-moi prendre votre blouson de cuir et le poser sur cette chaise.

Exercice

Regardez ce vêtement et, à la manière des surréalistes, dites tout ce qui vous passe par la tête. Associez librement des images. Qu'évoque-t-il pour vous ? Nature sauvage ? Animalité ? Sensualité ? Luxe ? Héroïsme ? Virilité ? Audace ? Solidité ? Essayez de réduire ces évocations à des signes concrets. Le cuir ? La couleur brune ? La douceur et la souplesse de la matière ? L'odeur ? La netteté de la forme ? La rudesse de l'aspect ? Vous voyez, vous voilà sémiologue. Vous avez repéré la puissance d'évocation des signes, il ne vous reste plus qu'à l'utiliser à bon escient dans votre image.

....

....

....

....

Un bon recruteur fait souvent de la sémiologie sans le savoir et de nombreux cabinets utilisent nos Grilles Sémantiques[1] pour préciser et quantifier perceptions et qualifications.

Prenons l'exemple – grossier à dessein – d'une personne qui vient postuler pour un emploi de cadre supérieur dans l'industrie du parfum et de la beauté. Il est sans cravate, le col de chemise ouvert et pas très net, les cheveux longs et gras, une grosse chevalière au doigt, les écouteurs d'un walkman sur les oreilles. Dans sa voix légèrement grasseyante les traces manifestes de ses origines socioculturelles.

---

1. Les Grilles Sémantiques© sont des outils sous copyright. Ils sont à la base du diagnostic effectué dans nos lectures d'Image©.

La construction de l'identité

Vous lirez sur son image le message verbal véhiculé par les mots mais aussi le message de son image, lui-même formé d'un message dénoté et d'un message connoté :

- **Le message dénoté**, c'est le message littéral véhiculé par des *signifiés*, c'est-à-dire la matérialisation des signes – col ouvert, chevalière, cheveux longs, walkman –, et des *signifiants*, c'est-à-dire la lecture possible de ces signes matérialisés (négligé, ostentation, frime) ;
- **Le message connoté**, c'est le message symbolique. Il véhicule des valeurs socioculturelles (dévalorisant, bon marché, jeune, immature, provocateur, etc.).

La sémiologie repère la puissance des grands invariants de notre image : les signes et des codes perçus par le plus grand nombre. Et ce sont bien ces consensus qui nous intéressent car ils correspondent à des signes de ralliement. Les signes qui imprègnent notre image sont issus de la nuit des temps et témoignent des grandes tendances socioculturelles que nous dégagerons plus loin.

> Décryptez les signes, cela vous permettra d'avoir toujours une longueur d'avance dans la communication.
> Appliquez-les à votre image, cela vous permettra de faire corps avec votre temps, avec votre groupe social,
> avec vos projets personnels.

La *libre association* prônée par la psychanalyse permet d'aller plus loin et de personnaliser cette approche. Elle permet à la personne d'exprimer les « trains de pensée » qui surgissent de ses souvenirs et de leur donner du sens. Ces pensées sont issues d'expériences passées, conscientes ou inconscientes, et imprègnent, voire parasitent notre communication.

Il est évident que nous devons sans cesse « toiletter » nos *projections*, afin de ne pas attribuer à un interlocuteur une caractéristique ou une intention qui est en fait la nôtre.

Les conséquences d'une bonne ou mauvaise estime de soi

L'estime de soi est cette fonction très proche du narcissisme qui prend racine dans un bon *nursing*[1] et le regard porté sur l'enfant. On l'appelle aussi confiance en soi. L'Image de Soi, autant celle que l'on se fait de son « être intérieur », que celle que l'on offre aux regards, est intimement liée à l'estime de soi. Lorsqu'on sait, après avoir lu les différentes études sur ce sujet, que l'estime de soi est elle-même très dépendante du *regard social*, on mesure le type d'impasse ou de pression dans laquelle se trouvent certains d'entre nous.

Le regard social n'est pas seul en cause dans la construction de l'estime de soi. L'estime de soi est aussi dépendante de ce que l'on pense *devoir* être au regard de ses parents, d'abord, puis de ses professeurs et amis. À certains moments clés de la vie, il se peut que la barre ait été placée trop haut et que la personne ne puisse atteindre cet *idéal du moi*. La chute de l'estime de soi est la cause de bien des dépressions qui amènent les patients à consulter. On parle alors de « blessure narcissique ».

On comprend aisément que l'estime de soi dépende de ce pilier fondamental qu'a été non seulement le *holding*[2] de la mère, mais aussi son regard, comme celui du père, sur l'enfant. Père, mère, biologique ou éducatif, oncle, tante, grand-père ou grand-mère, professeur ou personne importante dans l'histoire de la personne... que leur regard ait été bon ou mauvais, la fin de la dépendance à celui-ci est pour certains le début d'un épanouissement spectaculaire et le début de l'assertivité (confiance en soi).

---

1. *Nursing* : soins attentifs et tendres prodigués par la mère.
2. *Holding* : fonction contenante et sécurisante des bras de la mère.

L'enfant cherche spontanément à être gentil avec ceux qui comptent dans son environnement affectif. Et c'est bien normal puisqu'il en dépend de sa vie. Il cherche aussi à *séduire* pour obtenir de l'amour et ce qu'il désire. Il est alors très dépendant du regard.

Or pour sortir de la séduction et se libérer de la peur de déplaire, il faut accepter de décevoir et exprimer ce que l'on ressent.

Pour les femmes, la pression sociale sur les apparences est très importante, elle peut être à la source de certaines pathologies. L'une des caractéristiques de l'anorexie est justement cette perception faussée du corps. D'ailleurs, lorsqu'on demande aux femmes de se décrire et de d'évaluer leur poids « idéal », elles indiquent souvent un poids très inférieur au leur. Si l'on y ajoute l'idée qu'elles se font de l'idéal que les hommes ont d'elles, l'écart s'accentue.

En revanche, la plupart des hommes se trouvent bien comme ils sont et pensent qu'ils plaisent aux femmes ainsi. Ce qui ne les empêche pas d'avoir d'autres problèmes d'estime de soi, qui se répercutent souvent sur leur vie sexuelle et affective.

On mesure aisément l'importance de la pression sociale sur les femmes lorsqu'on sait que leurs performances scolaires sont en générales meilleures que celles des hommes, *mais* que, malgré cela, leur sentiment « d'avoir un physique agréable » chute brutalement en terminale, alors que celui des garçons se maintient.

Il est bon ici de rappeler que l'estime de soi des parents est directement impliquée dans l'estime de soi des enfants. Si, *a priori*, meilleure est l'estime de soi parentale, meilleure sera celle des enfants, tout n'est pas si simple. Permettez-moi, à travers les deux exemples suivants, d'illustrer de quelle manière le « regard » des parents influence l'estime de soi des enfants.

Corinne vient demander une psychothérapie. Elle n'a pas confiance en elle, dit-elle, et cela lui pose des problèmes dans son travail. Je regarde Corinne qui est l'illustration de ce que toutes les femmes voudraient être : longue et belle chevelure, traits fins, peau de rêve, taille élancée, Corinne est ce qu'on appelle « une belle plante ». Et elle s'habille, à ravir, de marques connues. C'est d'ailleurs ce qui attire mon attention. Pour quelle raison juge-t-elle important d'afficher les marques prestigieuses qu'elle porte ?

Corinne est la seule fille d'une famille très fortunée d'origine espagnole. Elle a très tôt reçu de ses parents tout ce qu'elle pouvait souhaiter *matériellement*. Trop sans doute. « Je partais à l'école en voiture conduite par un chauffeur, et ma mère m'habillait comme un mannequin alors que je n'avais que six ans. Elle me faisait poser en *string* sur le bord de la piscine à dix ans et me décolorait les cheveux. Mon père m'adorait et me préférait à mes frères. Il m'appelait sa fiancée. Très vite il m'a offert d'importantes mensualités financières – plus qu'il ne donnait à ma mère – et c'est alors que les difficultés ont commencé : je n'ai jamais pu garder un poste. On me recrutait, mais rapidement j'étais licenciée. Tout m'était offert et je ne poursuivais rien. Je laissais tout tomber inachevé. »

J'invitais Corinne à m'expliquer en détail comment elle mettait en place les mécanismes qui l'amenaient à abandonner une entreprise avant d'avoir recueilli les fruits de ses efforts. Au mot « effort », Corinne s'esclaffa : « C'est bien là le problème ! Ainsi, lorsque je voulus jouer du piano, j'eus à peine le temps de formuler ma demande qu'un superbe piano à queue m'était offert, ainsi que des leçons. Au bout de trois leçons je voulus abandonner en réalisant que je devais fournir un effort. Mes parents se mirent très en colère, et mon père hurla que je n'étais bonne à rien. J'étais terrorisée. Il en fut ainsi de toutes mes activités : d'un côté mes parents me donnaient tout ce que je voulais, mais de l'autre ils voulaient que je sois la première en tout, sans m'expliquer que cela passait par un stade de travail nécessaire où j'avais besoin d'être soutenue dans mon effort. »

La construction de l'identité

Corinne fait partie des enfants gâtés très malheureux à l'âge adulte lorsqu'ils se trouvent confrontés à différentes réalités. Certains parents voient souvent dans leurs enfants la réalisation de leur rêve d'*enfant parfait* et leur renvoient une estime de soi très haute. Il est inévitable qu'au contact de la réalité, l'absence de ce regard parental les fragilise et les fasse douter d'eux-mêmes. Dans tout ce qu'ils entreprennent, leur estime de soi trop « haute » est en chute libre à chaque fois qu'il faut tenir dans la durée.

À l'inverse Gérard consulte pour une peur panique lors de certaines prises de parole en réunion. « Je dois sortir pour respirer, parfois même je vomis, c'est épouvantable, la peur qui me taraude avant. Après tout va bien ! »

Parlant de son enfance, Gérard évoque dès le premier rendez-vous une scène qui lui amène les larmes aux yeux : « Mon père était militaire, je l'admire beaucoup, il m'a donné le sens des valeurs. Comme tous les enfants, j'ai fait ma *petite crise d'adolescence* vers quinze ans. J'ai commencé par voler des bonbons, puis des crayons, et enfin j'ai volé un scooter. On m'a emmené au commissariat et mon père est venu me chercher. J'ai reçu une énorme volée. Il avait bien raison. Mais ce qui m'a bouleversé, ce sont les larmes de ma mère lorsqu'elle a appris cela : "Comment ai-je pu faire cela, un voleur ?" Elle a éclaté en sanglots et je n'ai jamais oublié ! » Gérard oscille entre une estime de soi trop basse, provoquée par le dressage de son père, et une estime de soi encore plus basse après les larmes de sa mère. Ce genre de schéma amène souvent des dépressions et des réorientations professionnelles au cours de la psychothérapie.

Pas facile en tant que parents de concilier l'amour et le soutien inconditionnel avec la nécessaire éducation et le soutien conditionnel !

On voit comme l'équilibre est difficile, et comme il est important de ne pas mélanger le soutien à la *personne* et le soutien au *comportement*.

Deux nourritures de l'estime de soi[1]

Amour (soutien inconditionnel)	Éducation (soutien conditionnel)
Le comportement des parents ne dépend pas du comportement de l'enfant	Le comportement des parents dépend du comportement de l'enfant.
N'est pas remis en cause si l'enfant a des comportements inadéquats	Critiques si l'enfant a des comportements inadéquats
Nourrit directement l'estime de soi, mais n'apprend pas forcément comment recevoir l'estime des autres	Nourrit bien l'estime de soi, mais apprend à être aimé des autres
Influence le **niveau** de l'estime de soi (plus l'enfant sera aimé, plus son estime de soi sera élevée)	Influence la **stabilité** de l'estime de soi (si l'enfant est aimé, plus il sera éduqué, plus son estime de soi sera stable)

Estime de soi et haine de soi

On aura compris qu'une estime de soi stable, qui se maintient à travers les chocs de l'existence, se construit sous le regard des parents, des professeurs et des amis, dans l'enfance et l'adolescence. Mais aussi à travers la manière dont les parents gèrent leur propre estime de soi.

L'Image de Soi est intimement liée à l'estime de soi, et vient créer souvent des *feed-back loop (*boucle de rétroaction) qui vont

---

1. Christophe ANDRÉ et François LELORD, *L'estime de soi*, Odile Jacob, 2001.

La construction de l'identité

renvoyer au sujet une image bien différente de celle à laquelle il avait l'habitude d'être confronté. Une estime de soi basse amène le sujet à peu s'affirmer face aux autres, et donc à peu obtenir ce qu'il souhaite. Cette faible capacité de réalisation de son désir entraîne à son tour une estime de soi basse. C'est ce qu'on appelle couramment une névrose d'échec.

> Patrick a perdu très jeune sa maman et a été élevé, ainsi que ses quatre frères et sœur, par un père rigide, normatif et qui refusait tout contact affectueux. « Jamais une accolade, une caresse encore moins ! Rien n'était jamais assez bien pour lui et lorsque je rapportais un dix-huit à la maison il me disait : "C'est normal, tu apprends facilement !" »
>
> Patrick avait une estime de soi très basse lorsque nous l'avons rencontré au cours d'un séminaire Image de Soi, dans son entreprise. Il déplorait, entre autres choses, une apparence juvénile et, malgré ses succès indéniables, s'appesantissait sur ses erreurs. Bien qu'il fût depuis peu le directeur général d'une importante filiale, il ne retenait de son extraordinaire force de travail que ses difficultés relationnelles qui le desservaient dans ses contacts professionnels.
>
> Après une Lecture d'Image[1], et sur notre conseil, il revêtit un complet *croisé* quatre boutons et des chaussures classiques mais à semelles débordantes. Un peu gêné aux entournures il évolua en riant devant la caméra vidéo et gentiment accepta de « faire le patron » dans un bref jeu de rôle. À la stupéfaction de tous – et à la sienne –, il constata la disparition immédiate de ses inhibitions. Tant qu'il « faisait l'acteur », il était sûr de lui, et, à la suite de quelques indications, ses gestes changèrent, devinrent plus amples, sa voix s'affermit, et à travers des exercices ludiques il acquit la capacité de s'affirmer face aux autres.
>
> « C'est bien moi ! », disait-il en riant, tout surpris en regardant sa vidéo. Invité à s'exprimer, nous lui avons demandé sur

---

1. Lecture d'Image© : diagnostic d'image personnelle.

quelle identification il s'était construit précédemment. Il a alors décrit son père, « un étudiant attardé qui ne quittait jamais son gros chandail ». Il a ajouté qu'il « détestait ça ».

Nous avons constaté qu'il devenait un patron assertif (capable de s'affirmer) et l'avons encouragé à « jouer » au patron dans son entreprise. Le regard des autres participants a accentué ce retour de l'estime soi qui n'a fait que grandir les jours suivants dans son entreprise, où la transformation de son image visuelle a encore appuyé la transformation de son image intérieure.

Certaines personnes nourrissent une étrange haine de soi directement reliée au regard qui a été posé sur elles enfant. Cette haine est souvent peu perçue par l'entourage qui ne juge que sur les apparences. « Mais elle a tout pour plaire… comment peut-elle être malheureuse ? » Si nul ne peut changer ce regard d'origine, nous assistons souvent, au cours de psychothérapies, à de spectaculaires retours du dialogue parent-enfant et à la levée des conflits. Mais on peut changer ce que la personne fera de ce regard sur elle, et notamment l'importance qu'elle lui donnera dans sa vie.

Nous ne pouvons oublier Tanya, mannequin à la silhouette de rêve, qui devint anorexique. À la une des journaux de mode, Tanya respirait *apparemment* la santé et la joie de vivre. Intérieurement, elle vivait dans une souffrance terrible son rapport à une mère lointaine, dépressive et occupée à soigner un mari gravement malade. N'ayant pu être présente psychiquement à son enfant, cette mère n'a pu lui donner le soutien et la confiance nécessaire à son épanouissement. Une thérapie familiale restaura la parole dans la famille, et une psychanalyse permit à Tanya de se reconstruire. Tanya a aujourd'hui trouvé l'équilibre intérieur et s'occupe d'un home d'enfants. Ses cheveux ont blanchi, son visage s'est ridé, mais elle se dit beaucoup plus heureuse que lorsqu'elle arpentait les podiums.

La construction de l'identité

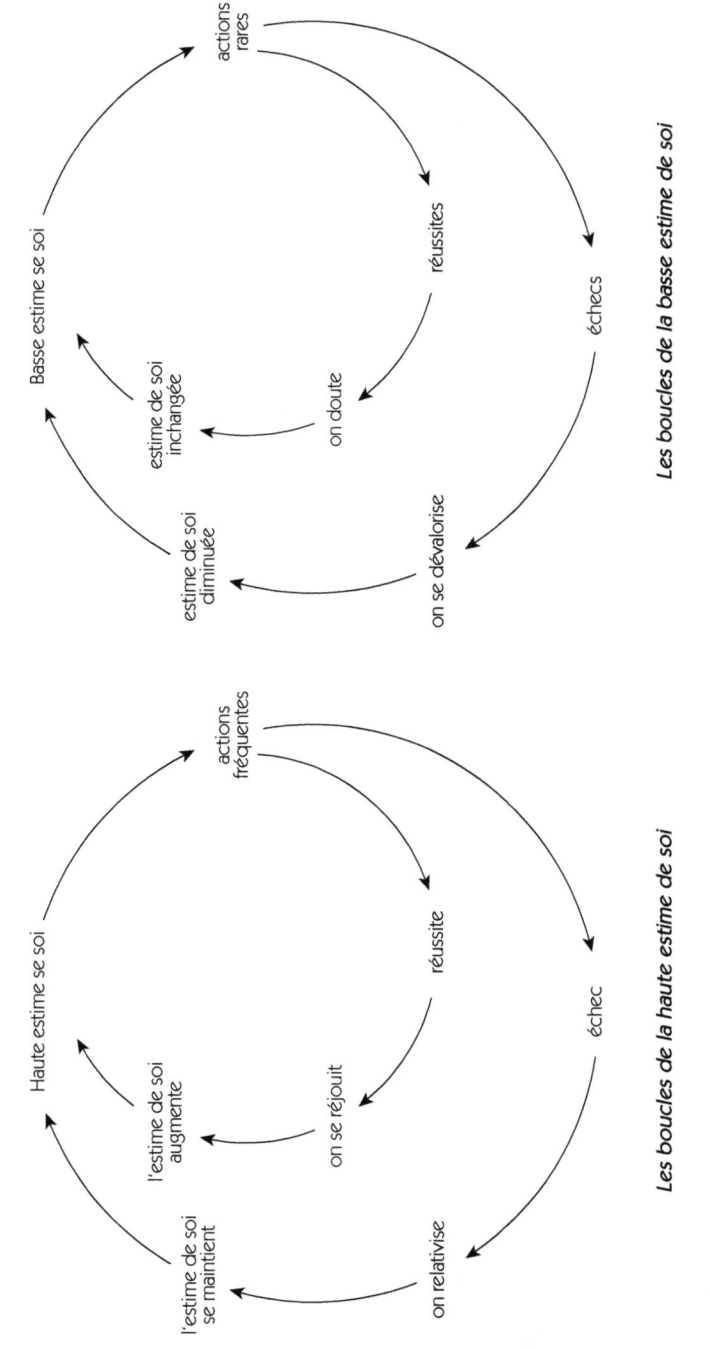

Chapitre 5

Vie privée, vie publique, la juste distance à l'Autre ?

Meubler sa vie d'objets *bons pour soi* ne va pas sans mal. Vie amoureuse et affective, vie professionnelle, vie amicale, il n'est pas toujours facile de distinguer ceux qui seront les prédateurs (parfois en toute bonne foi) de notre vie, de ceux qui nous prodigueront le soutien et la constance dont nous avons besoin.

Parfois, même avec les amis, l'humeur varie en fonction de notre vie psychique et de la leur. Des territoires de *l'intime* que nous déployons dans notre vie privée, il faut savoir passer à ceux de la vie publique où l'on s'expose moins. Il y a une *juste distance* à trouver. Est-elle physique ? Est-elle psychique ? La vie d'aujourd'hui exige de nous l'adaptation à des fonctions aussi diverses que nombreuses où nous aurons à moduler en tenant compte de l'Autre et du sens que nous donnons à la relation. Comment s'orienter dans ce dédale ? Le repérage des deux grands champs d'activité que sont la vie publique et la vie privée vient à point pour nous aider à définir les limites de l'image professionnelle. Le décodage et la mise en place des différents Vecteurs d'Image nous ouvrent toutes grandes les portes d'un nouveau savoir-vivre. Deux grands repères sont à poser et nous invitent à réfléchir sur la *juste distance* (distance psychique, distance physique) à mettre entre nous et les autres.

L'IMAGE DE SOI

Dans la vie publique, l'entreprise, les médias, la politique,
ne gérez pas votre image de la même manière
que dans l'espace privé et dans celui de l'intimité.

 Une histoire de rôle

Combien de rôles avez-vous rempli aujourd'hui ? Si vous êtes une femme, vous répondrez probablement que vous avez tenu :

- *le rôle de la maman, de 7 h à 8 h ce matin avec vos enfants,*
- *le rôle du chauffeur, de 8 h à 8 h 30 ce matin, en les conduisant à l'école,*
- *le rôle du manager, de 8 h 30 à 12 h 30 dans votre travail,*
- *le rôle de l'amie, à l'heure du déjeuner, avec votre amie d'enfance,*
- *le rôle du manager, de 14 h à 18 h,*
- *le rôle de la confidente, de 18 h à 20 h en écoutant votre mari vous parler de ses problèmes professionnels,*
- *le rôle de la cuisinière quand vous avez préparé et servi le dîner,*
- *le rôle la maman puis de l'épouse ensuite…*

Bref, vous avez des rôles, mais vous n'êtes pas un rôle… et il y en a certains que vous tenez mieux que d'autres, nobody is perfect !

Différencier le Moi et la fonction

Les êtres sont une chose, leurs comportements en sont une autre.

> Jean rentre chez lui fatigué tous les soirs. En complet veston, la cravate au cou, il s'assied dans son salon et s'il ne tombe pas endormi devant la télé il continue sur sa lancée à commenter son intervention devant la direction générale sur le ton du conférencier. Sa femme se plaint qu'ils n'aient plus d'intimité. Ses enfants, rebutés par sa langue de bois, disparaissent avec leurs copains. Jean confond tout : sa fonction et lui-même.
>
> Jacques arrive au bureau en retard et encore ensommeillé. Il se lève toujours au dernier moment et attrape dans l'armoire ce qui lui tombe sous la main : le blouson du week-end, le pantalon de sport, le chandail qu'il avait passé la veille au soir pour promener le chien. Il se plaint d'avoir du mal à exprimer son autorité en réunion. Jacques ne sait pas structurer les repères de sa fonction.
>
> Jean et Jacques souffrent d'une maladie très commune dans l'entreprise : un mauvais partage des champs publics et privés. L'un et l'autre ont du mal à établir la juste distance par rapport à autrui et au rôle social. L'un et l'autre ne prennent pas le temps de repérer leur positionnement par rapport au contexte. Jacques est un peu comme celui qui arriverait pour prendre son train vêtu d'un pyjama, Jean comme celui qui revêtirait son armure pour entrer dans son lit.

L'histoire ne dit pas si notre bon Roi Soleil, qui aimait le faste, aimait aussi partager chaque recoin de sa vie avec ses courtisans. Lever, coucher, toilette, besoins intimes se déroulaient en présence d'une nombreuse assistance, et c'est jusqu'à la ruelle du lit qui était envahie à la nuit tombée. La vie privée est une invention nouvelle. Sa séparation d'avec la vie publique n'interviendra qu'après un long processus de maturation pendant les XVIe, XVIIe, et XVIIIe siècles. Le XXe siècle évoluera vers une individualisation qui incitera l'individu à exprimer de plus en plus son authenticité psychologique. Michel Foucault y avait vu une crainte légitime que le pouvoir ne s'exerce sur les corps, les gestes, les comportements pour mieux pénétrer dans les âmes[1].

Différencier les champs privé et public est donc aussi une mesure de protection nécessaire de prophylaxie sociale. Il n'est pas bon pour la personne de se confondre avec son rôle et de perdre de vue son individualité. Certaines hyper-adaptations sont le nid de la névrose.

À l'inverse, certains contextes sont plus faciles à gérer sous la protection du rôle. C'est souvent le cas dans la vie professionnelle où la fonction prend parfois le pas sur l'individualité. Sur votre apparence, il est nécessaire que cette fonction soit visible. La pesanteur et l'apparat des vêtements dits « de fonction » – vêtements religieux, d'académiciens – symbolisent bien cette disparition nécessaire de l'individuel derrière le principe.

> Rappelez-vous cependant que vous *avez* un rôle mais que vous *n'êtes* pas un rôle. Entre cet *être* et cet *avoir* il y a un vaste espace de jeu qui vous permet d'explorer avec audace toutes les potentialités de vos différents personnages.

Jouer, pensez-vous, n'est pas sérieux. C'est pourtant en jouant qu'enfant, vous avez appris l'essentiel de ce que vous êtes.

Il vous semble parfois difficile de passer d'un rôle à l'autre car cela demande souplesse et sens ludique ; c'est vrai, le jeu – et il n'y a pas de jeu sans plaisir – permet de vivre à l'aise ses différents rôles. Dans un jeu le risque de perdre est présent, mais il est moindre. Jouer entre votre personne, votre identité et vos rôles est indispensable à votre équilibre comme l'est la délimitation des deux espaces public et privé. Certains encombrent leur espace public des retombées de l'espace privé : confidences, indiscrétions, laisser-aller intime, allusions sexuelles. Elles peu-

---

1. Michel FOUCAULT, *Surveiller et punir*, Gallimard, 1993.

vent difficilement se gérer dans l'entreprise. D'autres restent coincés dans leur rôle et appauvrissent leur vie privée et leur épanouissement personnel.

Plus vous montez dans la hiérarchie, plus cela est vrai. À tel point que certains gestes « amicaux » sont à considérer avec prudence : il est difficile de faire un reproche ou de licencier un collaborateur avec qui on a dîné en famille la veille au soir.

◆ **La juste distance** est le premier principe à observer. Elle se fait toujours en fonction d'un paramètre à prendre en compte : le contexte.

◆ **Le jeu** est le second. Sans lui, et devant l'accumulation des rôles, nous deviendrions bientôt les victimes d'une société schizophrène. Définir les champs public et privé, c'est le savoir-vivre de votre image. Vous avez un rôle à tenir, mais vous *n'êtes* pas le rôle.

> Entre votre identité et votre personne
> laissez la place aux personnages.

Façons, manières et sensorialité

La prochaine fois que vous direz : « Il a une façon de parler qui me tape sur les nerfs ! », essayez de faire appel à l'écoute active. Essayez aussi de définir *quoi*, exactement, vous énerve chez cette personne. Vous aboutirez sûrement à la conclusion que ce ne sont pas ses mots, mais ses manières qui vous heurtent.

Le malaise persiste ? Vous voulez aller plus loin ? Laissez-vous associer librement les mots qui vous viennent en pensant à cette personne : mal élevée, stressante, négligée ? Qu'est-ce que cela vous rappelle ? En quoi cela vous concerne-t-il ? Quel effet produit-elle sur vous ? Nommez l'émotion concernée. De la peur ? N'hésitez pas à retourner dans vos souvenirs d'enfance pour répondre à la question : avez-vous autrefois été en contact avec une telle personne ? Est-ce quelqu'un de votre famille ? Reste-t-il des contentieux non réglés avec cette personne ? Vous a-t-elle fait du mal ?

Ces façons de parler sont perçues prioritairement par l'interlocuteur car elles émanent de l'*espace sensoriel* qui nous entoure. Certaines personnes sont particulièrement *poreuses* et peuvent être très gênées par des messages non verbaux émis, souvent à leur insu, par l'entourage.

> Ainsi, Catherine, venue nous voir pour une psychothérapie, s'évanouissait dans le métro avec la sensation d'être « sans consistance de l'intérieur… vide… envahie par les autres corps ». Elle ne supportait aucune présence humaine et, disait-elle, se « sentait se déliter dans le voisinage corporel d'un autre humain. » Un long travail sur son narcissisme l'a aidée à retrouver une peau, un dedans et un dehors.

L'homme n'est pas un individu isolé et sa communication ne s'arrête pas aux frontières du corps. Les signes par lesquels il exprime sa relation à lui-même, aux autres et au monde sont :
- gestuels (ouverture, fermeture…),
- spatiaux (près, loin…),
- relationnels (moi et moi, moi et toi, moi et vous…),
- morphologiques (dilatation, rétraction…),
- vestimentaires (provocation, conservatisme…),
- sociologiques (intégration, rejet…),
- psychologiques (plaisir, devoir…).

Le langage sensoriel ne s'arrête pas aux gestes. Il concerne tout notre corps à travers nos cinq sens : l'odorat (ah, les parfums entêtants qui exercent une emprise indélébile !), le toucher (une poignée de mains en dit beaucoup sur votre personnalité), la vue (un regard qui fuit, un regard appuyé, un regard triste…), le goût (il concerne les « nourritures » esthétiques ou intellectuelles).

Chaque façon de vous présenter en dit long sur vous-même.

◆ On peut presque tout dire d'une personne d'après sa **poignée de main**. Prenez le temps de *ressentir* et d'analyser cette première information : elle vous aidera à conduire adéquatement la suite de la communication. La « glissante » des mains moites est celle de l'émotif, la « broyante » celle du dominateur ou du sportif, peu conscient de sa force. La pire est la « fuyante » qui se retire avant que le contact des paumes ait été fait. La « toute vide » marque un problème d'identité : elle est celle de bien des anorexiques. L'impression est désastreuse.

◆ La « **bise** » est usitée dans certains milieux professionnels français. Elle n'est pratiquée ni en Angleterre ni en Allemagne, alors que très courante dans les pays méditerranéens. Veillez à ne pas l'utiliser à tort et à travers.

◆ La civilité est-elle surannée ? **Le baisemain** est un salut profond qui se pratique peu en France, sauf dans les rencontres très formelles où il est très apprécié par les dames âgées. En Allemagne et en Espagne, il est encore très répandu.

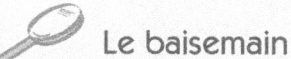 Le baisemain

Petite leçon expresse : ce n'est jamais la main que vous levez à vos lèvres, mais vos lèvres (et votre visage) que vous penchez sur cette main légèrement tenue, le pouce sur le dessus. C'est sur votre propre pouce (mais oui) que vous vous inclinez rapidement sans rien toucher des lèvres. C'est tout. Pas de claquement de talons ni de smack retentissant ; les pieds sont joints. Le tout ne dure que deux secondes. Plus c'est désinvolte plus c'est charmant !

Si on parle de moins en moins d'étiquette et de plus en plus de courtoisie, c'est que le savoir-vivre et sa littérature ont plus de trois siècles d'âge et qu'ils évoluent. L'abbé Morellet[1] dresse l'inventaire des faux pas qui gâtent la vie en société : « *l'inattention, interrompre ou parler plusieurs à la fois, l'empressement trop grand à montrer de l'esprit, l'esprit de domination, le pédantisme, l'esprit de contradiction, la dispute et la conversation particulière substituée à la conversation générale.* » Comme c'est bien dit. Au siècle des téléphones portables, des e-mails et d'internet, les technologies changent mais l'esprit demeure.

- **Couleurs** agressives, **tutoiements ou vouvoiements** injustifiés, nombreux sont les langages silencieux qui peuvent détruire votre image.

- Il en est un dont on parle fort peu : votre **parfum**. N'accumulez pas les parfums différents, un parfum est un univers, une bulle personnelle dont les évocations bienfaisantes seront appréciées par vous lorsque vous voyagerez. Prenez le temps de trouver le vôtre : plus il est rare plus il signe votre identité. Des maisons ont misé sur ce concept en s'écartant de la grande diffusion. La plus étonnante est sans conteste la plus ancienne pharmacie d'Europe, S. M. Novella de Florence, dont le décor vaut le détour autant que les fragrances.

 Le parfum

Le parfum au Moyen Âge était utilisé comme bouclier odorant contre la maladie. L'angoisse a une odeur, la colère et la maladie aussi. Dans certains pays, les entremetteurs exigent encore de sentir la jeune fille à marier pour détecter les humeurs coléreuses.

---

1. André MORELLET, écrivain et philosophe français du XVIIIe siècle a collaboré à l'*Encyclopédie* et a pris une part active à la réorganisation de l'Académie française.

◆ Il existe d'autres Vecteurs d'Image et nous consacrons les lignes qui suivent à un élément que chérissait un des grands psychanalystes du XXᵉ siècle Donald Winnicott : **le tact**.

 Petite leçon de tact

Erving Goffman[1] sociologue bostonien, évoque avec humour certains éléments du tact, dont l'amusante « loi des fleurs » qui veut qu'on ne s'envoie pas de fleurs à soi-même, si méritées soient-elles. Si quelqu'un se voit l'objet de marques d'égard ou de compliments appuyés – « vous avez été remarquable » –, l'usage veut, dans notre pays, qu'il ne les accepte pas sans les minimiser ou sans les retourner à l'envoyeur.

Est-il utile d'ajouter qu'un homme précède toujours une femme dans un lieu public ? De même, il la laisse s'asseoir en premier et fait un geste vers son siège pour l'y aider. S'il est courtois, ce qui est un must pour son image, il l'aidera à enlever et à passer son manteau. Il peut aussi le faire avec un homme plus âgé, pour montrer sa déférence.

Tact, rituels et maintien de la paix sociale

« *Les membres d'une communauté ordonnée ne s'écartent pas de leur route pour s'agresser mutuellement. Chaque fois que leurs trajectoires interfèrent, ils font des ajustements nécessaires pour échapper à la collision, et ils le font selon une certaine règle conventionnelle* », observe Édouard Ross, un sociologue.

Cette « règle conventionnelle » qui évite les collisions, sert de rituel tout au long de la journée. Erving Goffman a placé sous son microscope ces moments infimes d'interférences quotidien-

---

1. Erving GOFFMAN, *Les rites d'interactions*, Minuit, 1974.

nes pour les étudier. Son bon sens n'a d'égal que son humour. Selon lui, la vie sociale est une scène qui a ses lois propres d'intelligibilité. Non seulement on n'est jamais bien sûr d'être d'accord, mais on n'est même jamais certain de parler de la même chose.

« Il est souvent préférable de concevoir l'interaction, non comme une scène d'harmonie, mais comme une disposition permettant de poursuivre une guerre froide »[1], écrit-il. Le but de toute interaction étant le maintien d'un statu quo, un *« compromis de travail »*, destiné à maintenir la face des différents partenaires, et *« l'existence d'un fondement d'intelligibilité mutuelle »*.

Le but ? Le maintien d'un ordre des apparences qui viendrait contrecarrer la crainte du *« fou dans la place »*. *« D'une manière générale on peut faire confiance aux gens en ceci : ils feront tout pour éviter une scène. »*[2]

Les rituels sont les feux rouges et les feux verts de la communication. Celui qui passe outre ces ajustements s'expose à des représailles ou même à des sanctions sociales qui peuvent aller jusqu'à l'exclusion.

> Ce P-DG qui nous confiait récemment avoir atteint tous ses objectifs et avoir triomphé de ses adversaires confessait avoir aussi passé sa vie à le payer.

C'est que toute collision demande réparation. Et le prix à payer peut être alors très cher : perte d'un allié, d'un contrat, d'un emploi, incapacité à assurer la cohésion d'une équipe, à manager, perte d'une vente, manque d'adhésion d'un groupe à un projet, perte de confiance et démotivation d'une équipe de collaborateurs, etc.

---

1. *Idem.*
2. *Idem.*

Erving Goffman propose une règle préliminaire de la bonne conduite interactionnelle en quatre points.[1] Les participants sont tenus de : « *Ne vouloir le devant de la scène ni trop ni trop peu. Ne pas vanter ouvertement leurs propres vertus ni ne mettre ouvertement en doute celles des autres. Faire montre de son attention envers le locuteur du moment. Réfréner toute manifestation d'hostilité. Tout retrait [...] doit être effectué avec tact.* »

Mais que diriez-vous d'un automobiliste qui se déplacerait au volant d'une voiture invisible et qui vous demanderait réparation en cas de choc ? C'est pourtant ce qui se passe dans toute interaction, c'est-à-dire à chaque fois que vous rencontrez un interlocuteur.

L'automobile, c'est la « bulle » invisible à l'intérieur de laquelle chacun de nous se déplace. Territoire symbolique et fragile de notre « moi », c'est à une véritable profanation de l'honneur que se livre celui qui en viole les frontières. La paix sociale dépend de cette considération réciproque.

Une des raisons pour lesquelles nous y prêtons si peu d'attention c'est que leur prise en compte nécessite le dépassement d'un paradoxe : il semble impossible d'être à la fois courtois et sincère.

Tout le monde doit mentir

« *Je dis toujours : "Content d'avoir fait votre connaissance" à quelqu'un que je ne suis pas du tout content d'avoir connu. Il faut bien que vous disiez ce genre de truc si vous voulez continuer à vivre.* »[2] L'Attrape-cœurs, personnage savoureux de Salinger, est convaincu, comme beaucoup d'entre nous, que tout le monde doit mentir !

---

1. Erving GOFFMAN, *Façons de parler*, Minuit, 1987.
2. Jerome David SALINGER, *L'Attrape-cœurs*, Pockett, 2005.

Sur la scène quotidienne, c'est la même chose : nous sommes déchirés entre notre besoin de parler vrai et le souci de ménager notre interlocuteur et de lui épargner des blessures narcissiques. C'est que le respect de l'amour-propre d'autrui nous met face à une injonction paradoxale – un *double bind* – qui nous laisse sans réponse.

 L'injonction paradoxale

L'injonction paradoxale ou double bind *est un phénomène connu, résumé dans ces deux formules : « Soyez spontané ! » – ou bien – « Ne lisez pas ceci ! » Cette injonction est bien sûr irréalisable et coince la personne dans l'incapacité de trouver une réponse. Certains psychologues affirment que le* double bind *est à l'origine de la schizophrénie.*

Combien de fois au sortir d'une réunion avez-vous pensé « un tel a raté son papier » alors que vous lui serriez aimablement la main en lui disant : « Bravo, très bien vu, mon cher ! » C'est que l'amour-propre est une denrée précieuse ; qu'il soit menacé ou envahi, et rien ne va plus. Ainsi vous n'aimez voir personne fouiller dans les poches de votre veste, raccourcir votre temps de parole, faire une farce qui vous ridiculise, prendre une place ou une tâche qui vous est habituellement dévolue. Pas plus que vous n'aimez qu'un supérieur hiérarchique vous pose des questions trop précises sur votre vie privée, qu'un collègue vous fasse des compliments trop appuyés ou que l'on vous envoie fermer la porte sans utiliser la circonlocution d'usage : « Voudrais-tu fermer la porte s'il te plaît ? »

Chaque rencontre met les frontières de ce territoire symbolique en danger potentiel, et, par là même, chacun des interlocuteurs en demeure de réagir s'il se sent envahi… ou de perdre la face s'il laisse faire.

Les rituels – qui alimentent de nombreux ouvrages de savoir-vivre – sont la partie visible et nécessairement codifiée de cette mise en scène de la vie quotidienne.

> Le secret tient en quelques mots qui devraient être médités par tous, y compris et surtout par ceux qui manient le difficile exercice du pouvoir : ménagez-vous les uns les autres !

Les territoires de l'honneur

Vous n'êtes ni un *hidalgo*, ni un Sicilien ombrageux, et l'honneur est un mot que vous pensez avoir effacé depuis longtemps de vos préoccupations professionnelles. Et pourtant, c'est sur un respect tacite des territoires de l'honneur que se fonde une bonne image.

Les territoires de l'honneur peuvent être :

- Locaux : bureaux, fauteuil favori, place à table, objets personnels ;

- Spatiaux : bulle péri-corporelle, distance de parole, direction du regard, éloignement d'une autre personne ;

- Vestimentaires : vêtements ou parties de vêtements, sacs à main, livres, dossiers, lunettes, poches ;

- Temporels : le temps de parole auquel on pense avoir droit, le temps que l'on « vole » en entretenant des choses sans intérêt, le temps où l'on ne vous prête pas attention, l'attention que l'on sollicite de vous ;

- Intellectuels : le « cheval de bataille » ou le sujet favori, un concept ou une idée, une propriété intellectuelle ;

- Hiérarchiques : un domaine d'intervention, une tâche, des résultats escomptés, des médailles ou des décorations honorifiques, des titres (P-DG, docteur, etc.), une promotion ;

- Intimes : tous les comportements dégradants tels que confessions, perte de contenance (pleurer devant quelqu'un), s'enivrer, raconter sa vie privée, s'épancher. Mais aussi faire des aveux, s'excuser abondamment, s'accuser.

À vous de compléter la liste !

L'honneur, c'est « *la valeur qu'une personne possède à ses propres yeux, et aussi ce qu'elle vaut au regard de ceux qui constituent sa société* »[1]. Le regard que vous posez sur vous-même est fortement lié au regard qui fut porté sur vous par vos parents. Nous l'avons déjà évoqué et y reviendrons chapitre 8 à propos de ces « fidélités cachées » qui influencent votre image, en positif ou en négatif.

Ces territoires balisent toujours une image intérieure du Soi, valorisante et respectable, que l'on tient à avoir de soi-même et à imposer aux autres. Le problème n'est pas réglé pour autant. Voici pourquoi.

Le tact, une histoire à deux faces

Vous souvenez-vous de la scène du duel dans les films de cape et d'épée ? La brute a marché sur le pied du héros qui lui demande réparation en lui jetant son gant à la figure. L'assistance est haletante : le héros va-t-il relever le gant et sortir vainqueur, la tête haute ? Va-t-il au contraire tourner le dos et perdre la face ?

Cette amusante interprétation du *narcissisme* est due au sociologue Erving Goffman. Nous avons chacun une face positive et une face négative. Elles ne sont pas contradictoires mais

---

1. J. PITT-HIVERS (ethnologue). Cité dans *L'honneur : image de soi ou don de soi, l'idéal équivoque*, Autrement, 1991.

complémentaires. Si la face positive est confortée, la face négative peut demander réparation. Nous allons voir comment.

Votre secrétaire répond évasivement à vos questions sur sa vie privée : vous portez atteinte à sa face négative. Une collègue s'assombrit alors que vous pensiez la faire sourire en lui parlant de sa *gaffe* récente lors de la dernière réunion : vous portez atteinte à sa face positive. Lors d'un « pot » dans le service, vous abusez un peu du champagne et vous racontez à qui veut l'entendre l'histoire de votre divorce : vous portez atteinte à votre propre face positive.

S'il suffisait de faire tous les gestes que la courtoisie commande pour avoir bonne conscience et bonne image, il suffirait de reproduire ici les manuels de bonne conduite. Il n'en est rien. Conforter la face de l'autre peut vous transformer en paillasson et porter ainsi atteinte à votre image : qui voudrait d'un paillasson comme manager ? « *Désirant souvent sauver la face de l'autre, on doit éviter de perdre la sienne, et en cherchant à sauver la face on doit se garder de la faire perdre aux autres.* »[1] C'est le cas par exemple lorsque, pour valoriser une personne, vous vous rabaissez vous-même, mettant alors en péril votre propre face.

> Ne vous désolez pas si par erreur vous aviez marché
> sur les plates-bandes symboliques de votre interlocuteur,
> la réparation de l'offense est nécessaire et possible.
> Veillez cependant à ce qu'elle soit explicitement acceptée.

---

1. KERBRAT-ORECCHIONI, Catherine, *Le parler frais d'Erving GOFFMAN*, Minuit, 1990.

Voici de quelle manière Erving Goffman énonce les quelques préceptes de « *l'échange réparateur* »[1] : « *Tout acte est censé révéler quelque chose du caractère de son auteur et de son opinion à l'égard de ses auditeurs, tout en reflétant leur relation mutuelle. Les actes potentiellement offensants peuvent être réparés par leur auteur au moyen d'explications et d'excuses, mais ce travail réparateur doit être visiblement approuvé par la partie potentiellement offensée avant de pouvoir se terminer. Les parties offensées sont généralement obligées de provoquer une réparation s'il n'en vient aucune, ou bien de montrer d'une façon ou d'une autre qu'il s'est produit un état de fait inacceptable, de peur que, en plus de ce qui a déjà été transmis à leur propos, elles n'en viennent à paraître passives face aux manquements d'autrui à respecter le code rituel.* »

La totalité de nos actes verbaux ou non verbaux constitue des menaces potentielles pour l'une ou l'autre de ces quatre faces. Voici des exemples.

- Actes menaçant votre face :
  - Face négative : promesses, engagements, cadeaux, faits par vous,
  - Face positive : aveux, excuses, autocritiques, auto-accusations, épanchements, lapsus, erreurs, réponse aux critiques ou aux menaces, faits par vous ;
- Actes menaçant la face de votre interlocuteur :
  - Face négative : contacts corporels déplacés, ordres reçus de manière coercitive, perte de temps à cause de vous, envahissement de ses territoires (spatiaux ou symboliques) ou de ses « réserves » intimes, indiscrétions à son sujet, agressions sonores, visuelles ou olfactives, tutoiement sans autorisation, faits par vous.
  - Face positive : critiques, reproches, insultes, plaisanteries, farces, moqueries, faits par vous.

---

1. *Idem.*

Menacer la face d'autrui demande réparation, mais vous n'en viendrez jamais là si vous utilisez les merveilleux *adoucisseurs*. Ces outils amortisseurs sont les *palpeurs* sensibles des sentiments d'autrui. Ils sont à votre disposition dans votre langage, mais aussi dans vos comportements : vous frappez avant d'entrer ; de même, vous ne faites pas irruption au milieu des pensées ou des occupations de quelqu'un.

Amortisseurs, minimisateurs et autres adoucisseurs

« *Pourrais*-tu m'apporter ceci ? » Qui pourrait imaginer que l'usage d'un simple conditionnel est la marque bien visible d'un souci de déférence ? C'est pourtant le cas. Nous avons ainsi à notre portée bon nombre d'*adoucisseurs*, délicieux pare-chocs pour notre amour-propre et celui d'autrui. Mieux vaut prévenir que guérir l'offense.

Erving Goffman[1] propose quatre types d'*adoucisseurs* : les excuses, les amortisseurs, les minimisateurs, les désactualiseurs. Mais je fais confiance à votre imagination pour en trouver bien d'autres :

- **Les excuses.** Outre le banal « excusez-moi », ce sont toutes les précautions préliminaires par lesquelles vous demandez l'autorisation de violer le territoire de votre interlocuteur. Dans le langage cela donne : « Permettez-moi de vous poser une question personnelle » ; dans les actes ce sont les interrogations du regard, les signes de la main pour attirer l'attention. En règle générale, toute action préparant une intrusion territoriale ou symbolique ;
- **Les amortisseurs.** C'est le « s'il vous plaît » de la civilité ;

---

1. Cité par Catherine KERBRAT-ORECCHIONI dans *Le parler frais d'Erving Goffman, op. cit.*

- **Les minimisateurs.** Ce sont tous les mots qui miniaturisent l'embarras que vous pouvez causer : « Puis-je te parler un bref *instant*, je *voudrais* te demander un *léger* coup de main… » ;
- **Les désactualisateurs.** Ils introduisent de la distance et déconnectent la situation de son urgence ; employant souvent le conditionnel, le « on », le « nous » au lieu du « je » et du « tu » : « *J'aurais aimé* vous demander *si c'était* possible… »

L'entreprise a beaucoup à apprendre des *adoucisseurs*. Elle semble vouloir en faire l'économie – par souci évident d'efficacité et de rapidité : conversations à deux interrompues, présentations bâclées ou maladroites, tutoiements intempestifs, injonctions brutales, doigt pointé, parole coupée, contacts corporels indus, bureaux dans lesquels on entre sans frapper, compliments agressifs (mais oui !), téléphone perturbateur, attention flottante prêtée à son interlocuteur, autant d'occasions de léser sa propre image et celle d'autrui.

> N'en soyez pas avares ;
> les adoucisseurs prennent du temps
> mais ils sont comme les herbes parfumées dans la salade :
> l'essentiel.

Chapitre 6

Les paroles du corps

> « *Aucun mortel ne peut garder un secret,
> si les lèvres restent silencieuses,
> ce sont les doigts qui parlent.* »
> Sigmund FREUD

Les anciens, avant nous, tentèrent de faire parler le corps. En 1658, un mage célèbre, médecin et mathématicien, publie une série d'ouvrages qui permettent de lire sur le corps humain les traces que les planètes y auraient laissées. C'est la *métoposcopie*, science d'origine lointaine aujourd'hui oubliée. Jupiter, Saturne, Neptune et Vénus, gravent leurs signes sur les fronts, pense Jérôme Cardan, et « *les couleurs et délinéaments que la nature grave [...] montrent avec une certaine proportion ce qui est l'intérieur.* »[1]

Plus près de nous, Wilhelm Reich, psychanalyste, s'avise que les conflits intérieurs posent leurs marques sur le corps, y localisant des tensions, et modifiant notre équilibre physique.

---

1. Cité par Jean-Jacques COURTINE et Claudine HAROCHE dans *Histoire du visage du XVIe au XIXe siècle*, Payot, 1994.

On lit sur votre corps comme dans les lignes de la main

Point n'est besoin d'avoir fait de longues études de psychologie pour comprendre que ce que nous exprimons sur notre corps, c'est notre relation à nous-même et... à ce qui est autour. Lancé dans l'espace, la première tâche de notre corps pour arriver à bon port, c'est de s'orienter. L'avenir est devant, le passé derrière, l'espace nous entoure ; le ciel infini est sur notre tête, le sol ferme est sous nos pieds. Où donc est l'ami ? Où est l'ennemi ?

Depuis le Neandertal ces directions ont pris du sens, car l'homme y a associé les multiples gestes de son quotidien : donner, prendre, s'approcher, fuir, se protéger, se battre, s'appuyer, s'élancer.

C'est ainsi qu'est née la symbolique qui reste aujourd'hui attachée à nos gestes. Mais cet univers extérieur et symbolique n'est pas le seul en cause. Chacun porte en lui-même un univers intérieur qui s'exprime aussi sur le corps.

Grand ou petit, trapu ou longiligne, osseux ou rond, la morphologie de notre corps révèle à elle seule bien des éléments de notre vie. C'est aussi une « base de données » inamovible avec laquelle il faudra construire son identité. On sait aujourd'hui que l'alimentation et l'activité ont une part importante dans la taille des individus et dans leur corpulence. Même les Pygmées se mettent à grandir lorsqu'ils mangent mieux. Mais notre morphologie n'est pas seulement le résultat de ce que nos ancêtres ont mangé, ou de ce qu'ils ont fait ; elle exprime aussi notre rapport à nous-même : dans une certaine mesure on a le corps que l'on se fait.

Selon ce que nous avons vécu dans l'enfance, et surtout selon ce que nous en avons fait, découle notre type physique et psychologique. Ne les énumérons pas ici, mais constatons seulement que le corps aussi, dans son rapport à l'espace, dans sa stature, dans son enracinement, exprime bien ce rapport au contexte subjectif.

À bonne distance du corps pragmatique, l'adulte que nous sommes choisit souvent le corps dépendant du tout-petit (« tout le monde m'aime »), ou le corps verrouillé de la personnalité rigide (« personne ne m'aime »).

De la confrontation de ces univers, extérieurs et intérieurs, objectifs et subjectifs, naît l'utilisation quotidienne que nous faisons de l'espace. Que cet espace soit réel ou symbolique, intérieur ou extérieur.

Le visage également est bavard

Si le corps parle, le visage aussi est un langage. Semblance ou ressemblance, il s'est construit petit à petit en fonction d'un héritage génétique. Mais c'est ce que nous faisons de cet héritage – physique ou psychologique – qui dessine sur nos traits notre individualité.

C'est à l'âge adulte qu'on « lit » sur le visage ce qu'un être a fait de son héritage physique et psychologique. Est-il resté l'enfant tout-puissant (trop ouvert, trop confiant, trop rêveur) ? Ou au contraire a-t-il cuirassé en lui-même toutes ses émotions ?

- **Le bas du visage** est l'étage ou s'expriment nos pulsions et notre rapport à l'univers matériel. Est-il plus ou moins développé que les autres ? Est-il figé ou détendu ? Les mâchoires sont-elles contractées ?

- **Avec la bouche** commence l'étage affectif. Est-elle mince et close ? La personne serre les dents, sur la défensive, et sa communication est difficile. Est-elle pulpeuse et projetée en avant comme celle du tout petit enfant ? La personne se confie facilement, mais son besoin de dépendance est considérable et elle n'est pas protégée. La chirurgie esthétique n'a d'ailleurs pas négligé cet aspect et l'utilise aujourd'hui (souvent malencontreusement) pour donner un coup de jeune à un visage flétri.

- **Avec les yeux et le front** s'exprime la zone des pensées et de la spiritualité. Le regard est-il clair, direct, confrontant ? La personne est ouverte et a le sens des réalités. Est-il fuyant ou atone ? La personne vit dans la crainte et enferme ses émotions. Le front est-il lisse et dégagé ? La pensée est élevée, la structuration aisée. Est-il petit et « tourmenté » ? La vision de la personne est limitée, assombrie par des conflits intérieurs.

La perception globale de l'ouverture ou de la fermeture sensorielle de votre interlocuteur permet d'évaluer non seulement ses difficultés ou ses facilités à communiquer, mais aussi son positionnement par rapport au contexte… dont vous faites partie.

La perception des dix pôles essentiels du langage corporel permet de mieux saisir la non-concordance éventuelle du langage verbal et non verbal, et les éléments prémonitoires qui pourraient nuire à une communication harmonieuse.

> Le corps n'est pas plus « vrai » que la parole,
> il est seulement moins contrôlable.

Les ruptures dans la cohérence doivent vous alerter. Elles signifient que l'humeur et les sentiments de votre interlocuteur évoluent. C'est important à noter si ces changements font suite à votre intervention.

Les informations les plus importantes vous seront données par les réactions visibles inconscientes. Elles concernent dix pôles essentiels que vous confrontez toujours les uns aux autres. Pour évaluer la sincérité d'une personne, ses projets, ses dispositions à votre égard, (signature de contrat, achat, *bluff*, etc.), ou son adéquation à un emploi (embauche), regroupez les indices. Et n'oubliez pas que ce que vous lisez sur les autres, les autres le lisent sur vous.

Dix clés de lecture du corps

La lecture du corps ne sert à rien, sinon à réifier un individu, si elle est effectuée dans un but pervers : posséder des informations sur un individu *à son insu*. Il faut se garder de faire des conclusions trop hâtives. Mais inclue dans le champ général de la communication, la lecture du corps peut aider à mieux comprendre autrui et à donner du sens.

La manière dont nous gérons notre énergie (ou même l'absence ou l'abondance d'énergie libidinale) est une indication importante. Par exemple, la tonicité générale du buste et l'angle du corps Regardez comme la personne se redresse lorsqu'elle se remotive ; comme elle s'affale lorsqu'elle veut récupérer ou qu'elle est démotivée ou déprimée.

Se penche-t-elle vers vous de manière attentive en buvant vos paroles, ou est-elle assise au fond de son fauteuil, les jambes étendues, totalement démobilisée ? Affiche-t-elle un calme olympien, le corps détourné de vous, les mains profondément enfoncées dans ses poches ou, pire, cachées sous ses cuisses ? Se balance-t-elle au contraire nerveusement de droite à gauche ? Ces gestes signent la gêne et la contrainte.

> Ne vous arrêtez pas aux seules mimiques courantes
> de plaisir, de colère, de dégoût.
> Il y a bien plus à lire sur un visage
> et ses transformations.

Un sourire peut être trompeur, les indices suivants ne le sont jamais :

- **La coloration de la peau.** Sécheresse ou moiteur, pâleur ou rosissement, voilà des signes qui indiquent des changements émotionnels. La personne est-elle mal à l'aise ? En colère ? Stressée ?
- **Le tonus musculaire.** Tension ou relâchement se voient sur le corps entier mais on peut composer avec celui-ci, alors que sur les petits muscles du visage, autour des yeux, de la bouche ou du menton, ils sont impossibles à contrôler ;
- **La modification de la lèvre inférieure.** Fermeté, couleur, tremblement ou, au contraire, gonflement. L'allure des commissures est-elle tombante, amère, pincée, relâchée ?
- **La respiration** est en prise directe avec nos émotions. Écoutez la respiration de votre interlocuteur, change-t-elle ? Devient-elle plus rapide ? Plus calme ? Plus ample ? Est-elle retenue ? Légère et aisée ? Concluez par vous-même ;
- **L'amplitude des gestes des bras.** Prendre de la place, être à l'aise, ou au contraire monter sa garde les coudes au corps. Scander son opinion de manière vigoureuse ou se ramasser pour battre en retraite, voilà qui doit vous alerter ;
- **Les jeux de jambes.** Croisées ou décroisées, allongées ou « nouées », elles signent le refus ou la coopération, le désinvestissement ou la crainte ;
- **Les jeux de mains ou de doigts.** Contractés ou détendus ? Doigts agités, convulsés, ou tranquillement posés sur la table ? Paumes ouvertes ou poing fermé ? Petit doigt relevé, paume offerte, doigts rongés ou portés à la bouche ? Ces jeux de mains vous informent ;
- **Les auto-contacts** sont des marques de réconfort que nous nous prodiguons dans des moments de fatigue ou de rupture intérieure. Petites caresses, réchauffement, soutien, massage des tensions : la main tient la tête ou enserre le

bras, caresse le nez ou la barbe, masse le front ou la racine du nez. La personne peut être fatiguée, déconcentrée, elle se remotive ou se recentre ;

- **Le regard** est-il détourné ou présent, fuyant, en dessous, en coin, rieur, dans le vague ?
- **Et l'angle de la tête ?** Baissée et soumise ou au contraire menton levé et belliqueux, la tête se penche doucement sur le côté lorsque la personne écoute ou veut séduire ;
- **N'oubliez pas le sourire.** Même un peu forcé, il est un extraordinaire passeport relationnel. Sourire bienveillant et sincère, sourire en coin, sourire large et épanoui, sourire crispé, sourire horizontal, rien n'est cependant plus trompeur qu'un sourire.

Le langage des gestes

Les gestes sont la partie de notre communication qui peut-être la mieux contrôlée. Les stages de *prise de parole en public*, s'appuyant sur les techniques théâtrales, aideront les plus timides à se déployer dans l'espace. Savez-vous que lorsque vous pointez un doigt accusateur sur quelqu'un vous renouez avec un des plus vieux gestes du monde, celui qu'effectuait votre ancêtre des cavernes lorsqu'il brandissait une arme face à l'agresseur ? Des instruments ou des armes prolongent tous nos gestes ; ils coupent, percent, écrasent, martèlent, soupèsent, enveloppent, caressent à loisir.

Innés ou acquis ? Les scientifiques débattent encore sur l'origine de nos gestes : sont-ils transmis par la culture, et changent-ils avec elle, ou font-ils partie d'un héritage biologique immuable ? Si la seconde éventualité s'avérait la bonne, bon nombre de nos problèmes de communication seraient résolus car tous les gestes de tout le monde, dans tous les coins du globe, voudraient dire la même chose.

Et c'est loin d'être le cas. Bon nombre de nos gestes, même s'ils sont issus de nos émotions, nous sont dictés par notre culture. Jusqu'au sourire, qui semble pourtant le plus universel d'entre eux et dont l'interprétation commune est remise en cause par ce Japonais qui s'incline devant vous en souriant : loin d'exprimer son contentement, c'est sa désapprobation polie qu'il vous signifie.

Nous faisons chaque jour des milliers de gestes qui, sans que nous le sachions, puisent au réservoir de nos pulsions les plus archaïques : agressivité, protection, défense territoriale, fuite ou parade amoureuse, protection, séduction. Signaux rouges ou verts, ils agissent à deux niveaux de la communication : ils informent et ils influencent. Ils font signe à l'interlocuteur et l'informent sur vos sentiments à son égard ou à l'égard du contexte ; mais aussi ils influencent son comportement, dans le bon comme dans le mauvais sens, par la voie du *feed-back*.

Autant de raisons pour savoir lire le langage silencieux des gestes. Pas si simple, car un geste isolé, pas plus qu'un mot isolé, ne veut dire quelque chose. Comme dans le langage parlé, les gestes doivent se replacer dans leur phrase... pardon, dans leur séquence de gestes.

> La cohérence de la séquence
> contexte-gestes-paroles-vêtements
> est un bon baromètre de la sincérité.

Cet homme qui vous écoute par exemple, avec la main sur la bouche. Veut-il dissimuler sa pensée ou son désaccord, comme ce geste l'exprime le plus souvent, ou a-t-il mal aux dents ? Cette jeune femme qui serre frileusement ses bras sur sa poitrine a-t-elle froid ? Est-elle malade ? Vous craint-elle ? La confrontation de son geste à ses autres gestes et au contexte vous donnera la réponse.

Les gestes spontanés et inconscients sont bien entendu les plus révélateurs car ni vous ni votre interlocuteur ne peuvent les contrôler. Ils sont souvent localisés dans le buste, le dos, les jambes et les pieds, le bassin, le dos. Autant de parties du corps que l'on perçoit, à tort, comme parfaitement neutres.

Tous nos gestes, que nous le voulions ou non, nous positionnent face à notre interlocuteur sur la diagonale confrontation-fuite. Tous expriment donc nos sentiments objectifs ou subjectifs face à un contexte dont l'interlocuteur fait partie.

Mon ambition n'est pas d'en faire l'inventaire – d'autres l'ont fait, à commencer par Darwin en 1872 – mais de vous offrir une grammaire de lecture pour mieux comprendre votre image et celle des autres :

- **Signaux d'expansion** : « Je ne crains rien. » « Vous m'intéressez. » « Je suis d'accord. » Ils exposent à l'interlocuteur les parties vitales du corps : yeux, cœur, ventre, visage, gorge ; ou leurs équivalents : paumes, plantes de pieds, dessous ou partie antérieure du bras, intérieur de la cuisse. Les messages vont de la paix au défi ;

- **Signaux remparts** : « Je suis sur mes gardes. » « Cela ne m'intéresse pas. » « Je ne suis pas d'accord. » Ils exposent à l'interlocuteur les zones corporelles les moins vulnérables, ou utilisent le croisement et le recouvrement des zones vulnérables comme un bouclier : dos, épaules, arrière ou côté de la tête, croisement des jambes et des bras, recouvrement des parties vitales. Le regard est alors détourné. Les messages vont de la fuite à la dissimulation.

Il est impératif de savoir qu'un signal rouge – « il y a du danger » – qu'il soit voulu ou non, attire chez l'interlocuteur, et par le mécanisme du *feed-back*, un autre signal rouge, conscient ou inconscient. Vous aurez soin, si vous percevez une séquence rouge chez votre interlocuteur, de ne pas rétorquer par la même séquence.

> **Adoptez une attitude neutre, sans défi,
> et donnez à la personne l'occasion de s'exprimer
> ou de s'impliquer. Vous pourrez alors argumenter.**

En diplomatie, dans la vente ou à la direction générale, l'écoute active du langage des gestes sur autrui permet d'anticiper le déroulement de la situation et de placer à bon escient le « coup suivant », comme aux échecs. Replacés dans la totalité de la communication d'une personne, ces gestes sont des indices précieux sur sa cohérence ou sa sincérité. Sur vous-même, la lecture des signaux gestuels permet de contrôler la concordance du message que vous désirez envoyer et des signaux que vous émettez.

Inutile d'ajouter que ce décodage est de première importance en cas de médiatisation : le petit écran ou la photographie, en limitant le cadre, accentue l'importance du moindre effet.

Les signaux remparts : on ne passe pas !

La France à un record tristement célèbre, elle néglige la notion de service et l'on rit de nous outre-Manche (et ailleurs). Souvenez-vous la dernière fois que vous êtes entré dans un magasin, les trois vendeuses tournant le dos à la porte d'entrée riaient bruyamment ensemble en fumant une cigarette. Puis le téléphone a sonné et l'une d'elle a entamé une longue conversation avec quelqu'un qu'elle appelait « chéri ». Un long moment vous avez attendu qu'on s'occupe de vous, puis vous avez déplacé quelques vêtements accrochés pour les regarder, sans qu'aucune d'elle ne bouge. Quand, un peu lassé d'être seul, vous avez mis le cap sur la sortie, l'une d'elles s'est jetée sur les portes manteaux dérangés pour les aligner bruyamment en vous regardant avec reproche. Vous êtes sorti sans qu'aucune ne s'occupe de vous servir.

Les signaux remparts de votre interlocuteur ou ceux que vous affichez sur votre image sont des feux rouges : « On ne passe pas. » Ils « ferment » votre image et expriment la méfiance, le doute, la crainte, le scepticisme. C'est toute la communication qui est mise en échec, comme une main tendue qu'on refuse. Votre interlocuteur craint un danger objectif ou subjectif, ou n'est pas d'accord.

Les signaux remparts marquent la fuite et le besoin de distance, la fermeture ou le refus de la rencontre ; mais aussi le besoin de prendre du recul, de réfléchir. C'est aussi la réponse qu'ils induisent.

Votre réponse spontanée à un signal-rempart est habituellement la négation du signal, l'énervement ou l'angoisse. La seule bonne réponse est la prise en compte et l'écoute des signaux remparts. Pourquoi cette personne réagit-elle ainsi ? Passez la parole à votre interlocuteur, faites-lui exprimer ses objections et décharger ainsi son émotion ou son angoisse : « Qu'en pensez-vous ? » Écoutez attentivement la réponse, votre écoute à elle seule le tranquillisera. Ne faites pas écho, ni dans votre posture ni dans votre propos, à la fermeture, mais aidez la personne à ouvrir sa position. Tendez-lui un objet, un dossier, faites-le participer, consultez avec lui une documentation.

Les signaux remparts ne se limitent pas aux gestes. Les vêtements et les accessoires, maquillages ou coiffures, peuvent être aussi des remparts. Des couleurs, des bruits et des odeurs aussi. Voici d'autres remparts inattendus :

- Un bureau derrière lequel on se tient assis ;
- Des accessoires : un sac à main, des dossiers, des paquets, etc. ;
- Répondre au téléphone pendant un rendez-vous ;
- La pipe, une cigarette, la fumée sont des remparts ;
- Un groupe : rire avec des collègues en regardant quelqu'un ;

- Des vêtements : un imperméable roulé sur le bras, un pull trop large, des vestes très épaulées, un cache-nez ;
- Un tissu aux imprimés denses, des couleurs sombres ;
- Un veston croisé ou fermé ;
- Les yeux baissés, détournés ou ne rencontrant jamais le regard de l'interlocuteur ;
- Des lunettes de soleil, ou baissées sur le bout du nez, les demi-lunettes ;
- Un rythme de parole trop rapide qui ne laisse pas place à l'interruption ;
- Un maquillage trop couvrant, des sourcils redessinés codifiant l'expression spontanée ;
- Un parfum trop lourd ;
- La voix : parler fort ou dans un registre inadéquat (trop faible, trop fort), parler à quelqu'un d'autre en votre présence ;
- Un appareil photo, un bouquet tenu devant vous ;
- Une poignée de main trop forte ou trop fuyante.

Les signaux d'expansion : entrez !

À l'inverse, il existe sur nos gestes des signaux verts : « Entrez, c'est ouvert ! » Ce sont des signes d'expansion qui offrent à la vue le devant du corps et les parties vitales, parties génitales incluses : ventre, gorge, nuque et paume de la main (qui symbolise à elle seule toute la face du corps). La montrer veut toujours dire : « Je ne vous crains pas, je m'expose, je joue franc jeu. » Et la poignée de main en est le prolongement : « Vérifiez, je ne suis pas armé, je n'ai rien à cacher. »

Ils ouvrent votre image, et sont un agréable appel à la communication. Excessifs ou mal dosés, ils sont perçus comme un envahissement ou un défi, un manque de tenue déplacé, et déclenchent l'agressivité.

Les paroles du corps

Sur autrui, ils vous informent que la personne n'est pas sur ses gardes, qu'elle est disponible, prête à coopérer ou qu'elle est d'accord. Parfois même ces signaux de confiance vont jusqu'au défi et à l'expression d'une toute-puissance : « Attaque-moi si tu l'oses ! »

- Là aussi il existe de multiples signaux d'expansion :
- Une main tendue ;
- Un objet tendu à une personne accompagné d'un regard direct ;
- Toute posture confortable où l'on s'autorise à prendre de la place. S'appuyer au fond de son siège, décroiser et étendre les jambes, se décoincer de derrière une table, aller vers quelqu'un ;
- Des bras ouverts ou que l'on décroise, sortir ses mains de ses poches ;
- Un sourire ;
- Toucher légèrement son interlocuteur, lui prodiguer des gestes d'accompagnement : main légèrement posée sur le bras ou dans le dos, bras tendu pour montrer le chemin ;
- Un veston que l'on ouvre (un veston à trois boutons est moins fermé qu'un veston croisé) ;
- Une poignée de main consciente et mesurée ;
- Retirer ses lunettes, regarder la personne ;
- Arborer les codes couleur d'un groupe dont on fait partie ;
- L'usage de la couleur et les couleurs claires ;
- Une coiffure qui dégage le visage, et notamment le front ;
- Écouter quelqu'un avec attention ;
- Une question que l'on pose : « Qu'en pensez-vous ? » ;
- Donner la parole à quelqu'un ;
- Prendre la parole à son tour.

Les doigts ont aussi leur langage

L'index pointé est une arme.

Le pouce est le doigt de l'ego, l'afficher c'est affirmer sa supériorité. Pouce passé dans la ceinture, le coin d'une poche ou le revers du veston : « C'est moi qui décide », affirme-t-il, un brin présomptueux.

Les doigts croisés « recueillent » quelque chose, une prière, des pensées que l'on cherche à réunir, une forte confiance en soi que l'on cherche à exprimer, une angoisse (doigts malaxés). Ce sont des signaux de concentration qui sont à interpréter comme des signaux remparts.

**L'agressivité engendre l'agressivité, la peur engendre la peur,
la convivialité engendre la convivialité.
Posez-vous la bonne question.
Mon image est-elle sous-exposée ? Surexposée ? Exposée ?**

L'image en langage photo

Image sous-exposée, vous abusez des signaux remparts. Votre image aura tout intérêt à « ouvrir » son vocabulaire visuel et comportemental. Prenez le risque de vivre et de donner, votre communication y gagnera en chaleur et en convivialité.

Image surexposée, vous utilisez couramment les signaux d'expansion ? Bravo ! Mais attention, il est des circonstances qui commandent la prudence, et l'exercice du pouvoir et de l'autorité exige un repli de la personne derrière la fonction.

Image exposée, vous vous adaptez souplement aux circonstances et au contexte et vous savez ouvrir votre image et vous protéger quand il le faut.

Le regard parle

Le regard, fenêtre de l'âme, a fait couler beaucoup d'encre. Le regard est lien : sans regard il n'y a pas de relation, l'autre n'existe pas. Le regard est arme : son ironie confond, sa noirceur foudroie. Le regard est agression : il dénude, envahit, pénètre. Le regard est caresse : c'est la première que s'autorisent les amoureux timides. Le regard est influence : vide, il tue le charisme, présent il anime l'assistance. C'est à son éclat qu'on mesure votre conviction car il est en prise directe avec nos émotions ; les pupilles se dilatent dans l'excitation, et les prostituées du temps jadis qui utilisaient les gouttes Belladone avaient compris que ce signe était chargé d'érotisme. Le négociateur avisé y voit confirmation de son succès. Toute absence de regard est perçue comme une fuite ou une déclaration d'hostilité.

> Le regard signe une relation.
> Mais attention, un regard trop appuyé
> peut gêner autant qu'un regard qui fuit.

Le savoir-vivre du regard varie en fonction des pays. Méconnaître ces différences interculturelles provoque des malentendus difficilement réparables par des mots. La politesse à l'allemande, par exemple, veut que l'on ne cherche pas le regard de son voisin dans les lieux publics mais qu'on se regarde franchement au moment de la poignée de main, comme aux États-Unis. Le Japonais bien éduqué a appris par contre à ne pas fixer son vis-à-vis et garde les yeux obstinément baissés, mettant mal à l'aise son interlocuteur européen qui mesure la « franchise » de la relation à l'aune du regard posé sur lui. Sachez donc replacer les différents regards dans leur contexte et dans leur séquence de communication non verbale ou rendez-vous au chapitre 7 où le casse-tête des interculturalités est traité en détail.

Des paupières qui battent de manière rapide et incontrôlée sont un signe de trac – ou de trouble – que redoutent les journalistes de la télévision. Seule la relaxation peut en venir à bout. Respirez calmement et recentrez-vous sur cette respiration.

Le regard vide est le fossoyeur du charisme dans toutes les manifestations en public. Combattez-le en regardant ponctuellement des personnes de l'assemblée et en leur adressant votre discours. Et je ne le dirais jamais assez : **mettez-vous dans vos mots** ! Le meilleur moyen est encore de vous adresser lorsque vous parlez non pas à un public inconnu, mais à une personne qui vous est chère. Votre regard reflète ce que vous pensez : parlez du prochain programme de ventes à l'étranger en pensant à votre dernier-né, à votre petite amie, à votre chien favori, à ce que vous voulez, mais combattez le regard vide. Et quand vous êtes pris en photo et fixez l'objectif, battez un instant des paupières avant d'adoucir votre regard en pensant... à votre bien aimé.

L'espace parle : proxémie et juste distance

Tout le monde, il n'est pas beau ! Et tout le monde, il n'est pas gentil ! On n'aborde pas de la même manière un prédateur humain, sa dulcinée, son supérieur hiérarchique et un enfant en bas âge. On n'aborde pas de la même façon quelqu'un qu'on connaît et quelqu'un qu'on vient de rencontrer. Même si c'est le coup de foudre. On n'aborde pas les êtres de la même manière selon le moment et la *disposition interne* dans laquelle on se trouve.

Les notions de vie privée et de vie publique, de *fonction* et de *personne* trouveront ici un écho. La *juste distance* est parfois une question de centimètres, mais c'est surtout une question de disposition psychique intérieure. On ne se positionne pas intérieurement de la même manière avec tous les interlocuteurs. Il est d'ailleurs des rendez-vous auxquels il est bon de se préparer *intérieurement*.

La fausse jovialité qui a cours dans certaines entreprises est un attrape-nigaud ! Le tutoiement obligatoire aussi, car il supprime la latitude nécessaire à l'expression de la nuance. Comment *recadrer* un subalterne qui a fait une erreur quand on fait semblant d'être son meilleur copain et que les épouses papotent ensemble chez le coiffeur.

Je ne saurais trop recommander la prudence, lorsqu'on est dirigeant, et même si les lois du *lobbying* amènent à une convivialité de commande, n'oubliez jamais que l'entreprise n'est pas une famille. On y pratique l'amour *conditionnel* (et non l'amour *inconditionnel* des parents) ; le jour ou ces conditions ne sont pas remplies, c'est fini.

Mais les distances jouent aussi leur rôle en matière de métalangage. Et certains se trompent dans leur maniement. D'autres les utilisent à dessein pour manipuler l'interlocuteur. N'avez-vous pas été un peu gêné lorsque ce vendeur de voiture enthousiaste a posé sa main sur votre bras avant de passer un bras autour de vos épaules, et de vous entraîner vers un cabriolet que vos moyens ne vous permettent pas d'acheter ?

Avez-vous essayé sur la plage d'approcher un groupe de mouettes ? Elles s'envolent pour se poser un peu plus loin dès que vous franchissez une frontière, toujours la même. C'est leur distance de fuite. Comme pour nos amies les bêtes, notre épanouissement dépend de la satisfaction de notre besoin de sécurité. Et celui-ci s'accompagne de la définition précise d'un dedans et d'un dehors, d'un champ privé et d'un champ public, d'un ami et d'un intrus.

À chacun son territoire ! Cette propriété que nous nous octroyons sur les choses s'applique non seulement à l'espace, mais aussi aux idées, aux lieux, au temps – qui n'est pas irrité que son temps de parole soit écourté ? –, aux objets et même aux symboles.

Le repérage de ces *territoires du moi* est de première importance car leur violation déclenche immédiatement des réactions et des sanctions qui, pour inconscientes qu'elles soient, peuvent gâcher votre vie et votre communication. Sans parler des contrats, des ventes, des relations perdus.

> Gardez en mémoire jusqu'à la fin de ce livre que nous évoluons à l'intérieur de cercles excentriques qui vont des territoires les plus concrets jusqu'aux territoires symboliques.

Notre « moi » n'est à l'aise que si ces frontières sont reconnues et respectées :

- **Notre premier territoire est psychique.** Il concerne la zone des représentations de choses (ou d'êtres) dans lesquels nous nous investissons. C'est un peu de notre narcissisme de base dont il s'agit ;
- **Notre second territoire est spatial.** En réunion, par exemple, vous ne vous asseyez pas auprès de n'importe qui, et des alliances se dessinent sous vos choix. Remarquez aussi que vous modulez les distances selon les personnes et les circonstances : c'est la proxémie. En périphérie de la « bulle » spatiale s'ébauche la « bulle » de vos territoires symboliques.

Edward T. Hall[1], un anthropologue américain, s'est penché sur ces bulles qui modulent les registres conventionnels des distances entre les hommes. Elles varient, il est vrai, selon les individus et les relations qu'ils entretiennent les uns par rapport aux

---

1. Edward T. HALL, *La Dimension cachée*, Le Seuil, coll. « Points », 1978.

autres, ainsi que selon les pays et les classes sociales : on ne se parle pas à la même distance entre agriculteurs et entre collègues de bureau, au Japon et dans les pays arabes.

Mais on peut délimiter quatre distances-types pour les pays européens. Leur méconnaissance ou la confusion entre les différents registres conduit parfois à des erreurs de communication fâcheuses.

> Lors d'une Lecture d'Image, une participante à nos séminaires se plaignait d'être perçue comme manipulatrice. L'analyse vidéo a démontré qu'elle utilisait en zone intime les moyens (une voix trop forte, des gestes trop amples) qu'elle aurait dû réserver à la zone publique. Tout est très vite rentré dans l'ordre lorsque nous lui avons appris à moduler distinctement les différents registres.

Dans l'écoute active, le repérage de la manière dont votre interlocuteur utilise les différents registres ou les passages de l'un à l'autre sont des indicateurs précieux sur ses intentions. Toutefois, afin de ne pas confondre intentions de l'interlocuteur et faits culturels, jetez un coup d'œil au chapitre 7.

Voici donc les quatre distances-types de la proxémie :

- **La distance intime, du registre de la confidence : de 20 à 50 centimètres.** C'est celle où le contact physique est possible, sinon inévitable ; celle du corps à corps, qu'il soit celui de l'amour ou celui de la lutte. C'est celle de la grande confiance – ou de l'inconscience – car elle ne permet pas de dissimuler ses émotions. Couleur de la peau, texture musculaire, regards, changements respiratoires sont immédiatement perçus par l'interlocuteur. Le *feed-back* est immédiat et la mise sous tension évidente. Elle ne permet aucune dérobade et ne laisse aux interlocuteurs aucune porte de sortie. Utilisée à contresens elle est perçue comme un envahissement, voire une agression. Elle est à utiliser avec parcimonie dans l'entreprise pour mettre en relief une confidentialité ou une connivence passagères. Elle est à éviter absolument dans les situations tendues : négociations, ventes, entretien annuel, diplomatie ;

- **La distance personnelle, du registre de la connivence, de l'amitié : de 50 cm à 1,20 m.** Deux personnes se rencontrent et se serrent la main, le contact corporel est encore possible bien que cette zone limite votre emprise physique sur le monde. C'est la distance de la simple conversation civile qui met l'accent sur les expressions du visage. On y perçoit encore les changements respiratoires ou de coloration du visage ; la force vocale est modérée ;

- **La distance sociale, du registre de la neutralité : de 1,20 m à 2,40 m.** C'est celle où l'on entend encore distinctement votre voix, mais ou le contact physique n'est plus possible. C'est le cas dans les lieux publics où les bureaux, cloisons et guichets tiennent l'interlocuteur à distance. Cette zone est celle de la neutralité administrative et de la diplomatie. Elle permet à chacun de battre en retraite ou de gérer ses émotions dans le secret. L'importance des gestes – signes d'acquiescement de la tête, par exemple – et leur congruence au contexte, mais aussi l'importance du sourire qui viendra atténuer une certaine froideur sont alors capitales ;

- **La distance publique rapprochée ou lointaine, du registre du charisme : jusqu'à 8 m et au-delà.** C'est la distance de l'enseignant ou celle des réunions d'entreprise, lorsque vous êtes face à un public. La séparation entre l'émetteur et le récepteur doit être franchie par des *stimuli* importants : voix plus forte – ou micro –, expressions marquées du visage (sourire, interrogation, surprise), couleurs des vêtements (marques d'adhésion et d'appartenance à un groupe, lisibilité du statut), allure générale de la silhouette (dynamisme, charisme). Le *feed-back* est lent et doit être constamment relancé par l'émetteur : regards directs, relances verbales (« m'avez-vous compris ? »). On est proche du spectacle et du masque.

Le territoire et autres signaux indicateurs

« Je ne veux pas qu'on marche sur mes plates-bandes ! », dites-vous parfois, en faisant référence à des territoires que vous pensez posséder, et à un gêneur potentiel. Pour symboliques qu'ils soient, ces territoires ont des frontières à ne pas outrepasser, sinon pour les contester.

Ils peuvent être affectifs – une relation avec une tierce personne –, psychologiques – le droit au secret dans votre vie personnelle –, intellectuels – la paternité d'une idée, d'un concept, d'une manière de faire –, esthétiques – un style vestimentaire, une couleur, un accessoire –, hiérarchiques – un statut, un titre, une fonction, – olfactifs – un parfum, – physiques – une frontière, une distance –, etc.

> La règle absolue est qu'il ne faut jamais – jamais – pénétrer sur le territoire d'autrui sans y avoir été invité clairement par cette personne.

Vous frappez avant d'entrer dans un bureau ; frappez avant d'entrer dans la bulle de quelqu'un. « Puis-je ? » Posez la question du regard, d'un geste de la main, d'un mot et assurez-vous de la clarté de la réponse.

Comme on pouvait s'y attendre les pieds sont de formidables marqueurs de territoires spatiaux et symboliques. Chacun connaît le pied « impatient » qui trépigne sous la table quand le *speach* est trop long, le pied « nerveux » qui s'agite par soubresauts, le pied « angoissé » qui s'enroule autour des pieds de chaise, le pied « enthousiaste » qui scande vigoureusement un discours, le pied « relax » qui s'étire devant la chaise, à la limite du sans-gêne. Nos pieds sont des signaux indicateurs d'émotions difficiles à contrôler, donc extrêmement révélateurs.

Leurs pointes sont de véritables flèches qui esquissent toujours la direction émotionnelle de leur possesseur. Deux interlocuteurs bavardent en se faisant face, leurs pieds restent en ligne droite quand vous arrivez : « On ne passe pas ! » Dès que vous êtes accepté dans la bulle (demandez à être présenté, par exemple) les pointes de pied s'ouvrent en un amical triangle.

Soyez sensible à l'espace occupé par vous-même et par votre interlocuteur. Respecter l'espace d'autrui n'est pas toujours facile. Sachez que les *leaders* ont tendance à occuper un espace territorial sensiblement plus vaste que leurs congénères. Ils savent bien que l'espace, c'est du pouvoir. Non seulement leurs gestes sont amples, leurs vêtements aussi, mais ils *balisent* leur territoire de leurs possessions : dossiers, accessoires, manteaux, etc. Les personnes qui se parfument trop procèdent de la même intention.

> Il est parfois stratégiquement utile de prendre de la place et de se déployer ; c'est le cas dans les prises de parole en public et lorsque vos fonctions imposent l'utilisation du pouvoir.

Le langage de l'espace ne s'arrête pas à votre corps. Déclinez-le dans toutes vos activités quotidiennes. Une bonne moitié de votre vie se déroule dans un bureau ou autour d'une table. Loin d'être des meubles anodins, la table de conférence ou le bureau sont aussi des territoires qui ont des frontières à respecter.

Les déjeuners d'affaires ont la faveur de ceux qui y voient un terrain plus neutre et plus convivial qu'un bureau. Apprenez à choisir la « bonne » place à table au paragraphe suivant, mais souvenez-vous toujours que le face-à-face de l'amour est aussi celui de la lutte : évitez-le en entreprise. L'impact et la proximité des regards rendent périlleuse la gestion de vos émotions. Réservez-le à votre vie privée si vous êtes très amoureux. Préférez-lui, et de loin, les confrontations épaule contre épaule, en ayant soin de ménager à votre regard et à la face du corps des zones de fuites.

À chacun sa place

On prête assez peu d'attention, dans les réunions professionnelles, à la place que l'on prend. Il est pourtant amusant d'observer – selon le vieux dicton *qui se ressemble s'assemble* – que l'on s'assied généralement par affinités spontanées. On oublie facilement qu'il est difficile de parler, à partir de certaines places, et qu'on sera peu écouté si l'on est, par exemple, assis au milieu d'un rang. Être assis face à une fenêtre expose le visage et les expressions à la lumière crue. Réfléchissez ! Êtes-vous certain que vos expressions doivent être scrutées en permanence ?

L'homme d'affaires français passe des moments importants de sa vie professionnelle en repas d'affaires. La France, fière de son patrimoine culinaire, manifeste ainsi sa considération à ses invités de marque, tout en créant une atmosphère conviviale propice aux échanges.

Le choix des lieux véhicule un message : restaurant d'entreprise (« pas de traitement particulier pour cette personne »), cabinet privé dans l'entreprise (« nous avons des choses importantes à nous dire »), confortable restaurant extérieur (« vous êtes pour nous *persona grata* »). Sachez saisir ou diffuser le bon message, que vous soyez l'invité ou l'inviteur. La durée d'un repas d'affaires en France est en moyenne de 124 minutes, contre 60 aux USA. Le but ultime du repas d'affaires est d'établir un registre de connivence avec ses interlocuteurs à la faveur d'un des moments de partage le plus ancien que l'humanité ait vécu : celui de la nourriture. Lumière tamisée, service attentionné, bruits feutrés (vous éviterez les tables trop rapprochées et les haut-parleurs) mettront votre invité dans les meilleures dispositions.

Savez-vous répartir les places dans un déjeuner d'affaires ? Dans une réunion autour d'une table de conférence ? Que l'apparente bonhomie de vos interlocuteurs ne vous cache pas la réalité : les Français et les Allemands ont un sens aigu de l'honneur, et parfois un titre compte plus pour eux que certains pouvoirs financiers ou politiques. Les diplomates y perdent parfois leur latin et s'insurgent : il paraît qu'à côté des Américains on est un peu trop susceptibles. Renseignez-vous soigneusement sur les titres de vos invités.

Les chevaliers de la Table ronde avaient compris que l'égalité s'exprime mieux autour d'une table qui permet à chacun d'avoir un territoire d'égale surface. Le roi plaçait à sa droite son *alter ego,* à sa gauche celui qu'il investissait d'un pouvoir moindre, et ainsi de suite, jusqu'à la place la plus éloignée, voire, en opposition. Comme le roi Arthur, vous offrirez la place centrale – à la table du repas ou à la table de conférence – à la personne ayant le plus haut statut. Inutile de prévoir un trône, c'est démodé, de même que le fauteuil de bureau légèrement plus haut que celui des interlocuteurs. Vous remplirez d'aise votre client étranger en le plaçant dos au mur – et non dos à la fenêtre ou à la porte. Comme ses ancêtres du Neandertal il n'a pas oublié le temps où, à la lueur vacillante du feu, il partageait son repas avec la horde des chasseurs, en surveillant l'entrée de la grotte ; c'est par là qu'arrivaient les dangers potentiels.

> Un repas sur une table rectangulaire, dans un restaurant bruyant, le dos au vide, avec une lumière crue ?
> La signature de votre contrat est mal partie.

C'est à la personne ayant le plus haut rang que revient la tâche d'ouvrir la conversation, ou à son *alter ego* français si l'invité est étranger. Il évitera les questions trop personnelles, les sujets politiques et les anecdotes scabreuses. Il n'attaquera pas d'emblée la « question de résistance » : la signature du contrat Untel. Il ouvrira le repas en attendant que chacun soit confortablement installé pour commencer à manger.

Je ne vous donnerai pas ici les règles des bonnes manières à table, leur codification remplirait un chapitre à elle seule. En cas de doute, prenez votre temps et regardez vos voisins. Votre gêne dérangera beaucoup plus que d'éventuels impairs.

Votre pas vous signe

Pas pressé de la mouche du coche, pas lent de celui qui réfléchit en marchant, pas impérieux du manager conquérant, pas entreprenant du jeune *yuppie*, pas sautillant de la secrétaire enfant, pas souple de la collaboratrice sportive, pas sensuel de la séductrice, pas traînant de l'éternelle fatiguée : votre démarche parle pour vous. Elle conditionne déjà votre image et l'attitude de votre interlocuteur, avant même que vous n'ayez dit un seul mot.

Ce qu'elle dit en premier concerne votre rapport à l'espace matériel mais aussi symbolique : ce qui est devant, le futur.

La manière dont vous progressez, fuyant, amortissant, esquissant, le contact avec la terre, est bel est bien la manière dont vous vous confrontez à la réalité de la matière et à celle de votre vie. Et c'est cela qui s'exprime sur votre image.

« J'ai reconnu ton pas », vous dit-on parfois. Le style de votre pas vient de votre constitution physique, mais aussi de la manière dont vous utilisez les appuis aériens (l'espace autour de vous) ou terrestres (le sol). En confiance, « je m'appuie », ou en retrait, « j'hésite » ; de manière franche, voire pesante, « je suis lourd, matérialiste », ou hésitante, « Je suis éthéré et irréaliste ».

Pas lent de celui qui réfléchit, pas frôleur et sautillant du timide, pas rapide du décideur, pas impérieux du conquérant, pas hésitant de l'incertain, votre pas varie au gré de vos humeurs et de vos émotions.

Il est impossible d'avoir confiance en soi avec une démarche chancelante qui frôle le sol ; il est impossible d'être nuancé avec une démarche lourde.

Bien marcher peut modifier une façon d'être, dans son corps et dans sa vie. La meilleure façon de marcher est sans conteste de mettre un pied devant l'autre, c'est aussi de savoir que le déroulement complet de votre pied – talon-plante-pointe – est la marque d'un rapport équilibré au réel. Soignez, dorlotez vos pieds et offrez-leur des chaussures à leur taille, dignes de leur importance. Évitez le pilonnage du talon qui martèle brutalement le pas du conquérant, le sautillement élastique sur la pointe du pied qui révèle le candide en mal d'utopie, les pointes écartées de Charlot, ouvert et poète mais guère doué pour l'action, les pointes rentrées du cérébral égocentré sur son univers intérieur et sa rêverie.

Mesdames, le port des talons hauts accentue l'impression de fragilité. Vous la compensez souvent en écartant les jambes et en accentuant le parallélisme des pieds, comme font les hommes qui ont une stature plus importante à équilibrer. Parfois, et c'est pire encore, vous laissez les pointes des pieds entrer vers l'intérieur. L'effet est malheureux, surtout de face : on a l'impression que vous marchez les jambes écartées. Si vous tenez absolument aux talons hauts, ne dépassez pas six centimètres et apprenez à marcher comme Marilyn Monroe. Posez le talon face au gros orteil du pied précédent, en avançant sur une ligne strictement médiane. Gardez le dos droit.

Sachez toujours marcher équilibré, pointes et genoux très légèrement en dehors, pieds parallèles plus ou moins écartés selon que vous êtes un homme ou une femme. Si vous le pouvez, filmez votre démarche en vidéo ou demandez à un(e) ami(e) de vous observer.

Savoir conclure est un art... qui s'apprend

Le moment où vous tournez le dos pour quitter une réunion, une scène de télévision ou de conférence, ou tout simplement une pièce où sont réunies plusieurs personnes, est un moment clé pour votre image.

Votre démarche et votre dos sont des confidents impitoyables : ils disent tout de vous.

Savoir conclure est un art dont bon nombre d'entre vous n'utilisent pas les bénéfices. Dès que vous finissez de parler, vous désertez votre image et bâclez votre sortie. C'est pourtant quand vous avez fini et que vous tournez les talons pour partir qu'on vous juge. Votre silhouette parle, et c'est elle que l'on voit prioritairement dans les zones sociales et publiques. Inutile de vous vanter ici les vertus du sport : il est aussi bon pour vous muscler le ventre que pour vous muscler la tête. Le regard d'un miroir en pied, ou mieux, à trois faces, dans votre salle de bains vous aidera à garder la forme... pas les formes.

La demande la plus fréquente qui nous est faite dans nos séminaires est celle de pouvoir se voir de dos, en vidéo ! Dos voûté de la victime, dos rigide du commandement, dos souple de l'adaptabilité, dos rond de la timide, votre dos parle pour vous. Mais aussi vos épaules – relevées ou détendues – et, pardonnez-moi, vos fesses.

Prenez votre temps : rangez vos dossiers avec des gestes posés et conscients, saluez d'un regard et d'un sourire « habité », partez d'un pas mesuré en contact ferme avec le sol, un dos droit sans raideur. Votre poignée de main parle pour vous en arrivant et en partant. Soignez-la : elle fait partie des quatre minutes où vous faites impression. Un contact chaleureux sans excès de la paume et du regard, une pression dosée qui ne fuit ni n'envahit. Ces deux poignées de mains se situent aux deux extrémités des pôles de repérage : dilatation-rétraction.

En matière de poignée de main les coutumes varient selon les pays. On se serre la main plusieurs fois par jour, en France, dans le milieu des affaires. Aux États-Unis on se serre la main le matin, rarement le soir. On préférera en général une légère pression de l'avant-bras, ou une tape plus familière dans le dos. On pratique souvent le *hug,* large embrassade ou l'on s'étreint affectueusement en passant les deux bras dans le dos de la personne. Ce *hug* est un large contact des deux corps, sans aucune connotation sexuelle. Il étonne souvent les Européens car il se pratique aussi entre collègues et personnes inconnues. En Angleterre, par contre, on ne se serre pas la main

Chapitre 7

La vie sociale est une scène

> « *La vie sociale est une scène* », et les contraintes pratiques de la communication sont telles qu*e, « profondément incorporées à la nature de la parole, on retrouve les nécessités fondamentales de la théâtralité.* »
> Erving GOFFMAN[1]

Il faut toujours compter avec l'œil du public. Ainsi la vie est-elle une caméra ! Pour que le texte d'une pièce de théâtre soit entendu et apprécié, il faut que les rôles soient identifiables. Il faut aussi que le costumier, le maquilleur, le perruquier soient d'accord avec le metteur en scène sur le style de leurs interventions. Celui-ci réfléchit longuement sur l'adéquation de sa mise en scène avec le texte de l'auteur. L'effort de représentation de tout le monde va dans le même sens. Il en est de même dans une entreprise. Sous peine d'être inintelligibles, tous les messages doivent aller dans le même sens.

---

1. Erving GOFFMAN, *Façons de parler*, Éditions de Minuit, 1987.

Image des personnes et image du groupe

Que l'on soit un adepte de l'individualisme, que l'on déteste l'idée même de l'uniforme, force est de constater que tous les grands corps de métier ont leur vocabulaire vestimentaire. Les avocats, par exemple, recouvrent de la « robe » leurs vêtements personnels. La « robe » est suffisamment ample pour gommer une grande partie des messages corporels, et la couleur noire – couleur de la retenue et de l'intégrité – accentue ce retrait de la personne au profit de la fonction.

Tout ce qui peut être assimilé à l'uniforme a mauvaise presse en nos contrées. Si certains célèbrent son prestige, d'autres craignent cet effacement de l'individu au profit du rôle ou de l'institution. Je ne me prononcerai pas ici sur ses aspects aliénants ou libérateurs : il y a un monde entre l'uniforme subi et l'uniforme choisi, entre celui du « pioupiou », et celui du polytechnicien.

Nous sommes tous en uniforme car nous appartenons tous à une tribu. Ce que l'on guette d'une tribu à l'autre, ce sont des signes de reconnaissance. « Est-il des nôtres ? » Nous portons la livrée de notre style de vie, de nos opinions, de nos moyens économiques et de nos choix politiques.

Ce qu'une tribu exige d'un outsider qui désire s'intégrer, c'est qu'il adopte les signes de reconnaissance de la tribu. L'entreprise a tout à gagner à s'intéresser à l'image des personnes. Il n'y a pas que les commerciaux qui vendent : nous sommes tous vendeurs de quelque chose. En effet, cette image des personnes est pour l'entreprise une communication non publicitaire très efficace, et gratuite ; mais elle est souvent méconnue car son impact est inversement proportionnel à sa maîtrise : un fort impact, une faible maîtrise. Il faut dire que l'Image de Soi est à la jonction de deux intérêts jugés contradictoires : l'intérêt individuel et l'intérêt collectif et institutionnel. C'est ce qui fait aussi son originalité.

La vie sociale est une scène

On est surpris, à l'heure où la compétition fait rage, d'entrer dans des entreprises où chacun joue pour lui-même, et selon l'humeur du moment, sa petite musique visuelle. Sans parler du mobilier et de l'architecture des lieux qui parlent leur langage propre, l'interlocuteur de passage est dérouté par les hiatus existant entre les différentes communications : interne, externe, publicitaire, personnelle ou institutionnelle. Cet affichage anarchique ne sert pas sa crédibilité, il n'y a pas de cohérence. Des études américaines récentes ont établi avec certitude la relation existant entre la cohérence de l'identité visuelle et la cohésion interne du groupe.

> *Cette cohérence est un signe pour des yeux étrangers, elle est aussi un inducteur puissant de rassemblement pour les individus.*
> *Deux excellentes raisons pour prendre la peine d'agir, à l'intérieur de l'entreprise, sur les codes visuels en vigueur.*

Pour que la tribu existe, il faut que ses membres se reconnaissent les uns les autres. Il faut leur fournir des totems visuels autour desquels se rassembler. Mais cela ne suffit pas. Pour que la tribu conjugue positivement ses compétences, il faut que cette identité visuelle soit gratifiante pour la collectivité et pour les individus.

L'entreprise méconnaît le langage silencieux de l'image des personnes, qui, elle, ne lui coûte rien. Et pourtant, on peut changer l'atmosphère d'un service en réconciliant les personnes avec leur image, on peut dynamiser un produit en valorisant l'image des personnes concernées, on peut décupler la force des messages publicitaires en visant une communication globale qui n'exclurait plus l'image des personnes.

Parfois l'événementiel vient à point pour produire des totems internes, coïncidant avec des totems publicitaires. Un trophée de golf, une course en voilier autour du monde, une équipée au cœur du désert peuvent suffire pour que chacun dans l'entreprise ait envie de rallier son image privée à cette image publique gratifiante.

Le P-DG d'aujourd'hui ne craint pas de prendre soin de son image. La gentillesse et les bonnes manières sont à la hausse. Des bretelles drôles, de jolies pochettes de soie, des couleurs vives viennent, comme un clin d'œil, signer une appartenance. On porte fièrement l'uniforme du leadership car on sait que rien n'est plus différent d'un costume croisé qu'un autre costume croisé. Un *E-Book* dernier modèle, un *Filofax* raffiné sont les premiers achats de l'élève sortant d'une grande école, et les *pins* à l'emblème de l'entreprise fleurissent aux revers des vestons de cachemire ; les lunettes rondes donnent au plus banal des managers un air délicieusement rétro ; jusqu'aux chemises rayées ou roses qui sont devenues le signe de ralliement des cadres.

Richesse, puissance, leadership, crédibilité, probité sont des codes qui font partie d'un tronc commun où puisent toutes les entreprises. Mais il existe aussi un tronc spécifique à la culture de l'entreprise, et à son style de management, qui la fait osciller entre l'axe création et l'axe conservatisme. Ce qui est une qualité dans une entreprise est un défaut dans une autre.

Image de Soi et circonstances exceptionnelles

Entretien d'embauche, examens importants, concours, oraux, parutions judiciaires, évènements familiaux, divorce, procès... certaines circonstances exigent une réflexion particulière et la mise en place d'une stratégie d'image.

> Si vous séchez, dites-vous qu'une mise sobre et classique
> ne sera jamais une erreur.

- **L'embauche.** Avant de passer votre entretien d'embauche, faites un tour dans les locaux de l'entreprise et faites marcher votre intuition. À quel style d'entreprise avez-vous affaire ? Comportez-vous en conséquence : très près des codes de base vers le pôle conservateur, très près du jeu du « décalage » vers le pôle création.

> Dans le doute, « assurez »[1]
> en vous conformant aux codes de base.

Peu d'entreprises conviendront qu'elles sont vendeuses de tristesse, d'arrogance, de vulgarité ou de pauvreté. C'est pourtant ce qu'un visiteur pourra déduire en interprétant les nombreux signes qui balisent son parcours, de l'accueil téléphonique à l'aspect des locaux, en passant par l'image des personnes et la qualité des services. Si vous voulez (ou devez) absolument postuler pour une entreprise comme celle-là, conformez-vous à son image pour vous intégrer. Et attendez plus tard pour demander nos prestations à la formation !

Une image bien coordonnée commence par celle de la direction. C'est au chef qu'est dévolue la lourde tâche de donner le ton de l'identité visuelle de la tribu. C'est à lui de transformer les totems en trophées. Les cadres, porteurs des valeurs de l'entreprise et garants de ses objectifs, viennent ensuite. Le style de l'entreprise est sa culture rendue visible.

L'affichage anarchique des signes dément la crédibilité de l'entreprise. La cohérence de l'identité visuelle (lieux, personnes, objets, comportements) est messagère de sa cohésion interne.

---

1. On « assure en tailleur », comme on « assure son cuir ». Cet idiome est tiré du vocabulaire des blousons noirs des années 1980. Il signifie qu'en situation de danger, la personne fait face avec succès. Il a été repris par les publicitaires.

Les *totems* visuels rendent la cohésion lisible aux interlocuteurs extérieurs. En un mot, répétons-le, l'image des personnes est une communication publicitaire de poids pour l'entreprise.

- **Devant le juge.** Il est des évènements où il est bon non seulement de paraître modeste et réservé, mais d'être prudent. Certaines parutions devant une cour de justice en font partie.

> Noir et blanc est alors le duo gagnant.
> Tailleur et blouse (col fermé) ;
> chemise et complet, cravate noire ;
> chaussures noires.

On me demande souvent comment paraître devant un juge lors d'un divorce. L'ordonnance en non-conciliation est un moment important car c'est là que le juge vous reçoit tous les deux, dans un bureau souvent petit où tout se voit, pour décider des mesures conservatoires financières. Le mieux est de conserver un style sobre et de ne pas afficher de signes extérieurs de richesse. Mesdames, contentez-vous d'éliminer tous vos bijoux et évitez de trop vous maquiller.

Les Vecteurs d'Image

Par quels vecteurs votre image passe-t-elle jusqu'à votre interlocuteur ? Quels canaux de communication va-t-elle emprunter ? Comment être sûr que ce que vous voulez dire est bien perçu ? Laissons de côté le sens des mots, qui n'entre que pour 7 % dans la communication verbale, pour nous concentrer sur les 93 % de votre communication non verbale.

Une véritable bulle sensorielle nous entoure. La tonalité de la voix, sa couleur, son débit, les intentions et les intonations que vous mettez dans vos phrases, les silences, le rythme général de vos propos véhiculent du sens pour votre interlocuteur. Il en est de même de tous les bruits corporels dont on n'a pas assez dit

La vie sociale est une scène

On ne peut pas communiquer

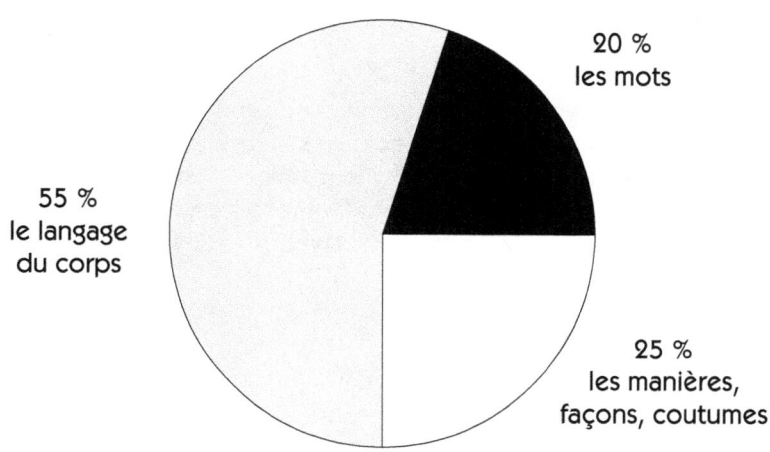

l'importance : raclements de gorge, toux, murmures encourageants, rires étouffés, exclamations, jurons, interjections diverses. De cette expression vocale nous ne dirons rien de plus ici, tout en rappelant qu'un accent peut être amusant ou déplorable, selon ce qu'il évoque.

Il faut y ajouter vos « manières », c'est-à-dire la façon dont vous gérez l'image intérieure de votre identité, et la façon dont vous traitez celle de votre interlocuteur. On appelle cela le savoir-vivre et cela représente à peu près 30 % du langage silencieux de votre image.

Les 63 % restants sont occupés par l'immense gisement du langage corporel et du langage vestimentaire. Morphologie, gestes, démarche, mimiques, rapport à l'espace, appuis au sol, positions, expressions du visage ; mais aussi choix et assemblage des vêtements, des matières, des accessoires, couleurs, parfums, coiffures, maquillages, etc.

Ces métalangages représentent 93 % de la communication. Ils sous-tendent nos mots mais en cas de non-concordance, c'est le non-verbal (le langage silencieux) qui laisse sa trace prioritaire dans la mémoire de l'interlocuteur. Revanche de nos cerveaux reptiliens et mammifériens sur la soi-disant prépondérance du néo-cortex (là où se trouve le siège de la parole).

Savoir décrypter et entendre ce langage silencieux,
sur soi-même et sur autrui, nécessite une écoute particulière.
Écouter n'est pas forcément entendre ; pour ce faire,
il va falloir mettre en route un instrument de lecture nouveau :
l'écoute active.

Chapitre 8

L'habit fait bien le moine

> « *Je sais bien mon habit changier*
> *prendre l'un et l'autre estrangier*
> *Or sui chevalier, or sui moine.* »
>
> Le Roman de la rose

L'ordre hiérarchique

Dans tout contexte hiérarchisé de la vie, l'habit fait le moine. La raison en est facile à comprendre : la rapidité des rencontres et l'impossibilité d'avoir accès à la vie personnelle de la personne (qui est-elle *vraiment ?*) rendent nécessaire une signalétique des rangs, des fonctions et des intentions, la plus claire possible. Dans l'entreprise la question se pose vite : qui est ici le décisionnaire ? Il faut savoir regarder pour répondre à cette question.

Dans l'entreprise en général on craint comme la peste les gravures de mode, et les codes évoluent très lentement. Surtout dans le management, *sur le terrain*, où l'on craint le décalage avec le personnel des usines. La mode construit l'ordre des hiérarchies sociales, c'est pourquoi nous vous invitons, Messieurs – même si le sujet vous laisse indifférent –, à lire les lignes qui vont suivre.

N'oublions pas que si le but est esthétique, certes (l'est-il d'ailleurs lorsqu'on regarde certaines « trouvailles » desdits créateurs), il est aussi profondément hiérarchique et jouxte le Pouvoir. Avec un grand P ! Construire et détruire cet ordre est une des fonctions essentielles de la mode.

Coco Chanel répétait à l'envi qu'elle s'inspirait de la rue pour créer ses collections. Collections que la rue ne tardait pas à s'approprier pour mieux les transgresser, et amener ainsi la créatrice à fonder de nouveaux codes. Qui crée la mode ? Les créateurs ou la rue ? Les deux champs inter-réagissent, se provoquent, s'annulent, se livrent un combat ludique et rebondissent ainsi, visant avec l'obsolescence de certains signes (on les dit alors démodés) à asseoir la suprématie de l'un sur l'autre.

C'est en ce sens que la mode est un merveilleux régulateur des tensions sociales. Et les jeunes des banlieues dites défavorisées ont tôt fait de le comprendre en s'appropriant (et en rendant obsolètes) les codes de la bourgeoisie : Lacoste, Vuitton, Dior, etc. Le *street wear*, inspiré de la mise des jeunes des cités, défile désormais sur les podiums.

De la nudité au vêtement

Les pères de l'Église, qui voyaient dans le corps féminin le véhicule du péché, en ont longtemps débattu. La femme inventa-t-elle d'un même mouvement le vêtement et la pudeur ? On peut imaginer que les femelles des premières hordes, peu enclines à enchaîner les maternités, inventèrent le cache-sexe autant pour se protéger que pour attirer. L'homme aussi, qui désirait cacher certaines manifestations trop visibles de ses pulsions. La peur de l'inceste n'est pas loin. Aussi a-t-on voulu voir dans la dissimulation des parties génitales les marques d'un progrès de civilisation. Le poil reste du côté du dévêtu, de la pulsion et de l'animalité. Il s'oppose au vêtu qui, très tôt, se réclama du progrès de la culture.

La ceinture fut probablement la première pièce de vêtement qui vint habiller de symboles des corps humains bien réels ; séparant le haut du bas, les organes de la digestion de ceux de la reproduction, le spirituel de l'incarné.

Rapidement cette dissimulation devint un exercice de style et les primitifs furent (et sont) de grands sémiologues qui brodèrent sur le thème : comment mieux montrer en cachant. Montaigne ne s'y était pas trompé qui avait compris que *« toute vesture cache une région du corps pour mieux appeler l'attention sur elle »*[1]. L'étui pénien d'un Papou de Nouvelle-Guinée rivalise avec l'étui d'écorce, si long qu'il entrave la marche, des coquets guerriers des Nouvelles-Hébrides, les Bushmen se contentant d'une ceinture très chic serrant leur membre sous leur ventre.

Ces parures se complètent de décorations à fleur de peau : tatouages, scarifications ; ou de marques plus mutilantes : excision, limage des dents, infibulations, et autres mutilations... L'homme est un mammifère étrange, il est le seul qui ne supporte pas le corps que la nature lui a donné.

Les femmes des hauts plateaux birmans empilent encore aujourd'hui autour de leurs cous des colliers de cuivre, l'allongeant ainsi de quelque vingt centimètres. En Mauritanie, les jeunes filles de qualité sont gavées jusqu'à l'obésité car seule la femme d'abondance est belle ; d'autres étirent leur lèvre inférieure afin d'y insérer un plateau de bois ou de coquillage. Toutes trouvent la femme européenne fort primitive de ne pas imposer sa loi esthétique à la nature.

L'homme croit si peu à la vérité de sa nudité qu'il a toujours eu besoin de faire parler son apparence en la modifiant. Il n'a de cesse de plier son corps physique au corps social. Ce passage donne souvent lieu à des rituels importants, selon lesquels le corps des adolescent(e)s est marqué du « sceau » du clan.

---

1. Michel de Montaigne, *Les Essais*.

L'insertion de l'individu dans le groupe est conditionnée à l'observation de ces conventions esthétiques, de ces modes. La pression sociale suffit.

Le vêtement est magique car il accompagne toutes les investitures. Il préside à la majesté papale ou royale, il adoube le chevalier, il introduit l'adolescent dans son groupe social, il prépare le matador à la lutte. En bref, il permet l'exercice d'un principe plus grand que l'homme lui-même. L'assistance fait alors la différence : l'habit fait le moine et le vêtement l'identité.

Le langage du vêtement, ou du corps physique au corps social

Yves Saint Laurent parle du « *merveilleux silence du vêtement* »[1] qu'il compare au merveilleux silence de la santé. Il existerait donc des malades du vêtement ? Oui, comme il existe des malades du langage, il existe des malades des vêtements. On dit souvent d'une personne qu'elle est « empruntée » lorsque son vêtement semble ne pas correspondre à ce qu'elle est. Ainsi en est-il de tous ceux qui supportent d'être contraints et qui ne vivent pas en accord avec leur mise.

Il peut sembler contradictoire de parler ici de silence alors que mon intention est de vous familiariser avec le langage du vêtement. C'est qu'avant d'arriver à « *ce moment de grâce où le corps et ce qu'il porte ne sont plus qu'un, où cette union toute spirituelle se résume en un mot : l'élégance* »[2], il faut apprendre à faire ses gammes. Le grand couturier lui-même avoue avoir mis des années à apprivoiser la couleur et la matière.

---

1. Préface de M. Yves Saint Laurent dans *Histoire technique et morale du vêtement*, Maguelonne TOUSSAINT-SAMAT, Bordas, 1990.
2. *Idem.*

Le langage du vêtement remonte à la nuit des temps ; il nous raconte l'histoire de notre société, de nos mœurs, de notre économie, de notre art, de nos savoir-faire. « *Il (le vêtement) est objet à la fois historique et sociologique s'il en fut [...] toujours implicitement conçu comme le signifiant particulier d'un signifié général qui lui est extérieur (époque, pays, classe sociale)* », écrit Roland Barthes[1]. C'est à ces racines-là que les codes esthétiques prirent leur source. Ils viennent d'un passé et évoluent, avec nos mœurs, vers un futur. Et nul ne saurait s'abstraire de cette filiation.

Ajoutons que la manière de porter un vêtement, l'assemblage des différentes pièces, leur couleur et leur matière, est au moins aussi important que le vêtement lui-même : la *gentry* anglaise ne se reconnaît-elle pas à son dédain de l'ostentation, au point de demander aux valets de chambre d'user les vestes de *tweed* trop neuves ou de polir à l'os de mouton des chaussures éternellement ressemelées. L'*entretien* est une valeur clé du vêtement.

Le vêtement est différent des autres Vecteurs d'Image car il est un lieu idéal de régulation des tensions entre nous et le monde *si on a prise sur lui*. Encore faut-il se rendre maître des codes et des signes qu'il véhicule. Là encore, l'important n'est pas de s'exprimer (dire ce que je veux) mais d'obtenir de son interlocuteur la réponse que l'on attend (influencer). C'est l'objet des pages qui suivent.

Le vêtement est une interface entre nous et le monde. Il participe à votre communication globale à trois niveaux différents :

- **Pour l'interlocuteur**, il est le vecteur puissant de signes concernant l'appartenance : classe sociale, style de vie, emploi, position hiérarchique, appartenance à un groupe ;

---

1. Roland BARTHES, « Histoire et sociologie du vêtement », *Annales*, 12e année, n° 3, juillet-septembre 1957.

- **Pour vous-même**, il est un inducteur psychologique. Couleurs, confort, prestance, coupe, accessoires peuvent modifier notablement votre comportement et vous faire évoluer du malaise au bien-être ;
- **Il a charge de votre identité** car il est l'artisan de votre « distinction » sociale ; celle qui vous permettra de revendiquer une place individuelle et gratifiante au sein de la collectivité.

> Laissez ici plus que jamais ces adjectifs « beau » et « laid » qui limitent le monde à votre vision individuelle. Ce qui est « beau » aujourd'hui sera à coup sûr « laid » demain ; ce qui est « laid » ici sera « beau » ailleurs. C'est à une grammaire plus vaste et plus durable qu'il faut nous entraîner.

Appartenir et se distinguer : un exercice de liberté

Appartenir *et* se distinguer, voilà un projet bien contradictoire, me direz-vous. Il suffit de feuilleter un album de mode du temps jadis pour constater que c'est non seulement sur le corps, mais sur les apparences et le vêtement que s'expriment de manière privilégiée les rapports de l'homme avec le monde social. Le corps physique est inclus dans un corps social.

La mode est la codification de signes qui vise deux buts apparemment contradictoires : revendiquer notre appartenance à un groupe donné et se distinguer comme différent à l'intérieur de ce groupe. Se vêtir c'est mettre en scène sa liberté.

Étui pénien, bleu de travail, djellaba, vêtement militaire ou costume trois pièces, s'habiller n'est pas seulement se protéger du froid ou du regard, c'est aussi répondre à trois besoins :

- **Le besoin d'appartenance** ou faire partie d'un groupe où j'ai ma place ;

- **Le besoin de reconnaissance** ou savoir qui je suis et l'exprimer aux autres ;
- **Le besoin de réalisation** ou influencer, sentir que ce que je fais à un impact

Qu'un seul de ces trois besoins soit ignoré, c'est non seulement votre identité mais votre image tout entière qui en pâtit. Les termes de nos ajustements au monde social subissent l'influence de nombreux paramètres : biologiques, culturels, économiques, politiques, historiques et hiérarchiques.

Un des premiers messages émis par le vêtement est cependant un message sociopolitique. Freud, en écrivant son texte magnifique *Malaise dans la civilisation*[1] avait bien compris que ce que nous avons gagné en sécurité, nous l'avons perdu en naturel. Les États ont toujours tenté de contenir ou de maintenir un corps trop souvent rebelle, et ceci dès la naissance. Jusqu'à récemment, on emmaillotait les tout-petits dans d'étroites bandelettes, parfois renforcées de bois.

L'histoire du vêtement est bien une histoire de la contention. Du corset – porté parfois par les hommes – au body-building contemporain, c'est une histoire à fleur de peau. Contention du corps physique par le corps social, contention des pulsions et des désirs. Ce rapport au Corps-plaisir et à l'État-devoir sous-tend votre image. Il rejoint les horizontales contact-retrait, dilatation-rétractation, expansion-rigidité évoquées dans les pages précédentes.

> Votre aisance ou votre contrainte, votre rigueur
> ou votre fantaisie, votre obéissance ou votre rébellion
> sont les premiers grands codes perceptibles sur votre image.
> S'habiller, c'est prendre sa place
> dans l'ordre des hiérarchies sociales.

---

1. Sigmund FREUD, *Malaise dans la civilisation*, PUF, 1992.

Le langage de votre vêtement d'aujourd'hui est régi par des choix personnels, mais surtout par des consensus historiques et collectifs dont peu d'entre vous sont conscients. Les grandes variations socio-économiques ont laissé des traces sémantiques stables sur notre apparence. Nous les appellerons des *tendances* dans le sens d'une dynamique, d'un « aller vers ».

Notre ignorance des racines culturelles liées aux signes esthétiques rend souvent flous et subjectifs les messages dont nous nous voulons porteurs. « Cela me va bien », entend-on souvent d'une personne qui par ailleurs massacre allégrement son image. Je vous invite à sortir du subjectif pour plonger dans la complexité des grands mouvements de mode, l'objectif.

Un exemple. Qui peut encore ignorer aujourd'hui ce que les signifiants « cols bleus, cols blancs » recouvrent ? Dans les campagnes, où l'on passe la semaine en bleu de travail ou en tablier, on « s'habille » le dimanche. Tandis qu'à la ville ou dans l'entreprise on doit porter costume et cravate en semaine. S'habiller le dimanche est aujourd'hui connoté négativement : on revêtira son vieux jogging, son *jean* décousu artistiquement, et l'on n'aura aucune honte à rencontrer des amis vêtus de même. Par extension, on adoptera des vêtements de sport raffinés, laissant une grande aisance.

Voilà de quelle manière s'élabore, à travers un revirement socio-économique, un nouveau code esthétique. Les États-Unis se sont intéressés dès 1960 aux grandes tendances socioculturelles, et à la manière dont, selon les temps, les individus se positionnent – en retrait de protection ou en aventurier créatif – entre les valeurs essentielles du plaisir et du devoir.

C'est bien votre style de vie et la manière dont vous voulez vous socialiser que reflète votre vêtement. Véritable surface d'exposition de vos rapports au contexte social, économique, historique, politique, sexuel, affectif, et institutionnel.

Avant de vous fournir les éléments concrets d'une garde-robe en accord avec vos projets professionnels, restons fidèles à notre but initial : vous rendre maître de votre capital-image et non pas esclaves de codes que vous ne connaissez pas. Le langage du vêtement, comme le langage parlé, s'est conçu au fil des jours, et sa grammaire est issue des consensus sociaux. Ouvrons ensemble les portes de votre héritage européen, celui qui à travers l'histoire morale et technique du vêtement fonde l'univers sémantique de votre vêtement d'aujourd'hui.

Il serait banal de dire que la mode a tout envahi : la mode n'a-t-elle pas toujours existé ? Et pourtant ce n'est que depuis la dernière guerre que s'est véritablement amorcé ce mouvement continu qui dépasse de loin le vêtement, et préside à la vie des signes, des idées, des produits, rendant leur obsolescence inévitable. La mode est le baromètre de l'air du temps. Qui peut dire aujourd'hui qu'il vit en marge de la mode et de ses implications commerciales et idéologiques ?

Comme en astrologie, il y a dans l'histoire des apparences des mouvements rapides et peu durables, et des mouvements lents qui signent de véritables mutations de société. Mais la mode signe nos rapports…

- **Au pouvoir** : l'État, l'institution, la loi ;
- **Au corps** : plaisir, devoir, sexualité, transgression, créativité ;
- **Au féminin et au masculin** : différenciation ou confusion des genres, séduction, solidité ;
- **À l'économie** : utilité, savoir-faire, entretien, durabilité, solidité, coût ;
- **Au monde du travail** : hiérarchie, rôle, emploi, pouvoir.

Le repérage de ces mouvements lents, les tendances, va vous permettre de construire votre image d'aujourd'hui en connaissance de cause, car ils définissent peu à peu une grammaire de base.

> Tout, absolument tout ce que vous posez sur votre corps
> vient d'un passé et évolue vers un futur.
> C'est ce mouvement et sa direction qu'il faut bien saisir
> pour ne pas être une girouette de mode mais une personnalité
> qui a du style et qui vit en accord avec son temps.

Petite leçon de mode à l'usage des béotiens

Voyons ensemble comment se forma la longue chaîne des tendances passées. Le climat, la géopolitique et les modes de vie ont dégagé dans l'histoire du vêtement deux grands groupes :

- **L'humanité drapée** avec les *saris*, les *péplums* de l'Inde et de la Méditerranée, le *shenti* égyptien ou l'*exomide* de l'Antiquité grecque ;
- **L'humanité cousue** avec les vêtements mongols (la tunique et le pantalon rayonnèrent avec les migrations), les braies, puis les vêtements des Gaulois.

Le passage des formes flottantes aux formes ajustées marque le passage d'un mode de vie géré par le geste et la parole à une société gérée par la machine. C'est elle qui, avec l'avènement de la bourgeoisie, prévaut aujourd'hui en Europe. Le corps européen est un corps contenu.

On préfère souvent oublier que la mode a toujours entretenu avec le pouvoir des relations étroites. Pouvoir politique, mais aussi pouvoir religieux, autrefois intimement mêlés. Or la religion a, ne l'oublions pas, légiféré sur l'apparence. Ainsi les *hadiths* musulmans, par exemple, déclarent, au nom du prophète : « *La nature primordiale (fitra) comporte cinq exigences : la circoncision, le rasage des poils du pubis, la coupe des ongles, l'épilation des aisselles et la taille des moustaches* ». Le Portugal au XVIIe siècle ne possédait pas moins de huit cents lois somptuaires qui venaient légiférer sur la couleur d'un voile, le port des fourrures, le nombre des bijoux, et même la coupe de la barbe et la façon de nouer sa cravate. En Angleterre Édouard IV s'attaque aux chaussures et décrète « *qu'aucun chevalier en dessous du rang de lord [...] ne portera chaussures ni bottes dont la pointe ne dépasse la longueur de cinq centimètres, sans se voir retirer quarante pence* ».

La haute couture contemporaine prend, en toute logique, la succession des lois somptuaires et de ses *diktats*. Lorsque la Révolution française décrète le 18 brumaire de l'an II (29 octobre 1793) que « *nulle personne de l'un et de l'autre sexe ne pourra contraindre aucun citoyen et citoyenne de se vêtir d'une façon particulière [...] chacun est libre de porter les vêtements et ajustements de son sexe* », elle croit mettre fin aux diktats de l'État sur la mise des personnes. Champion de la casuistique, ce texte exclut implicitement du débat les femmes et le pantalon qui sont encore aujourd'hui hors la loi. Une femme, forgeron de son état et qui portait le pantalon et le tablier de cuir, fut peu après déclarée coupable.

Cette intention louable de libéralisation du vêtement ne mènera pas pour autant au chaos – ni à la liberté d'ailleurs. Notons simplement que des formes moins contraignantes, plus drapées apparurent régulièrement au moment des grandes révolutions d'idées : Mai 68 en fit encore la preuve. En revanche, il y a toujours de la décadence dans l'extravagance : les formes compliquées accompagnent toujours un psychisme torturé.

Pour l'heure, les lois somptuaires seront remplacées par la pression sociale. Des règles occultes – ce qui se fait et ce qui ne se fait pas – seront édictées par les classes montantes ou dominantes qui tiennent à se distinguer des autres par les signes de l'exclusivisme, du luxe, du rare. Le bourgeois tente de se faire prince en prenant son habit, mais c'est le prince qui fait l'habit.

> ### Résumons-nous
>
> - *Première tendance* : « *L'habit ne fait pas le prince, mais le prince fait l'habit* » ;
> - *Deuxième tendance* : *aux* diktats *succède la pression sociale* ;
> - *Troisième tendance* : *le corps européen est un corps contenu et morcelé.*
>
> **Conséquences ?** *Les codes vestimentaires de bienséance ou de correction sont toujours pris dans le vocabulaire des classes montantes ou dominantes. Afin de démoder ces codes et d'en conserver ainsi l'exclusivité, les classes dominantes en reformulent perpétuellement les éléments. Ce mouvement de changement perpétuel s'appelle la mode.*

Mode et corps : confort ou contenance ?

Mme de Sévigné qui prenait souvent la diligence pour aller voir sa fille se plaignait que son « corps » la fît souffrir. Il ne s'agissait pas d'un éventuel cor au pied mais d'un triangle garni de bois, qui plus tard fut remplacé par les baleines de métal ou d'os et qui tenait le buste droit en maintenant la poitrine. Les vastes paniers, les superpositions de tissus, les perruques, les sous-jupes et chemises, les châles, les voiles et bonnets nous renvoient à cette époque à des valeurs sémantiques d'encombrement, de noble lenteur, de richesse installée, de protection amoncelée, de contrôle, de dignité, d'apparat, de respectabilité : une mise à distance de son corps et des autres.

Ces signes se retrouvent aujourd'hui dans le vêtement du soir, le vêtement d'apparat, religieux ou judiciaire. Ils se retrouvent aussi dans le vêtement quotidien où l'amplitude d'un manteau, la large carrure, l'amoncellement des étoffes superposées s'opposera toujours aux valeurs de jeunesse, de rapidité et de modernisme d'un vêtement unique, vite enfilé, vite lavé, vite séché.

La petite étudiante qui véhicule l'image de Gap illustre bien ce trajet de la modernité. Court-vêtue, elle recycle avec humour les valeurs de maman, son tailleur à boutons dorés, son catogan, ses petits talons, avec des tissus adaptés à son âge. Elle ne craint pas plus de montrer son corps que ses sentiments. Les valeurs sémantiques liées à son image sont celles d'ironie, de jeunesse, de provocation, de rapidité. Elle est bien loin de la jeune héroïne des *Malheurs de Sophie* à qui l'horrible Madame Fichini faisait porter un corset de bonne tenue sous ses crinolines, jupons, sous-jupes et paniers.

À deux siècles de distance, ces deux femmes balisent un mouvement d'autonomie féminine qui semble irréversible, mais aussi un glissement vers l'aisance du corps et la praticité, auquel la médecine et le sport ne sont pas étrangers.

Résumons-nous

- *Quatrième tendance : on assiste à un avènement progressif des valeurs de confort et de plaisir, avec un rapprochement de son propre corps et de celui des autres ;*
- *Cinquième tendance : la mode se décontracte et devient de plus en plus pratique.*

Conséquence ? Mieux vaut moins en faire qu'en faire trop. On a tous en mémoire l'image de ces vieilles Américaines, vêtues en pleine après-midi comme pour le mariage de leur fille. Dorures, ornements et autres flonflons déclassent. La simplicité, sous peine de paraître « pauvre », sera toutefois démentie par l'usage de matières de grande qualité.

Mode et sexualité : la grande mutation

Vers 1850 la femme comme il faut ne travaille pas et change de toilette à toutes les heures du jour. Sa large crinoline exprime de manière détournée la surface sociale de son époux. L'hygiène ne suit pas : les dames sentent mauvais et cachent sous leurs crinolines des petits flacons d'odeurs. La femme est l'enseigne de l'homme et affiche son rang, faute d'un statut plus personnel.

Porter une culotte est interdit. Le port de la jupe – ouverte – semble en relation avec le maintien de la dépendance féminine. Mme Bloomer, une féministe anglaise, se battra d'ailleurs sans succès pour mettre fin à cette incongruité. Le pantalon à la cheville, puis la culotte aux genoux se firent accepter sans remous un peu plus tard, alors que personne n'y pensait plus et que les femmes eurent envie de monter à bicyclette.

En Europe apparaissent les ateliers du monde, les premiers grands magasins, les chemins de fer, le télégraphe et l'électricité. La médecine explore les corps et fait ses grandes conquêtes, les premiers voyages (Jules Verne) font rêver à la fée technicité.

L'homme amorce sa grande mutation et choisit pour la première fois, et pour longtemps, de se démarquer radicalement de la parure féminine. Finis les jabots, plastrons de dentelles, couleurs chatoyantes et autres préciosités. À lui le sérieux, la sobriété et le fonctionnalisme, à elle la séduction et les frous-frous. La dialectique des genres homme-femme s'inverse car la bourgeoisie montante rompt avec les ornements et les couleurs chatoyantes de la noblesse. Elle revendique des valeurs d'épargne et de probité et s'empèse dans le noir, les faux cols, les manchettes et les plastrons rigides. Le vocabulaire visuel de « l'être » (masculin) – gris, noir, bleu marine – s'oppose à celui du « paraître » (féminin) – les couleurs, l'ornementation, le superflu.

> **Résumons-nous**
>
> - **Sixième tendance** : *le vestiaire masculin se démarque du vestiaire féminin et choisit pour longtemps les signes liés aux valeurs d'économie, de sobriété et de sérieux.*
>
> **Conséquence ?** « Gentlemen don't wear brown », *dit encore la* gentry *anglaise, soucieuse de se démarquer du vêtement de ses domestiques. Il a fallu attendre l'an 2000 pour que le brun, réservé aux tenues informelles, revienne dans le vestiaire féminin (ce qui est déjà étonnant), mais surtout dans le vestiaire masculin puisque même Monsieur Jacques Chirac en porta cette année. Peu de couleurs vous sont permises messieurs : le bleu marine, le gris dans ses différents états, le vert foncé et le bordeaux faisant une apparition timide. Le camel aussi. Attention aux vestes de* tweed, *déconseillées dans certaines fonctions directoriales, sauf si le* tweed *est très fin. Le noir, longtemps réservé aux circonstances très formelles et aux vêtements du soir, a tout envahi. Plébiscité par les jeunes qui y voient le moyen d'intellectualiser la plus modeste parure, il envahit nos trottoirs.*

Mode et économie : l'étoffe des héros

Édouard VIII, prince de Galles, aime l'élégance et rêve de desserrer sa cravate. Il veut relancer l'économie anglaise et les grandes usines de tissage de son pays. Résultat ? Le *tweed* devient le roi du vêtement masculin, de Sherlock Holmes à Jules Verne. À Harris, au nord de l'Écosse, on y teint encore, avec des lichens, des tourbes et des fleurs, les fils de couleurs qui seront mêlés aux fils gris traditionnels. Coco Chanel l'ennoblira en l'utilisant pour ses tailleurs. Le tricot de cachemire, les couleurs douces et les cols souples remplacent l'implacable marée noire des premiers temps de l'industrialisation.

Ce « tout noir » resurgit aujourd'hui chez les jeunes générations, mais complètement décalé. On porte le costume de papa sur des T-shirt col en V et de savant dégradés de matières apparaissent dans les agences de publicité.

L'Amérique s'y met aussi, et les amateurs de croisières et de vacances en Europe popularisent le coton, les teintes pastel et les vêtements de sport. Les as de la dernière guerre viendront ajouter le point final en rendant héroïque la forte toile de coton marron qu'on appela plus tard *denim* (en la teignant à l'indigo « de Nîmes »). Le *jean* (« de Gênes ») devient mythique et accompagne la conquête des grands espaces avec le blouson de cuir des aviateurs et les mocassins.

Résumons-nous

- ***Septième tendance*** : *le vêtement masculin formel s'assouplit et intègre la couleur et les matières de plein air ;*
- ***Huitième tendance*** : *les héros – ces « vrais hommes » – signent les matières « vraies » – cachemire, cuir, coton, laine, lin.*

Mode et fonction : les nouveaux basiques

Pendant la guerre, nombreuses sont les femmes à prendre la place des hommes partis au front. Les longues chevelures font place à des nuques rasées, plus pratiques et plus sûres devant les machines. Chanel invente le bronzage sur la peau nue, et le « déclassé » avec des tissus simples. La toile à parachute et le jersey, les chaussures sport (tennis), les formes intemporelles réservées jusque-là aux hommes (pantalons, chemisiers, chandails, vestes, tailleurs) sont recyclés par les femmes qui y voient une praticité nouvelle.

L'habit fait bien le moine

La garçonne aujourd'hui : une solution pour celles qui détestent le tailleur.

Dans les basiques, la séparation des genres féminin, masculin s'atténue. Ces éléments vont rester à la base d'un vocabulaire féminin de responsabilité, de liberté et d'aisance retrouvée. Des intemporels qui comptent dans le monde du travail. Dans les achats coup de cœur, cette différence s'accentue. Qui n'a pas aujourd'hui ses *stiletto*, ces inconfortables chaussures à talons diablement sexy ?

Résumons-nous

- *Neuvième tendance* : *une base commune s'établit entre le vêtement de l'homme et celui de la femme active. Le trench, la chemise, le pantalon, la veste, le chandail, les chaussures plates deviennent les « basiques » de la modernité. La différence entre les sexes se réfugie alors dans le détail – pointes d'un col, broderies d'un chemisier, matières plus ou moins douces ou chatoyantes, couleurs.*

Conséquence ? La tendance n'est pas à l'unisexe, comme on a pu le dire, mais au partage de quelques vêtements parfaitement adaptés à leur fonction. Ces « basiques », comme leur nom l'indique, devraient être à la base de toute garde-robe homme et femme. Ils sont le signe non de valeurs d'opposition, mais de valeurs de dialogue et d'aisance.

Mode et politique : décaler, c'est créer

Deux grands mouvements sont au cœur de la mode (et de l'art, en général). Il est important de les repérer et de se positionner au quotidien par rapport à eux : pouvoir et transgression. La capacité de transgresser est une autre forme de pouvoir qui demande une forte capacité créative.

Mai 68 remet en cause l'*establishment* et brouille les codes : le vêtement perd ses repères et va chercher ses codes dans

« l'ailleurs ». Tous les genres sont déplacés, mélangés, confondus. On met des vêtements de nuit le jour, des vêtements d'Inde, d'Afrique –, on met chez soi des vêtements professionnels – bleu de travail –, en vacances, les femmes mettent les vêtements des hommes et vice-versa. On est alors persuadé qu'on est hors la mode.

C'est l'avènement d'une communication à tous crins qui ne se pose pas encore la question de savoir si elle a quelque chose à dire. L'époque est prise de frénésie et consomme les signes à une vitesse croissante. Il faut être « branché » ou mourir. Les fous du *zap* et du clip font fortune. Il devient difficile de dire la classe sociale des gens d'après leur apparence.

Les garçons mettent le complet noir trop grand de papa car l'ironie devient un système qu'utilisent les classes montantes pour recycler des signes de distinction édictés par les classes dominantes : l'exclusivité est démodée par la profusion du même (faux Vuitton, faux bijoux), le luxe par la copie ou le plagiat (fourrure artificielle). La provocation devient une institution, l'ironie une aristocratie, qui viennent démentir l'apparente adhésion aux codes en vigueur. Les « décalés » prennent le pouvoir et inventent durablement une nouvelle liberté par rapport aux codes. Transgresser, c'est créer.

Résumons-nous

- **Dixième tendance** : *l'humour et l'ironie introduisent un nouveau vocabulaire : le décalage vestimentaire. Il introduit du jeu et de l'aisance dans le vêtement, et permet à l'astuce et au talent de supplanter le pouvoir et l'argent. La jeunesse impose ses valeurs de créativité, de distance souriante par rapport à l'establishment. À l'extrême, cette tendance exprime la dérision, voire la transgression.*

> ***Conséquence ?*** *Les « décalés » vont déployer une supériorité en transgressant de manière volontaire les codes et les signes de l'exclusivisme : on met un foulard Hermès avec une chemise en* jean*, une chemise en* jean *avec une cravate et un veston, un veston avec un T-shirt, des chaussures de marche avec une robe de mousseline.*

Le « décalage » est aujourd'hui une ressource importante qui permet des transgressions très créatives qui vous classent.

Mode et séduction : on veut tout !

Cela ressemble au règne du corps libéré, mais c'est plutôt celui du corps maîtrisé par le *body-building* et la forme. Le sport envahit la ville. Saoule d'image et de *zapping*, gavée de stimulations et de changements, l'époque se recentre autour de valeurs de permanence et de stabilité et de durabilité décrispée. On reparle du mariage, et de la complicité entre les sexes, comme d'une valeur en hausse. Un goût certain pour l'authentique et le durable succède à une frénésie du jetable. Les managers abandonnent leur cigare et leur complet trop étroit pour se faire bronzer, soigner leur forme et leur image. Hommes et femmes veulent tout : la réussite affective *et* professionnelle, la crédibilité *et* la séduction. Le vêtement dans l'entreprise se codifie autour des valeurs communes du sérieux sans la rigidité, de la compétence sans la pédanterie. La séduction ne dément plus l'efficacité.

> ### Résumons-nous
>
> - **Onzième tendance** : *la séduction ne dément plus l'efficacité et devient l'arme cachée du pouvoir ;*
> - **Douzième tendance** : *la qualité se réfugie dans l'authenticité secrète des matières nobles – lin, laine, cachemire –, dans la sobriété des couleurs – noir, marine, gris –, dans la valeur ajoutée de la coupe et la beauté des finitions.*

Si vous ne mémorisiez qu'une seule de ces douze tendances, afin d'être certains de les mettre en œuvre quotidiennement dans votre apparence, il faudrait vous souvenir de ceci :

Le vêtement va immuablement vers une praticité
de plus en plus grande.

Le corps bouge plus librement mais, et surtout, l'entretien, le nettoyage, le repassage entrent dans le coût d'amortissement d'un vêtement : le froissé est admis, le délavé adoré, le repassage abhorré.

De cette tendance majeure découlent trois tendances clés à connaître sur le bout des doigts.

- **Le vêtement féminin évolue vers le vêtement masculin.** Les hommes nous ont donné le pantalon, la veste tailleur, le blazer, la chemise, les chaussures plates et robustes, les cheveux courts, les T-shirts, la cravate, le polo, les shorts, le *jean* ;

- **Le vêtement de ville évolue vers le vêtement de la campagne.** Notre vêtement de ville intègre aujourd'hui des textures autrefois strictement campagnardes : chambray, coton, *jean*, lin. Les formes se simplifient ; le « froissé », le « délavé », caractères d'un vêtement qui travaille sous le soleil, font partie aujourd'hui du vêtement de ville. Les fleurettes se retrouvent sur la cravate des messieurs.

Le sport est l'événement de la fin du XXe siècle et le vêtement de sport envahit le vêtement professionnel. Larges parkas de coton ou manteaux trois-quarts de coton enduit se portent sur le costume cravate, le mocassin circule sur les trottoirs asphaltés, le polo se porte sous un blazer. Le *street wear*, hier inconnu, fait son apparition au bureau. La chaussure et les tissus passent du sport à la ville et au soir dans des transgressions de mieux en mieux posées.

Un polo sous une veste : relax et correct à la fois

Le jeunisme,
ou comment gérer la précocité des filles

Ont-elles lu Nabokov ? Les nouvelles Lolitas ont encore rajeuni. Elles ont aujourd'hui entre 7 et 11 ans. De très petites filles se comportent comme des adultes (et quelles adultes !), singeant la garde-robe de leur mère, imposant le *string* sous le *jean* taille basse, le vernis à ongle strassé et les *piercings*. Un peu plus tard, elles ont à peine seize ou dix-huit ans qu'elles ont déjà intégré dans leur garde-robe, avec la bénédiction de leur mère, tous les tics des jeunes vedettes de la Star Ac.

Selon l'Institut national d'études démographiques, l'apparition des règles chez les filles serait passée de 16 ans, dans la France de 1750, à 12,6 ans aujourd'hui. Les petites filles sont pubères plus tôt.

Qu'on le déplore ou non, notre société est peu à peu devenue une société ou les valeurs dominantes sont celles des adolescents. Venue des États-Unis, on assiste aujourd'hui avec incrédulité à l'élection publique de « Miss Monde 7-11 ans », où des enfants paradent, comme leurs aînées, en maillot de bain, *string*, et robe du soir.

Comment s'étonner alors que les petites-filles ayant regardé à la télévision Star'Ac imposent à leurs parents des vêtements *sexy* ou aguichants ? Ce serait là l'occasion d'un dialogue qui permettrait d'élever un peu le débat. Ce qui étonne, c'est que les parents aient tant de mal à voir clair dans l'attitude de leurs filles. Le plus souvent tout ceci se déroule avec l'aval (sous couvert de modernisme) des mères qui cherchent à reculer leur vieillissement en endossant les vêtements de leur fillette.

Peut-on pourtant s'opposer à ce que ces enfants, ou ces adolescentes partent à l'école le nombril à l'air, l'épaule dénudée, et le *string* apparent si toutes leurs amies sont ainsi vêtues ? Avec le risque qu'elles soient rejetées du *gang* ? Peut-on vraiment laisser une enfant de 10 ans porter un *string* sans l'informer des connotations sexuelles de cet accessoire. Peut-on laisser une adolescente envisager le monde du travail à travers la lorgnette des journaux de mode ? Et que peut-on lui dire, alors ? Peut-on, en règle générale, ne pas informer les enfants « pour quoi » ou « pour qui » on s'habille ? Et les inviter à réfléchir aux personnes qu'elles vont rencontrer et aux regards qui vont se poser sur elles ? Ne doit-on pas les encourager à « parler » les limites et reconnaître l'embarras et le trouble dans lequel les jettent certains « câlins » ou jeux tout nus ?

Le risque étant que si on ne le fait pas, ces enfants se retrouveront très tôt confrontées à des émotions inconnues et ingérables. Autant qu'à des phénomènes de rejets (dans le monde du travail, par exemple), dont ils ne sauront trouver la cause.

Voici quelques-unes des questions que me posent des parents angoissés et ma réponse est toujours la même : parlez, parlez-en ensemble, donnez du sens à tout cela. Et placez les limites. C'est par l'exemple que vous convaincrez.

Inutile de se voiler la face, une des tendances sociétale de notre ère est la banalisation de la dimension érotique. C'est dommage, et cela passera car l'imaginaire n'y trouve pas son compte.

Et pas n'importe quel érotisme. On est loin des frémissements du *Grand Maulne*, et l'érotisme affiché aujourd'hui est un érotisme commercial, à forte visée visuelle et marchande. Bien des parents ne sont pas dupes et ne s'y trompent pas. Ils ont banni la complaisance, et même si de temps en temps ils lâchent du lest, ils savent qu'il n'est pas anodin qu'une enfant de 9 ans organise une *boum* volets fermés.

Souvent, et à raison, les pères s'en mêlent. Lorsqu'il reste dans des proportions raisonnables, ce phénomène n'est que l'expression d'un conformisme ambiant par lequel les petites filles cherchent à faire comme leurs aînées : « Je ne suis plus un bébé, lâchez-moi ! » Il n'y a pas de quoi s'alarmer car il ne s'agit pas dans ce cas de séduction précoce, ni de provocation. Tout juste une envie de la maman de jouer encore un peu à la poupée, et un désir de plaire accru chez l'enfant.

On peut par contre s'inquiéter, si rien n'est « parlé » dans la famille, de la symbolique du vêtement, du « pour quoi » on se vêt. Et lorsque nous entendons (nous animons souvent des groupes de paroles auprès des ados) des jeunes filles dans les cités revendiquer leur « droit » à s'habiller de manière provocante, nous avons envie d'expliquer, encore et encore, que le *feed-back* de la provocation est le plus souvent une autre provocation : violence, comportements extrêmes, etc. Entre le voile et le *jean* au ras du pubis, ne pourrait-on un peu parler du vêtement ? De ce qu'on « fait » à l'Autre, qui regarde ?

Éduquer un enfant, n'est-ce pas lui donner des repères et l'aider à choisir les valeurs, les références, qui structureront sa vie ? Un « non » énoncé clairement, même s'il n'est pas forcément suivi d'effet, reste dans la mémoire. Si les parents laissent faire sans en parler, le risque est que l'enfant pense qu'ils sont complices, et que le jeu innocent de plaire, d'attirer le regard (on disait, enfant, « tu te fais remarquer ») se transforme, sous les regards extérieurs, en véritable jeu de séduction ambigu.

On ne peut constater sans s'émouvoir que bien des mères sont complices et achètent le même *string* que leur fille. Peu à peu, la sexualité infantile – qui doit rester secrète – sort de la sphère intime au risque de brouiller les rôles, et surtout de raccourcir l'enfance. Parfois avec l'assentiment du père, souvent flatté que sa fille attire les convoitises.

Les rapports de séduction et la sexualité entre parents et enfants sont interdits. Ce « tabou » de l'inceste est un des fondements de notre structuration psychique. L'inceste n'est pas seulement sexuel, il est parfois mental. Et il n'est de jour dans nos consultations où nous ne constatons qu'une « erreur de langage » – c'est ainsi qu'un de nos patients intitulait l'erreur de ses parents qui lui disaient « je t'aime » et l'embrassaient sur la bouche – peut perturber durablement l'entrée d'un adolescent dans la vie adulte.

Ce qui peut chagriner dans l'apprentissage du *sexy* par de très petites filles, ou de très jeunes filles, c'est l'image très limitée qu'elles auront de l'amour et du féminin. Voulons-nous vraiment que nos enfants deviennent les objets du marketing et des phénomènes de mode ?

Que faire ? Outre le risque de confusion des générations que l'on constate souvent chez les mères atteintes de « jeunisme », la barrière entre la sexualité des adultes et celle des enfants n'est plus respectée.

Alors, parlons ! Commentons les émissions télévisuelles pour ouvrir le débat et découvrir d'autres aspects de la féminité. Apprenons à décoder l'image télévisuelle ou photographique. À reconnaître la manipulation, le vrai du faux, à comprendre que le monde *People* est un monde qui n'existe pas.

Il ne manque pas de femmes extraordinaires dans le monde – des femmes qui marqueront leur temps – et la féminité ne se réduit pas au diktat du marketing.

SECONDE PARTIE

Comprendre les codes et construire une « bonne » Image de Soi

Chapitre 9

Il est temps de coacher votre image

Comment j'ai pu acheter ce truc !

La très sérieuse revue médicale anglaise, *Diagnostic and Statistical Manual of Mental Disorder*[1] vient de répertorier un nouveau trouble mental : le shopping compulsif ! D'éminentes *fashion victims* sont atteintes de ce trouble redoutable qui entraîne à faire des dépenses inconsidérées les jours de déprime. Elton John n'a-t-il pas dépensé *« 40 millions de livres en 20 mois, dont 293 000 livres en fleurs… »*[2] On imagine le problème pour des victimes ni riches ni célèbres. *« Cela se soigne »*, continue l'article avec un médicament qui contient de la sérotonine *« et qui donne au malade le sentiment d'être comblé »*. Plutôt que de se ruiner en sérotonine, je propose une autre lecture de ce trouble. Elle entraîne manifestement un autre traitement.

Cette bienveillance envers soi-même est nommée par les bouddhistes la *maitri*. Un autre nom de la frustration. Autant s'y habituer et y habituer nos enfants. Tolérer la frustration, accepter de se contenter d'un peu moins que ce qu'on veut, trouver le moyen d'être tranquille et heureux avec deux ou

---

1. Manuel statistique et diagnostique des troubles mentaux.
2. *Elle*, décembre 2003.

trois kilos de trop ou de moins, c'est prendre de la liberté par rapport à la gigantesque machine à fantasmes dans laquelle nous évoluons.

Je vous propose, dans les pages qui suivent, un véritable *coaching* de votre nouvelle Image de Soi. Nous allons, vous et moi, être les supporters numéro un de votre image. Mais avant de commencer, faites le point pour répondre au questionnaire suivant : votre Image vous fait-elle du tort ?

 Votre image vous fait-elle du tort ?

À chaque groupe de questions numéroté (1, 2, 3, etc.) un seul « oui » entraîne la notation « oui ». Un seul « non » entraîne la notation « non »..

À l'aise ?		Oui	Non
1	Je suis serré, contraint. Je porte souvent une mini-jupe, un pantalon sans ceinture, de nombreux vêtements superposés.	☐	☐
2	Ma démarche est raide ou instable	☐	☐
3	Je porte souvent des talons hauts (plus de 6 cm), des chaussures fatiguées, des mocassins avachis.	☐	☐
4	Mes gestes sont étriqués ou brutaux, je n'en ai pas conscience.	☐	☐
5	Ma coiffure et ma mise nécessitent des réajustements fréquents.	☐	☐
6	Je porte, tous vêtements confondus, plus de trois couleurs différentes (chaussettes-cravate comprises).	☐	☐
7	Je ne coordonne pas les couleurs.	☐	☐
8	Mon dos est rond, mes épaules levées, je suis atone ou fébrile.	☐	☐
9	J'arrive souvent les mains vides, sans accessoires agréables.	☐	☐

		Oui	Non
10	Je porte parfois des fibres artificielles ou des vêtements transparents.	☐	☐
11	Mon vernis à ongles est écaillé, mes bas filés. Le bas de mes pantalons effiloché, le revers de mes vestes usé.	☐	☐
12	Femmes : mon maquillage est approximatif ou très abondant (plus de trois produits).	☐	☐
12 bis	Hommes : je porte souvent plus d'un de ces attributs : col ouvert, blouson, chandail, gourmette, bague ou boutons de manchette, épingle à cravate.	☐	☐
13	Je me « coince » souvent tout contre la table ou le bureau, je pose les coudes dessus ?	☐	☐
14	Hommes : je porte barbe ou moustache peu ou mal taillées.	☐	☐
14 bis	Femmes : on voit fréquemment les racines de mes cheveux colorés ou décolorés.	☐	☐
15	Hommes : je suis chauve et je le cache (mèche rabattue).	☐	☐
15 bis	Femmes : ma couleur d'aujourd'hui est opposée à ma couleur naturelle, j'ai les cheveux raides et je suis permanentée.	☐	☐
	TOTAL	☐	☐

En contact ?		Oui	Non
1	Les signaux-remparts sont fréquents sur mon image : bras croisés, regards détournés, veston fermé, cigare ou cigarette, vêtements très amples, dossiers.	☐	☐
2	J'ai des lunettes noires, demi-lune ou métalliques vissées en permanence sur mon nez.	☐	☐
3	Je ne frappe jamais à la porte et manifeste rarement clairement mon désir d'établir le contact. Je n'utilise jamais les adoucisseurs.	☐	☐

		Oui	Non
4	Je m'habille exclusivement en fonction de mon confort, ou pour passer inaperçu (e).	☐	☐
5	Mon regard se balade partout, sauf sur la zone sociale du visage de mon interlocuteur.	☐	☐
6	Ma poignée de main est « fuyante » ou « broyante », ou j'ignore comment elle est perçue.	☐	☐
7	Ma voix est faible, mon débit sans accent.	☐	☐
8	Hommes : je porte moins de deux couleurs sur moi.	☐	☐
8 bis	Femmes : je porte moins de trois couleurs sur moi.	☐	☐
9	Personne ne peut « lire » ma fonction de poste hiérarchique sur mon image.	☐	☐
10	J'ignore comment effectuer les présentations, je ne présente jamais personne.	☐	☐
11	J'ignore les feed-backs visuels : signes de tête, encouragements, relances du regard ou de la voix.	☐	☐
12	J'ai déjà touché mes collègues.	☐	☐
	TOTAL	☐	☐

À l'écoute

		Oui	Non
1	Je parle beaucoup, j'ai peur du silence, je parle souvent le premier.	☐	☐
2	Mon corps est en général détourné de mon interlocuteur.	☐	☐
3	Mon parfum est très fort, ma voix aussi, je n'adapte ni l'un ni l'autre aux circonstances.	☐	☐
4	Je passe toujours la porte le premier (ou le dernier).	☐	☐
5	Mon attitude corporelle est tendue, je me préoccupe beaucoup de ce que l'on pense de moi.	☐	☐

#		Oui	Non
6	Les mots seuls sont importants.	☐	☐
7	Je ne souris jamais, d'ailleurs je ne soigne pas ma dentition, j'ai peur du dentiste.	☐	☐
8	Je pense que les rituels sont idiots et encombrants, je les ignore.	☐	☐
9	Je reste assis derrière mon bureau et j'attends que mon visiteur s'installe.	☐	☐
10	J'entre dans une pièce où l'on m'attend et je garde mon veston fermé, je ne me présente pas si je ne connais personne.	☐	☐
11	Je ne demande jamais si j'interromps ou si je dérange.	☐	☐
12	Je regarde peu mes interlocuteurs, j'oublie facilement leur nom et leur statut.	☐	☐
	TOTAL	☐	☐

En valeur		Oui	Non
1	J'achète mes vêtements sur impulsion, je ne m'en occupe pas, c'est ma femme qui le fait.	☐	☐
2	Tout sur ma personne montre que je passe peu de temps à m'occuper de moi.	☐	☐
3	Ma silhouette est négligée, je n'ai pas le temps de faire du sport.	☐	☐
4	Je n'ai jamais porté de cachemire, c'est trop cher, je déteste dépenser pour mes vêtements.	☐	☐
5	Tous les blazers bleu marine se ressemblent, je prends le premier venu.	☐	☐
6	Mes complets (mes robes) ont parfois un ourlet, une poche décousus, ça ne se voit pas.	☐	☐

7	Les chaussures, c'est la dernière chose qui se voit, je ne les cire jamais et les achète bon marché.	☐	☐
8	Mon veston (ma robe) date un peu et est trop petit (trop grand), ça ira bien encore.	☐	☐
9	Ma barbe est rarement taillée, elle envahit mon cou (homme). Mes cheveux frisés et tombent sur mon visage (femme).	☐	☐
10	Un col de chemise en vaut un autre (homme). Je copie systématiquement les journaux de mode (femme).	☐	☐
11	Mes chaussures jaunes vont avec tout.	☐	☐
12	Hommes : je porte la grosse épingle à cravate que m'a offert mon client japonais.	☐	☐
12 bis	Femmes : Je porte d'immenses boucles d'oreilles pendantes, je viens souvent en *jeans* moulants, j'aime les vêtements sexy.	☐	☐
13	Hommes : mes pantalons sont les mêmes depuis des années : sans plis et je ne porte pas de ceinture (ni de bretelles), j'aime les chemises qui ne se repassent pas.	☐	☐
13 bis	Femmes : j'achète des « marques » ou des « sigles » comme ça je suis sûre de ne pas me tromper.	☐	☐
	TOTAL	☐	☐

Question subsidiaire pour les deux sexes :

Je m'habille comme papa ou maman aimaient que je le fasse	☐	☐

Réponse : Vous avez moins de cinquante « non » ? Au travail ! Votre image vous fait du tort. Vous êtes peut-être l'homme (la femme) le (la) plus charmant(e) et le (la) plus doué(e) de la terre mais ça ne se voit pas.

« Comment j'ai pu acheter ce truc ! », dites-vous parfois en sortant du placard la jupe trop fendue, le top épaule nue ou scintillant où vous les aviez remisés. Derrière les erreurs d'achat, le manque de respect de soi… et des autres !

Derrière la pression médiatique et marchande il y a tous les gens auxquels vous souhaitez ressembler, ou chez qui vous souhaitez susciter du désir. Certains vendeurs sont d'un cynisme lucide et savent que complimenter ou être chaleureux, c'est assurer une vente. « C'est de l'amour, finalement, qu'elles achètent d'abord », m'a avoué l'un d'eux.

C'est bien parfois de désamour de soi qu'il s'agit. Faire le mauvais choix, acheter le néo-Courrège tout plastique, le pull Lurex XXL, ou le caleçon moulant est une manière de se faire mal, d'exprimer alentour qu'on est mal, qu'on ne s'estime pas.

> Ce n'est pas le vêtement qui ne va pas,
> c'est vous qui n'allez pas au vêtement.
> La cohérence commence dans votre placard…
> et dans votre tête !

Pour que les éléments qui composent votre image ne trahissent pas *qui* vous êtes ou ce que vous désirez, il convient de les organiser en leur donnant du sens. C'est ce fil rouge qui vous permettra de dégager une Image de Soi pertinente. *Relier,* voilà un mot intéressant. En psychanalyse nous demandons souvent d'établir des *liens* entre les évènements présents et l'histoire personnelle et familiale. C'est en ce sens que notre méthode s'exclut fermement du champ galvaudé du *relookage*. On n'improvise pas l'écoute centrée sur la personne.

Notre image interne, qu'elle soit celle de notre corps ou de notre Moi, est intimement liée à notre histoire personnelle.

On comprend rapidement la dimension tragique liée parfois à l'Image de Soi lorsqu'on entend Justine, une belle jeune femme de 1 m 74 et de 60 kg qui avait séduit le groupe par sa beauté, parler d'elle-même.

« Nous étions deux filles. Après moi, ma mère n'avait pu avoir d'autres enfants. Aucun garçon dans notre famille. J'avais une sœur plus âgée que mon père préférait car elle était l'aînée. À ma naissance il avait sans doute été très déçu de ne pas avoir de garçon mais il ne l'a jamais exprimé. Mon père, croyant bien faire, disait en parlant de ma sœur : elle est très jolie, mais toi tu as du charme. Je savais que j'étais jolie, et pourtant je ne me suis jamais *sentie* jolie. J'ai construit ma vie autour de cet axe-là, choisi inconsciemment des hommes qui allaient m'y confirmer, et cela se termina par une dépression nerveuse. »

Le *lien* du sens s'applique au psychique aussi bien qu'à l'art et à l'esthétique. Tous les éléments de votre image sont indissociables. Le *fond* et la *forme* inter-réagissent pour exprimer une *Gestalt*. C'est une des raisons pour lesquelles de nombreux individus sont réfractaires, à juste titre, à toute intervention sur leur image. Ils veulent la valoriser, certes, mais ils veulent aussi *comprendre les raisons* de leurs choix.

La Gestalt

La Gestalt est une théorie de la communication née au début du siècle qui a mis en relief les mécanismes qui rendent nécessaire la cohérence, sous peine d'incompréhension. Cette théorie s'intéresse à l'ajustement constant entre un organisme et son environnement et met l'accent sur la prise de conscience de ce processus d'ajustement dans chaque situation donnée. Son objectif est d'élargir le champ de nos possibles, d'augmenter notre capacité d'adaptation à des environnements différents et de restaurer notre liberté de choix. Elle a eu une importance cer-

> *taine dans les arts, l'esthétique, la philosophie et la psychologie, car elle replace le sujet (vous) ou l'objet (un vêtement ou un objet d'art), dans l'espace de son contexte.*

Le corps se libère

Il y a certainement beaucoup à dire sur le confort du costume trois pièces ; après tout, il n'a que cent vingt ans ! Constatons cependant que nous vivons une époque formidable. Le vêtement contrainte, sorte de camisole morale, s'éloigne de nous. C'est que, de la naissance à la mort, les siècles ont passé sur un corps saucissonné. Le bébé déjà était, dès sa naissance, proprement ficelé et bandé afin, croyait-on, « *de donner à son petit corps la figure droite qui est la plus décente et la plus convenable à l'homme [...] car sans cela il marcherait peut-être à quatre pattes comme la plupart des autres animaux* »[1]. Il aura fallu à Jean-Jacques Rousseau, qui recommandait *« des langes flottants et larges qui laissent tous ses membres en liberté »*[2], bien des années pour être entendu.

Le péché de chair et l'expiation étaient à la source de cette « géhenne ». Montaigne appelait ainsi ces autopunitions venues d'un Moyen Âge mystique, qui abhorrait le corps et voyait dans notre enveloppe charnelle la source du péché.

Finis les corps de bois, d'os ou de métal qui entrent dans la chair, finis les baleines et les *buscs* ; finis les corsets à la Ninon ou à l'anglaise (en forme de sablier) ; fini le *cul* (petit coussin de crin posé sur le bas des reins), finis le *pouf* et la *tournure*, les *paniers*

---

1. François Mauriceau, médecin français du xviiie siècle, cité par Maguelonne Toussaint-Samat, dans *Histoire technique et morale du vêtement*, Bordas, 1990.
2. Jean-Jacques Rousseau, *L'Émile*, 1762.

et autres *crinolines*. Fini, comme l'appelle élégamment Philippe Perrot, « *le principe aristocratique de l'entrave ostentatoire à tout ce qui permettait au corps féminin de fournir et de signaler un travail utile* »[1].

La Grande Guerre, avant Poiret qui désentrava les croupes pour mieux entraver les jambes, vint rendre aux femmes un corps utile *et* beau. La découverte des fibres souples comme le lycra permit au *panty* de préparer l'évolution vers le collant. Le *body-building* fit le reste du chemin vers la réconciliation : ce corps haï est en voie d'être adoré.

Du côté des hommes, on n'est pas en reste. Après le *baby-boom* des années soixante, et quelques années d'une élégance précieuse et décadente qui va du style edwardien (cols de velours et redingotes) au *jean* et aux cheveux longs, c'est le retour à la sobriété et à une force tranquille qui n'exclut pas la désinvolture.

Le luxe se met à la portée d'un plus grand nombre, et c'est à un véritable nivellement par le haut que l'on assiste. Vous pouvez, en toute tranquillité, être votre supporter numéro un.

Que dites-vous avant d'avoir dit « bonjour » ?

Ils ont tout, le talent, l'audace, les savoir-faire, le dynamisme, les moyens… mais ça ne se voit pas. Ils sabotent leur carrière – et parfois leur vie privée – avec leur image. Mieux, on dirait que plus ils sont convaincus de leur valeur personnelle, plus ils foncent dans le brouillard sans se préoccuper de ce que dit leur image : c'est sympathique, mais quels dégâts ! Ces malheureux sont victimes d'une maladie fort courante : celle des gens-qui-communiquent-tous-seuls.

---

1. Philippe Perrot, *Le travail des apparences*, Le Seuil, 1984.

Le charme est un ingrédient magique qui s'accommode parfois fort bien de ces négligences. Encore faut-il qu'elles soient assumées haut et fort, comme un véritable effet de style. « Je suis tellement occupé à être que je n'ai pas le temps de paraître » est alors le message, ce qui est une coquetterie comme une autre. Il faut le génie de Woody Allen, son humour au second degré et sa tendresse pour « emporter »[1] les horribles chemises à carreaux qu'il porte depuis toujours. Il faut tout le talent de Marguerite Yourcenar, son allure hors du temps, pour « enlever » les châles, les étoles, et les capes dont elle s'est affublée sa vie durant. Le vêtement s'incline devant ces personnalités. Elles sont prêtes pour l'éternité et foulent des pieds ces attributs du temporel.

> Mais nous qui n'avons pas l'éternité
> mais quatre malheureuses minutes pour faire impression,
> assurons-nous non seulement qu'elle soit bonne,
> mais qu'elle dise bien ce que nous voulons dire.
> Il n'existe aucune gomme pour effacer notre image.

L'impression sera d'abord visuelle, ce qui ne veut pas dire qu'elle n'engage pas aussi tous nos comportements. Elle se décompose en quatre points qui disent tout de vous, avant même que vous n'ayez dit bonjour : lisibilité, assignabilité, pertinence, valorisation.

---

1. On dit d'une personne qu'elle « emporte » ou « enlève » un vêtement lorsque celui-ci est difficile à porter, ou peu flatteur, et qu'il nécessite de celui qui le porte panache et « allure », pour être beau.

Le coaching d'Image

Une trop grande sensibilité au regard posé sur soi est un reste infantile de l'emprise que les parents ont laissée en nous. Avant toute chose, nous entreprenons un travail de libération face aux regards externes car une identification[1] ou une dépendance à ces regards est un sérieux handicap auquel se confrontent tous ceux qui viennent nous consulter pour vaincre leur timidité. Certains parents ont eu sur leur enfant un regard très destructeur alors que leur intention était bonne.

> « Regarde ces femmes superbes », dit un père à sa fille adolescente, alors qu'ils marchent sur une plage brésilienne où évoluent des corps qui ont eu recours à la chirurgie esthétique, « elles ont un vrai corps de femme, alors que toi tu es toute plate ! » De telles remarques tuent la confiance en soi durablement.

Et pour commencer, pourquoi ne pas faire le point avec nous sur votre coefficient-timidité ?

---

1. S'identifier : se prendre pour.

La fin des timides

Notez vos comportements de 0 (très facile) à 5 (très difficile), dans chaque case, et reportez-vous à la fin du livre pour nos commentaires.

	Avec la famille et les proches	Avec les amis	Avec les inconnus	Avec la hiérarchie et les personnes intimidantes
Secteur 1				
Communiquer des messages				
Demander				
Donner				
Recevoir des messages				
Secteur 2				
Refuser				
Recadrer une erreur				
Faire préciser				
Secteur 3				
Critiquer				
Agresser				

(réponses au questionnaire p. 321)

> « Vous vous rendez compte, nous dit une participante de quarante ans, ma mère me demande encore si j'ai bien été aux toilettes ! »

Il faut quitter sa famille d'origine pour fonder *sa* famille. Un prénom, une couleur de peau, la couleur des yeux ou des cheveux peuvent être déterminants dans les sympathies, antipathies, amours ou rejets qui accueilleront le bébé à son arrivée sur terre. Ces projections sont souvent là, enfouies comme de lourds secrets, dans bien des destins professionnels peu satisfaisants.

Cette préhistoire, parfois très lourde, est présente dans l'Image de Soi.

> Eva, que nous suivons, est anorexique comme sa maman, une « dingue de fringues », dit-elle. Elle est filiforme, obsédée par la mode, mais se voit très grosse. Sophie, de confession juive mal acceptée, française née au Maroc, est hantée par la couleur de ses cheveux qu'elle ne cesse de teindre en blond puis de reteindre en brun, dans une culpabilité sans fin. Cécilia a construit avec les kilos (elle en pèse 180), une forteresse autour d'elle, « afin d'échapper à la sexualité et rester avec maman », dit-elle.

**Nous sommes les seuls à savoir qui nous sommes
(lorsque nous le savons)
et à connaître nos intentions.**

Avant de commencer ce *coaching*, faites vous-même votre Lecture d'Image. Comparez la manière dont on vous voit (votre image manifestée) avec la manière dont vous vous voyez (votre image interne), et celle que vous désirez (votre Image de Soi) :

- **À l'aise ?** Que dit votre image de votre relation à vous-même, à votre corps ? Reflète-t-elle votre souplesse d'adaptation, votre enracinement ? Est-elle congruente, capitalise-t-elle les effets positifs ? Indique-t-elle que vous savez ce que vous voulez ?

- **En contact ?** Que dit votre image de votre capacité à établir un rapport avec autrui ? Est-elle lisible ? Est-elle stimulante ou atone ? Les « signaux d'ouverture » sont-ils explicites ? Apporte-t-elle la bonne nouvelle d'une relation conviviale, sans gagnant ni perdant ?

- **À l'écoute ?** Que dit votre image de votre capacité à écouter, à vous ouvrir à d'autres cadres de référence ? À percevoir l'autre dans sa singularité ? À le ménager ?

- **En valeur ?** Votre image vous valorise-t-elle ? Montre-t-elle que vous prêtez attention à vous-même ? Met-elle en évidence vos qualités, votre statut ? Est-elle messagère de plaisir pour autrui ?

Oui, faites votre *Lecture d'Image*. Utilisez le questionnaire suivant et rendez-vous ensuite en fin d'ouvrage pour faire le point. D'ailleurs pourquoi ne pas le photocopier et y faire répondre, à votre sujet, les personnes de votre entourage professionnel ou familial ? La comparaison avec vos propres réponses – « La manière dont je me vois » – sera mise en équation avec les réponses de votre entourage – « La manière dont je suis vu(e) ». Le résultat sera éclairant si vous êtes très honnête !

 Mesurez la *numinosité* de votre image personnelle

Après avoir marqué d'une croix votre score, Vecteur d'image par Vecteur d'image, reliez les croix entre elles. Le quandrant le moins bon se dégage ainsi. Choisissez ci-dessous le commentaire qui vous décrit le mieux, et lisez notre réponse (pages 322-324)

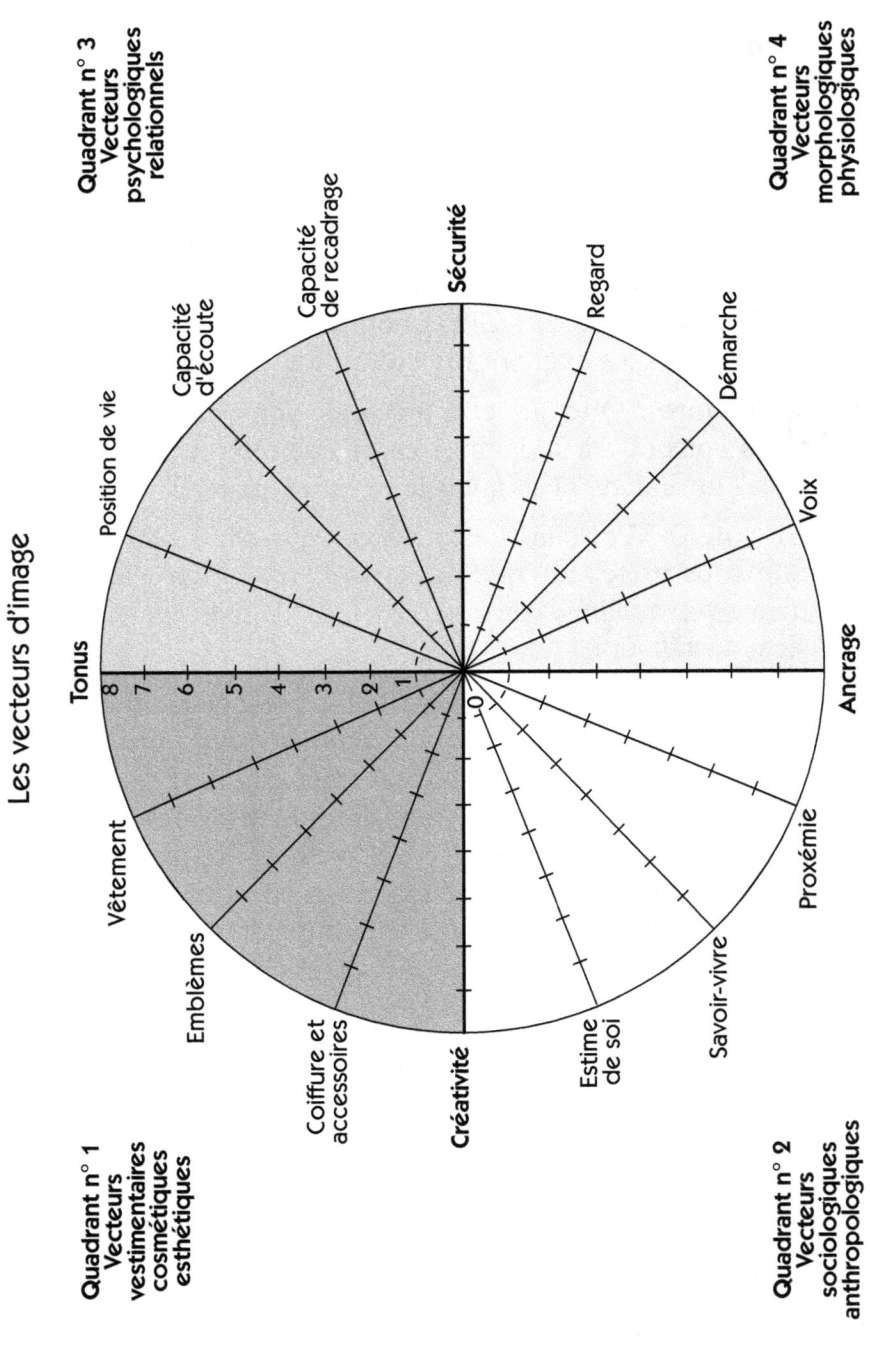

É-li-m-inez les massacreurs d'image !

J'ai deux nouvelles à vous annoncer, l'une agréable, l'autre désagréable.

Commençons par la première. Le vêtement et les accessoires, pour qui connaît leur langage, sont des instruments merveilleux pour réparer les erreurs de la nature : silhouette enrobée ou trop anguleuse, allure désordonnée ou banale, dos rond ou malformation accidentelle, carnation incertaine, fatigue ou baisse de tonus. Le vêtement est aussi le réparateur des *blues* du lundi matin, des déprimes de février, le stimulateur des timides, le pacificateur des téméraires, le soutien des ambitieux, en bref le metteur en scène de votre succès.

La mauvaise nouvelle est que vous êtes entouré de vêtements et d'accessoires qui vous font du tort et qui, entassés dans votre placard, continuent jour après jour à massacrer votre image. Comment se fait-il que vous, si attentif à évaluer vos stocks et à veiller à la qualité de vos équipements professionnels, soyez si peu soucieux d'accorder vos vêtements à vos nouvelles fonctions et à vos projets ?

N'y allons pas par quatre chemins, il faut é-li-mi-ner définitivement les massacreurs d'image. Prenez trois de ces grands sacs plastiques dans lesquels vous ramassez feuilles mortes ou déchets et laissez-moi sélectionner avec vous :

- **La mauvaise taille.** Placez-y ceux qui sont trop grands ou trop petits, les pantalons qui vous serrent ou qui sont trop courts, les vestes qui vous engoncent et dont les emmanchures sont mal coupées. Les blouses ou les chemises dont les boutons tirent quand vous les fermez, les chaussettes qui serrent, les bas qui démangent, les pantalons, les jupes qui soulignent la ligne de vos sous-vêtements. Les manteaux trop courts ou aux épaules trop étroites. Oui, débarrassez-vous en ! Ils ont fait assez de dégâts.

- **Les démodés.** Placez-y ceux qui ne sont plus à la mode – même ceux pour lesquels vous vous dites « la mode reviendra peut-être un jour ». Il se peut que vous y retrouviez ceux du premier groupe : la mode laisse de plus en plus d'aisance, les emmanchures sont mieux coupées, et rien ne se démode plus vite qu'une coupe.

Mettez-y aussi les chemises aux cols trop longs et trop pointus, les vestes aux revers trop larges, les imprimés contenant des dorures. Les chemises ou les chemisiers trop ajustés et suivant de trop près la ligne du corps, les cravates trop larges, trop étroites ou trop courtes, celles en tricot ou en cuir. N'oubliez pas les chemisiers et les tailleurs aux épaules étroites, aux tissus moulants, les pantalons à jambes trop larges dans le bas (je ne peux pas imaginer que vous possédiez encore des « pattes d'eph », mais…). Hop, jetez dans le sac ces massacreurs d'image.

Ajoutez pour finir ces accessoires, ceintures, gants, chaussures dont la couleur, la forme, la matière ne fonctionnent avec aucune des pièces de votre garde-robe. Ce sont les erreurs tragiques, les soldes mal préparées, les lendemains de déprime, qui vous font jurer de ne plus jamais acheter sur un coup de tête.

- **Les élimés.** Jetez-y tous les vêtements que vous avez aimés et qui vous ont, il y a très longtemps, attiré des remarques flatteuses. Vous ne vous en apercevez probablement pas mais les remarques flatteuses sont loin, les doublures tombent en pièce – quel embarras pour vous, un « intérieur » pas très net – le bas des pantalons est effiloché, il y a des poches aux jupes, les cols de chemise sont usés, les tissus peluchent ou montrent la corde aux manches et aux cols. Vos clients et vos interlocuteurs s'inquiètent à juste titre : vos affaires vont-elles si mal que vous soyez obligé de porter ces reliques ? Ouste, dehors les dévalorisateurs d'image !

Jetez aussi votre culpabilité dans le sac
et rappelez-vous qu'à partir d'aujourd'hui,
c'est de la valeur d'usage mais aussi de la valeur ajoutée
que vous achèterez avec un vêtement.

Chapitre 10

Apprenez à composer votre garde-robe professionnelle

> « *Seuls les imbéciles ne jugent pas d'après les apparences* »
> Oscar WILDE

Composer votre garde-robe professionnelle demande un investissement en temps et en argent. Si à la lecture de ces lignes vous êtes déjà mort de culpabilité, fermez le bouquin ou songez que c'est un véritable capital-image que vous vous constituez. Comme dans l'entreprise ou la banque, il faut aller pas à pas avant de recevoir les dividendes, mais alors, quelle satisfaction !

Une garde-robe professionnelle se construit en trois temps :

- **L'achat des « basiques »**, c'est l'achat-sécurité, celui qui engage le plus d'investissement pour une satisfaction à long terme.

  Ces pièces les plus chères et les plus importantes sont à la base de votre image. Elles se recrutent dans les *intemporels* que le temps peu à peu a portés jusqu'à nous. Leur message dit toujours « authenticité ». Elles sont aussi les plus difficiles à acheter car les plus chères. Je ne vois pourtant pas la différence entre un costume de prix que vous garderez votre vie durant et trois costumes bon marché qui seront immettables et indignes de votre image en une saison. Leur investissement est une économie à long terme car, choisis avec soin, ils se démodent peu.

Les basiques véhiculent des valeurs sûres : solidité, pérennité, raffinement, aisance, richesse, fidélité. Une garde-robe qui ne comporterait que des basiques serait cependant ennuyeuse et trop conformiste. On vous sentirait trop collé à la fonction rôle.

- **L'achat des accessoires.** Contrairement à ce que leur nom évoque, les accessoires : chemises, ceintures, chaussures, gants, bas, chapeaux, chandails, pochettes, chaussettes, mais aussi montres, boutons de manchettes, serviette ou attaché-case, stylo, agenda, parapluie… sont essentiels. Ils permettent d'introduire de la personnalité là où, sans eux, ne régnerait que l'uniformité. Ils ont aussi une qualité unique appréciée jusqu'ici des seuls professionnels, mais dont je vous expliquerai, dans les pages qui suivent, le mécanisme : ils permettent les joies infinies du « décalage ». Décaler, c'est montrer sa capacité d'élaboration personnelle par rapport aux codes, en les transgressant volontairement.

- **L'achat mode,** c'est l'achat-plaisir, celui que vous ferez comme un clin d'œil à la séduction, au coup par coup. Ces pièces sont secondaires dans votre garde-robe, mais elles gardent intacte son actualité. C'est le gilet de soie imprimée dont vous avez envie, c'est le blazer rose bonbon très cintré qui vous plaît tant et sera démodé en six mois. Une garde-robe qui ne comporterait que des achats-mode ferait de vous une girouette fragile et velléitaire, conforme au goût du jour et sans véritable identité.

L'achat-mode véhicule des valeurs d'adaptation, de souplesse, de dynamisme, de jeunesse, de rapidité.

Avant d'aller plus loin dans la construction de votre garde-robe, Messieurs d'abord, Mesdames ensuite, une fois n'est pas coutume, voici quelques trucs du savoir-acheter qui concernent les deux sexes, et qui rentabiliseront au maximum vos investissements finances-temps.

Quelques trucs pour bien acheter

Les basiques hommes et femmes s'achètent en période financière faste. Ne lésinez jamais sur leur qualité car ils doivent durer... La qualité qui résiste au temps est devenue si rare qu'elle est, à elle seule, un signe-refuge d'exclusivisme utile à votre image. Si comme pour le bon vin la qualité s'accentue avec le temps (c'est le cas pour certains cuirs et certains tissus), le message émis, fait de solidité et de tradition, sied bien aux valeurs du *management*. Vous rechercherez les textures les plus nobles : laine, cachemire, coton, lin, soie, cuir, et des formes suffisamment intemporelles pour pouvoir les garder longtemps.

Attention ! Ce sont de grosses pièces qui demandent toujours à être d'emblée assorties au *dessous*. Même si la vendeuse dit « cela va avec tout », on achète un manteau en pensant (en achetant) ce qui va en dessous.

Les soldes des grands faiseurs sont des mines à basiques. Si vous n'avez pas le temps de faire la queue pour leurs soldes, prenez soin cependant de laisser votre adresse aux boutiques que vous préférez afin de bénéficier des soldes privées et d'être certain de trouver votre taille. Les soldes ont lieu de plus en plus tôt : en décembre pour les collections d'hiver, en juin pour celles d'été. Si l'on est économe, pourquoi ne pas constituer ainsi et pas à pas la base de sa garde-robe ?

Recyclez régulièrement votre œil à la beauté et au savoir-faire des grands de la couture, la haute couture fait aujourd'hui partie des beaux-arts et Yves Saint Laurent a défilé à la fête de l'*Huma*. Entrez dans les magasins fastueux de la place Vendôme et du faubourg Saint-Honoré. Même si cela vous intimide, vous serez, comme dans un musée, mis en contact avec la beauté d'objets issus d'un savoir-faire unique au monde : vous apprendrez à juger. Touchez les tissus, renseignez-vous, apprenez à distinguer les matières nobles des autres. Regardez les couleurs utilisées. Comparez.

Apprenez à reconnaître les tissus

Ils sont, avec la coupe, le dernier signe-refuge d'une qualité que la démocratisation de la couture a parfois mise à mal. Les experts ne s'y trompent pas qui évaluent impitoyablement votre image à l'aune de sa « matière ». Je pense en souriant à ce manager qui voulait « tenir le discours de l'authenticité » et se vêtait, des pieds à la tête… de fibres artificielles.

**Les tissus ont aussi leur langage,
ils vous classent ou vous déclassent.
Sachez les reconnaître et en faire vos meilleurs amis.**

Pour « lire » un tissu, touchez-le, froissez-le, roulez-le entre vos doigts ; tenez-le à deux mains devant vous pour en vérifier le « tombé », c'est-à-dire le flot harmonieux avec lequel il s'écoule vers le sol *en suivant vos mouvements*. C'est à partir d'un « tombé » qu'un couturier décide d'une coupe.

Apprenez à composer votre garde-robe professionnelle

Les tissus ont leur langage : toile *trench* de coton

L'Image de Soi

 Qui sont-ils, ces tissus ?

Le cachemire vient du Tibet. Il est issu d'une chèvre (en or massif – on n'utilise qu'une centaine de grammes par an de sa toison !). On ne porte pas deux fois de suite un costume ou une robe en cachemire, on les laisse se défroisser sans les repasser. Lavés à l'eau froide avec du savon en paillettes, les chandails et les châles durent toute la vie. Préférez-les aux fantaisies saisonnières dont la qualité laisse à désirer.

Des associations de tissu réussies

Le mérinos et le mohair *sont des « laines froides », d'aspect sec et doux, issues de deux chèvres angoras. Idéal pour les costumes d'été.*

Le poil de chameau *a un « tombé » magnifique lorsqu'il est utilisé avec de la laine. Il provient de bêtes chinoises ou mongoles et on lui donne parfois le nom de sa couleur : camel. Recherchez-le pour vos manteaux.*

L'alpaga, le guanaco, la vigogne *sont des merveilles coûteuses et rarissimes. L'alpaga a un léger brillant qui le rend impropre aux costumes de jour.*

La cheviotte *est un tissu d'aspect rugueux tissé à l'origine dans les monts Cheviot, en Angleterre.*

La gabardine *n'est autre que de la laine imperméabilisée dans laquelle on coupe les imperméables.*

Le lambswool, *comme son nom l'indique, est de la laine d'agneau de moins de neuf mois. Très douce, on l'utilise pour des pull-overs et des vestes.*

Le lin. *Cette plante arrive jusqu'à nous depuis l'Antiquité. Ses fibres nobles sont tissées et ont un bel aspect rustique. Le lin se porte froissé.*

Le madras *était autrefois en soie et venait de l'Inde. Il est aujourd'hui en coton. Ses carreaux légers et fondus, aux couleurs douces, l'autorisent pour des vestes d'été.*

La serge *est un tissu très résistant que l'on reconnaît à ses côtes fines tissées en diagonale.*

Le seersucker *est un tissu de coton rayé, tissé de manière à présenter un léger effet de « gaufrage ». Frais et léger, il fait de jolies vestes sport pour l'été.*

Le loden, *à la couleur verte typique, vient du Tyrol. Réservé à l'origine aux vêtements de chasse et de montagne, il a envahi pendant des années les trottoirs de la ville.*

Le fil-à-fil *est un fin tissu de coton avec un effet « chiné », venant d'un tissage de fils foncés et clairs, mats ou brillants. Il est utilisé ente autre pour les chemisiers et les chemises.*

Le chambray *est un tissu champêtre et résistant de coton bleu ciel. Autrefois réservé aux vêtements de travail, il passe depuis peu à la ville, conformément aux grandes tendances. Peut se porter « décalé », impeccablement repassé sous un blazer de cachemire avec une cravate.*

***Le* jean *ou* denim** *est un rude coton américain qui fut réservé aux cow-boys et aux héros de l'Ouest. Apparu en France au XVIIe siècle, il transite par Nîmes où il est teint à l'indigo. Strictement réservé au week-end, on peut, avec beaucoup d'audace, le « décaler » dans l'entreprise en le portant sous un blazer de cachemire camel avec une cravate. À éviter aux États-Unis.*

Le prince-de-galles *est un tissu de laine souple indémodable, mis à la mode par l'héritier du même nom, fameux pour son élégance relax. Les dégradés de gris et de blanc sont plus ou moins fondus, le tissu plus ou moins sec, d'autres couleurs sont aujourd'hui utilisées (dominantes vertes, dominantes bleues, dominantes « feuille morte »).*

Le pied-de-poule *est un tissu de laine qui fait alterner au tissage des fils clairs (gris ou blancs) et foncés (noir), donnant un effet de damier. C'est un indémodable en désaffection passagère, à utiliser uniquement en vestes dans des tons fondus.*

Le tweed *fait depuis peu son grand retour. Dans des coloris subtils ce grand classique masculin se féminise et échappe à sa destinée écossaise. Du soir (en noir, un peu effrangé, avec de jolis boutons) au matin (de couleur vive), il se marie allègrement aux* **jeans** *(la veste seule, et avec une ceinture s'il vous plaît !), et à la jupe de mousseline.*

Le *tweed* fait son grand retour

Il y a quelques années, c'était encore de la fiction pour la Nasa et les sportifs de haut niveau. Aujourd'hui, on porte tous ces secondes peaux Goretex, laine polaire et compagnie. À quand les vêtements qui parlent, qui diffusent des images ? Ceux qui nous protègent des odeurs, des microbes et autres UV sont déjà en place. Sont à prévoir ceux qui seront anti-moustiques, anti-ondes radio, et anti-stress. Au Japon, les chemises de nuit au Prozac sont arrivées, mais je vous les déconseille. Un bol de lait chaud et quelques gouttes de fleur d'oranger, c'est plus romantique. Martin Margiela a présenté cette année sa robe sonore, et

Luminex, le tissu lumineux, sera lui aussi composé de fibres optiques alimentées par une batterie. Il paraît qu'il y a plus de deux cents coloris.

En attendant, éliminez les vendeurs discourtois ou inattentifs, ceux qui n'ont pas le temps. Ne craignez pas de faire valoir vos remarques ; coupes défaillantes, retouches mal faites, plis disgracieux, finitions doivent être à la mesure du prix payé : parfaits. Faites-vous connaître et apprécier là où vous êtes bien reçu. Demandez le même vendeur, il se souviendra bientôt de vos goûts, de votre exigence et de votre morphologie.

Harmonisez tissus et couleurs, basiques et accessoires

> Coordonnez tout de suite vos achats : une bonne coordination des couleurs et des tissus est le signe-refuge de la cohérence. C'est le premier message perçu par votre interlocuteur, avec l'homogénéité et la ligne générale de votre silhouette.

Harmonisez par exemple vos chemises, vos cravates, vos pochettes, vos chaussettes. Et si vous êtes un raffiné, vos sous-vêtements doivent être coordonnés et achetés en même temps que le reste.

Coordonnez tout de suite le dessus et le dessous. Je m'explique. Un manteau de cachemire *camel*, ou un chandail beige, acheté isolément ne va pas avec tout, malgré ce qu'affirme la vendeuse. Ce ne sont pas toujours les couleurs qui sont difficiles à coordonner – même si rien n'est plus différent d'un bleu marine qu'un autre bleu marine –, ce sont aussi les textures et les matières : un « pelucheux » n'ira pas avec un « soyeux », un « rugueux » n'ira pas avec un « moelleux », un « brillant » avec un « mat », et ainsi de suite. Leurs styles peuvent aussi être différents : un manteau romantique et cintré sera immettable sur un tailleur.

Achetez toujours le chemisier, la robe, le pull, qui va avec. Ainsi que le foulard ou le châle que vous jetterez sur l'épaule. Lorsque vous achetez un tailleur, prenez soin de coordonner tout de suite, et tant que vous l'avez sous la main, le ou les chemisiers qui iront avec, et éventuellement les bas, les gants, le foulard, les chaussures, la ceinture, le joli bijou qui finiront votre tenue.

Vous pouvez faire beaucoup de tenues avec une seule si vous prenez soin de décliner un *basique* – tailleur, complet-veston, chemisier-blouse, pantalon-chandail, smoking noir – de bas en haut de l'échelle sport… habillé. C'est un exercice dont raffolent les participants de nos séminaires, qui découvrent les ressources de leur propre garde-robe. Avec un peu d'astuce, on rend un simple T-shirt blanc sophistiqué et portable après six heures du soir. Il suffit de l'empeser et de le repasser parfaitement.

Ce sont les accessoires qui font la différence : chemises, chaussures, chapeaux, foulards, bijoux, gants, écharpes ou châles peuvent transformer l'attribution d'une tenue et rendre votre valise plus légère en ménageant aussi votre portefeuille.

Pour finir, soyez impitoyable ! Regardez les finitions ; retournez les vêtements, regardez les doublures, les boutonnières, les coutures du col (finitions main ou machine). Retroussez les pantalons, contrôlez les fermetures, les boutons, les emmanchures. Si vous ne le faites pas, un œil averti le fera pour vous et déclassera votre image.

> En attendant d'en savoir plus sur le langage du vêtement, dites *oui* définitivement à ces codes incontournables.

Mesdames, un prochain chapitre de ce livre vous est dédié : « Être femme dans l'entreprise ». Ce qui ne vous empêche pas

Les déclinaisons du smoking de jour

de lire le chapitre suivant, même s'il est consacré à la garde-robe masculine. Vous êtes très présentes derrière l'image des hommes, tant dans vos choix économiques qu'esthétiques ; et l'on sait tout de suite quand une femme apparaît dans l'univers d'un homme au soin qu'il apporte à son image. Il y a aussi dans les pages qui suivent des tours *de main* de stylistes, des formules, dont vous saurez, je suis sûre, tirer parti pour vous-même.

Chapitre 11

Parlons de votre garde-robe, Messieurs

Les codes gagnants

N'introduisez aucun élément personnel dans votre image avant d'en posséder par cœur les codes de base. Ceux-ci sont strictement incontournables, un peu comme le respect de la syntaxe dans le langage. Ne pas les respecter équivaudrait à une grave impolitesse.

Par exemple, les hommes s'habillent plus près du corps qu'autrefois, et les épaules sont moins marquées. Cette petite différence varie d'un pays à l'autre (plus large en Allemagne, plus étroit et *dandy* en Angleterre), et d'un couturier à l'autre – Cerruti taille plus large que Lanvin. Les costumes déstructurés et franchement larges sont à abandonner à votre fils, ils déclassent votre image, tout comme votre vieille veste cintrée de jeune homme. À bannir absolu-ment : les poignets retournés montrant la doublure.

Ce rapport du costume au corps est à l'image de votre propre rapport au corps institutionnel : trop serré, vous êtes « gêné aux entournures » et dans une obéissance contrainte ; trop large et déstructuré, vous ne vous « gênez pas », et l'on peut craindre que vous ne fassiez de même avec l'institution qui vous emploie.

Les hommes s'habillent plus près du corps : les rayures tennis

Un code de bonne tenue

Les tissus et les rayures

- *Pour les hommes, les tissus font quatre saisons ; doux et frais en été, secs et chauds en hiver, ils sont la tendance citadine de ces dernières années. Pure laine, c'est la densité et le poids du tissage qui font la différence.*

- *Oui aux costumes dont les rayures ne sont pas visibles à plus de trois mètres, ne vous transformez pas en gangster des années trente. À retenir : les impressions les plus visibles et les moins subtiles ont la connotation la plus sportive. À l'inverse, les tissus les plus sobres et les plus fins ont la connotation la plus habillée. Les tissus brillants sont réservés au soir.*

- *De même, les matières vraies pour des chemises confortables, peu ou pas cintrées, voisinent avec les matières plus sophistiquées, alternant textures mates et brillantes.*

- *Pourquoi pas ? Les chemises à fines rayures accompagnent bien les complets à fines rayures ou imprimés prince-de-galles, ainsi que les vestes de tweed. On peut mettre une cravate à larges rayures sur une chemise à fines rayures, c'est permis. Christian Lacroix ajoute même à ce cocktail une cravate… à rayures. À éviter si vous n'êtes pas un leader en pleine forme ou un grand couturier.*

- *Vous ne mettriez pas un pyjama rayé pour aller à un dîner en ville, et pourtant vous mettez volontiers un costume sombre aux fines rayures « tennis ». Entre les deux, il n'existe que la différence d'une texture.*

- *Les tissus, les matières et les impressions ont aussi leur genre et leur langage. De la ville à la campagne, c'est bien simple : on ne mélange pas ! Ou, si on le fait, c'est à dessein.*

- *Ceci est un des codes les plus secrets et les plus puissants qui existent, car il n'est connu que des experts. Utiliser une texture inadéquate à l'heure et à la fonction, mélanger des textures, mettre le matin un tissu réservé au soir, mal choisir l'impression de sa chemise vous déclasse aussi sûrement qu'un pyjama à la réunion du comité de direction. Recyclez vos connaissances avec le tableau qui suit et devenez un expert. Les nuances sport, ville, soir, grand soir n'auront plus de secret pour vous.*

- *Les textures se conjuguent et s'assortissent : le moins coloré et le plus foncé sont le plus formel. Plus la texture est douce, plus le vêtement est « habillé ». Plus la texture est rugueuse, plus le vêtement est « sport » (on parle d'un vêtement qui à vécu). Le rugueux va au rugueux. Le lisse au lisse.*

La couleur du vêtement

- *C'est la couleur de votre peau qui guide la couleur de vos vêtements, la règle étant que c'est votre visage – et non le vêtement – que l'on doit voir en premier.*

- *Le noir est la couleur de l'élégance absolue… le soir. Ceci est vrai pour hommes mais aussi pour les femmes. Il faut toutefois l'accompagner d'une coiffure irréprochable, d'un maquillage soigné ou d'accessoires raffinés pour qu'il ne semble pas pauvre. Depuis les dix dernières années, il tend à envahir le jour. Manière commode pour les yuppies de réduire les problèmes d'assortiment de garde-robe.*

- *Dans les quartiers branchés, la pub et la mode, le noir est un must depuis toujours.*

Les pantalons

- *Faites comme Greta Garbo qui aimait les pantalons larges aux genoux, et plus étroits du bas. Les pantalons sans pli pur polyester, très répandus dans les entreprises – et pour* une raison mystérieuse, chez les télégraphistes et aux États-Unis – sont incommodes et inesthétiques. Le petit bidon qui se pose sur la ceinture qui pend à la hauteur du pubis aussi.

- *Les revers de vestes n'excèdent pas 8 à 9 cm. Sauf si vous prenez le risque d'adopter la tenue du métrosexuel[1].*

Les cravates et nœuds papillon

- *Oui encore aux cravates de largeur moyenne. Les (petits) pois sont de retour ainsi que les rayures et les cravates tissées. À bannir les cravates en tricot trop courtes ou celles en cuir ou très fines, sauf en cas de dandysme avéré (voir plus haut les métrosexuels). Le nœud papillon est à lui seul une signature, à vos risques et périls : du jamais vu sur un leader.*

Les accessoires

- *Les accessoires (ceinture raffinée assortie à vos chaussures – noir, bordeaux, marron ou marine), mais aussi bretelles discrètes ou folles.*

---

1. Le *metrosexuel*, selon une très sérieuse étude publicitaire d'Euro RSCG habite en zone urbaine (d'où métro), il a « ... un portefeuille dodu et un ventre plat ». Il surveille son poids, fait du shopping, le tout sans « douter de sa virilité ». Il n'hésite pas à utiliser bijoux et produits de beauté. Bref, c'est le nouveau dandy.

Votre botte secrète : tissus et textures

Du moins habillé	
Les costumes, les blazers	**Les chemises et les vestes**
Tous les ensembles sport avec ou sans *jeans*, ne comportant pas de veste (les blousons par exemple). Les « kakis » américains.	1 — T-shirt ou polo col ouvert. Les vestes en *jean*.
Blazer destructuré, taillé large, non doublé, souvent non épaulé. En coton ou mélangé.	2 — Polo ou chemise imprimée à petits carreaux, sans cravate. Col à boutons ouvert.
Blazer sport madras ou « *seersucker* » ou coton.	3 — Polo ou chemise col à pointe boutonnés.
Blazer sport en lin, beige. Veste *tweed* (gros relief) épaulée (en hiver). *Tweed* plus fin (au printemps).	4 — Chemises col Talamon (plat et se portant souvent ouvert), chemise en lin ou coton. Col ouvert blanc, marine, gris classique ou à boutons. Chemise en chambray ou en *jeans*.
Veste coton noire sur T-shirt noir (ou blanc). Pantalon sans plis noir.	5 — Chemise unie ou à raies, col boutonné. Couleurs pastel en été, couleurs plus intenses en hiver. Avec cravate.
Blazer marine tissu épais.	6 — Chemise tissu Oxford, col boutonné ou classique, avec cravate.
Blazer cachemire uni bleu marine, texture fine et souple.	7 — Chemise à rayures fines ou moyennes. Couleurs : bordeaux vert foncé, bleu ciel ou marine fond blanc.
Costume beige ou marron. Lainage 100 %.	8 — Chemise Oxford à col boutonné ; couleurs vives : jaune, mauve pâle, bleu vif. Chemise blanche.

Costume en tissus fins et doux avec des dessins fondus.	9	Chemise en popeline de coton à col boutonné ; classique ou à fines rayures pastel sur fond couleur pastel.
Costume gris à gris clair, en flanelle (hiver) ou en laine sèche fine (été). Costume bleu marine moyen.	10	Chemise à col boutonné ; classique, légèrement baleiné, ou à épingle ; rayures fines ou moyennes, ou couleurs intenses. Col blanc uni sur corps rayé possible.
Costume gris foncé à fines rayures « tennis » verticales.	11	Chemise bleu intense ou lavande ; ou à fines rayures bleues ou grises sur fond blanc ; col classique ou Windsor.
Costume bleu marine très foncé.	12	Chemise blanche tissu fin (voile de coton), col classique ou anglais. Pas de col à épingle.
Costume marine foncé, veste croisée.	13	Idem, avec un col à épingle.
Costume bleu marine foncé avec fines rayures « tennis ».	14	Chemise blanche en voile col à épingle Windsor (blanc) ou classique.
Costume noir 100 % laine.	15	Chemise blanche col ouvert. Seulement si vous travaillez dans la communication.
Smoking noir, en hiver. À veste blanche, en été ou pour une gardenparty. Pantalon noir dans les deux cas. Veste croisée ou droite, ou spencer.	16	a) « White tie » : cravate blanche. Chemise blanche à col cassé et à plastron en piqué, gilet blanc boutonné. b) « Black tie » : cravate noire et chemise blanche, ceinture noire ou couleur.

Au plus habillé

Ce tableau est le reflet de la règle absolue, celle que vous devrez respecter à la lettre si votre message est celui de la correction, de l'intégration, de l'adhésion, de la respectabilité. Les numéros 1 et 2 sont inacceptables dans un contexte professionnel. Les numéros 4 et 15 sont à réserver exclusivement aux professions de la communication, du tourisme ou des médias. Prenez la température de votre entreprise. Les numéros de 6 à 14 sont définitivement ceux du haut *management*.

> En utilisant ces codes vous ne vous tromperez jamais, même si parfois vous semblez un peu « en uniforme ».

Il se peut que si vous les respectez au pied de la lettre vous vous sentiez trop « collé » au rôle et peu en phase avec le vocabulaire plus créatif de certaines entreprises. Si votre message est celui de la créativité et de la personnalité à l'intérieur des règles, et si votre métier vous y autorise, apprenez à ajouter un tigre dans votre image en découvrant au chapitre 13 comment « décaler » et jouer avec les codes.

L'étoffe des héros et les archétypes ou les basiques pour hommes

Les basiques sont des vêtements qui font mentir la mode : ils ne se démodent pas. Aisance, souplesse, humour, désinvolture, élégance pratique se retrouvent dans des vêtements qui se sont imposés, au cours des ans, comme réalisant l'équation confort-séduction la plus parfaite. Ils ont tous été portés par des hommes (et des femmes) remarquables, et sont devenus, à leur tour, des vêtements-héros.

Totems et tabous d'entreprise

	Couleurs	Vêtement	Chaussures[a]	Accessoires
Banque	Bleu, gris foncé	Costume croisé *pin stripe*, six boutons	Derby lacées noires	Boutons de manchettes, cravate noire en soie unie
	La sécurité rassurante d'un solide conservatisme			
PME	Vert foncé, gris	Veste et pantalon séparés	Derby marron	Cravate club couleur vive
	L'accessibilité et le nivellement des différences hiérarchiques			
Médias	Vives	Blazer de couleur	Daim marron foncé	Chemise petits carreaux, ceinture tressée
	Signaler la différence d'une créativité bien intégrée			
Commercial	Marine, jaune, rouge	Blazer marine	Mocassins	Gilet couleur vive, cravate soie tissée
	Briller et faire valoir			
Pharmacie	Marine, gris	Costume deux ou trois pièces, deux ou trois boutons	Noires à boucles	Chemise blanche, cravate marine
	Une austérité de bon augure (pour la Sécurité sociale !)			
Mode	Noir	Robe noire	Godillots noirs	Lunettes noires
	Exprimer une lassitude hautaine des signes en dédaignant tous les signes			

---

a. Voir les chaussures p. 243.

C'est probablement pour cela qu'ils ne supportent pas la médiocrité : allez donc les chercher à la source dans les vieilles maisons respectables. Lorsque vous les endossez, c'est toute la gloire et le panache de ces archétypes qui rejaillit sur votre image. Qui voudrait s'en passer ?

Le complet droit ou croisé est la découverte des années 2000. Comme un clin d'œil ironique à papa, les jeunes avaient d'abord plébiscité celui acheté aux puces avant de se décider à ressembler à d'impeccables premiers communiants le jour de leur première embauche. La chemise blanche, longtemps dédaignée, en prime. Depuis plus de cent ans, le complet décline nos relations plus ou moins souples, plus ou moins « collées » à l'*establishment* grâce à une coupe plus ou moins près du corps, le refus ou l'apprivoisement des couleurs, l'absence ou l'abondance des ornements. Longtemps en désaffection dans les années 1970 (on préférait alors le chandail bourru du retour à la terre), on le redécouvre et on l'aime aujourd'hui pour son potentiel de rêve et de nostalgie.

Le costume est le bleu de travail de l'homme d'affaires. Il est pourtant loin d'être uniforme : en changeant un accessoire, on passe d'une occasion à une autre, sans fausse note. Sa neutralité n'est qu'apparente car, pour un regard averti, il codifie au plus près ses appartenances. La veste peut être à deux ou trois boutons, comme celle de Scott Fitzgerald ; ou croisée, auquel cas on se passera de gilet car l'épaisseur serait trop importante. Les trois boutons « haussent » un peu le col et accentuent la tenue du buste, tout comme le font les cols avec épingles ou cols sur pattes qui donnent un port de tête aux plus timides. À éviter chez les très grands ou ceux dont le cou est trop long.

> Vous direz oui, au gris clair avec une chemise bleu dur
> si vous êtes bronzé. Et vous ressemblerez à James (Bond).
> Oui aussi à la carrure naturelle,
> ni trop épaulée ni trop étriquée.

Le complet droit :
un archétype qui a de l'allure

Le complet droit

Le complet croisé

Par contre, vous direz trois fois non aux matières synthétiques, au bleu marine à rayures tennis à dix heures du matin. Et, par pitié, ne mettez pas vos clés dans vos poches et votre stylo-bille dans la poche poitrine !

Le *strech* apparaît pour les très jeunes, et c'est assez réussi. À leur intention, rappelons qu'il ne faut jamais boutonner tous les boutons de la veste d'un costume droit – on ne boutonne que celui du milieu.

La bonne forme pour vos formes…

- **Vous êtes plutôt grand.** Difficile d'imaginer que vous vous en plaigniez ! Tout ce qui peut empêcher l'œil de « balayer » votre silhouette de bas en haut est à rechercher. Rechercher les lignes horizontales, les points de détails qui attirent l'œil, les matières moelleuses, pas trop fines ; les effets de « peigné » ; les costumes croisés, les revers un peu plus larges sur vos costumes droits ; les impressions mettant l'accent sur les lignes horizontales. Vos pantalons doivent « casser » légèrement. Ajoutez des revers et ne les portez pas trop longs.

  Ici, avec un costume croisé à rayures tennis, votre ceinture sera de couleur bien visible. Évitez les cols de chemise longs et fins. Les cols plus larges, les cravates et nœuds de cravate plus épais sont pour vous, ainsi que les nœuds papillon. Préférez les harmonies de couleurs au monochrome ; pantalons et vestes de couleurs différentes. Les matières trop sèches et trop sombres sont à éviter, ainsi que les rayures tennis.

- **Si par contre vous êtes plutôt petit**, les lignes verticales et tout ce qui peut attirer l'œil de bas en haut donneront l'illusion d'une silhouette plus longue.

Sont à rechercher les matières légères et plutôt sèches, les dessins petits, les tons unis et foncés, les vestes et les pantalons de même couleur. Mais aussi les costumes foncés à fines rayures tennis, les costumes droits, les épaules naturelles.

Vos pantalons seront coupés assez longs, ils « casseront » peu sur le pied, et vous éviterez les revers. Évitez aussi les nœuds de cravate trop larges. Préférez les cravates de couleur vive sur des cols boutonnés.

- **Vous êtes plutôt fort.** Les lignes verticales, les formes structurées et les couleurs sombres peuvent vous faire perdre quelques kilos sans effort. L'attention doit être attirée sur le haut de la silhouette et sur le visage.

Sont à rechercher aussi les rayures verticales assez rapprochées, les vestes bien épaulées très structurées, les costumes droits (les costumes croisés « tombent » mal sur vous) ou les trois pièces avec gilet assorti.

Évitez les matières moelleuses ou épaisses, la maille, les effets de peigné. Préférez les matières sèches et neutres, les couleurs urbaines et uniformes. Coordonnez vestes et pantalons pour allonger la silhouette. Les cols boutonnés, les cravates et les nœuds de cravate étroits sont pour vous. Évitez les cols sur pattes et préférez les cols dégageant bien le cou, aux formes allongées.

Le gilet de Werther

Il le portait jaune vif, tandis que les royalistes l'aimaient à motif fleurs de lys, Byron l'aimait croisé, à ramages, et Balzac en avait vêtu le « cousin de Paris ». Il réapparaît après un long silence et on se demande comment on a pu s'en passer : le gilet est de retour.

De même tissu que le costume, il est réservé aux occasions formelles ou à certaines professions – banque, politique, diplomatie. Il apparaît depuis peu à l'américaine, c'est-à-dire désassorti, dans des lainages vifs, rouges ou jaunes, ou dans des soies à imprimés de motifs cachemire de tons sourds. Il est enfin à sept ou huit boutons

> Le gilet est une coquetterie tout à fait admissible
> si vous respectez ces quelques règles.
> Non à un gilet sous un costume croisé et à un gilet ouvert
> ou boutonné complètement.
> Le dernier bouton reste toujours ouvert.
> Non encore à un gilet à revers, à un gilet trop serré,
> donc trop cintré, par la boucle arrière,
> non à un costume droit *fermé* sur un gilet.

Tous vos gilets ne vont pas avec toutes vos vestes ; soignez la coordination, et puis c'est vraiment non à un trois pièces foncé à dix heures du matin si vous avez moins de trente ans ; sauf si vous vous mariez.

Le blazer est-il *métrosexuel* ?

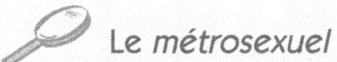 Le *métrosexuel*

Dernière trouvaille des chamans du marketing, les métrosexuels *sont des hommes qui veulent utiliser les bonnes choses de la féminité sans perdre leur virilité. Ceci est une interprétation toute personnelle d'un concept qui fait vendre des tonnes de crème, de shampoings, et (qu'on le croie ou non) de bijoux.*

Selon une récente étude d'Euro RSCG, ces hommes du futur ont entre 25 et 40 ans, un ventre plein d'abdos et un bon revenu. L'homme aime la beauté et il le prouve sur lui en pratiquant le grooming, *toutes choses que pratiquons, nous les filles, depuis des siècles.*

Cela va du stick à repulper les lèvres (ça marche ?) au crayon kohl (jamais au grand jamais !), en passant par la bonne vieille crème Nivéa (la Q 10 Hommes fait un tabac). Nos hommes vont (enfin) se soigner. Personnellement j'aime moins les strings *ornés de strass ou les sous-vêtements de dentelle. Mais si cela vous donne confiance en vous, Messieurs, pourquoi pas ! Sauf si vous voulez conserver votre crédibilité au travail !*

Non, le blazer n'est pas métrosexuel, sauf si vous l'accessoirisez comme tel. Sachez que *blazer* était le nom du régiment que la reine Victoria, lors des fêtes du couronnement, passa en revue en 1837. Vêtement du marin et de l'officier, il est associé dans nos mémoires aux images fortes de courage, de correction de l'uniforme, et de décontraction du sport.

Un blazer marine est un *must* dans une garde-robe professionnelle.

Vous l'assortirez à une ou deux paires de pantalon beige, gris foncé et gris clair ou à un *jean* foncé, et vous le choisirez chez le meilleur faiseur car vous aimerez le porter aussi dans votre vie privée, sur un col roulé par exemple.

Un vrai blazer est croisé, à six boutons, noir ou bleu marine, en laine ou cachemire. Les blazers de couleurs vives ou rayés sont réservés aux présentateurs de télévision. Si vous travaillez dans la communication ou les médias, ou si vous êtes très jeune, les couleurs sombres et raffinées telles que le gris souris, le vert foncé sont acceptables.

Les boutons sont très importants ; ils sont souvent médiocres et l'on ne voit qu'eux. Ne mettez des boutons dorés – ceux de Jermyn Street, à Londres, sont connus du *gotha* – que sur un blazer marine, et si vous êtes certain d'avoir sur le dos le *best* du blazer et d'être le *best* dans votre catégorie ; sinon choisissez un métal vieilli.

> Le blazer croisé est la providence du timide
> ou du jeune manager en mal d'autorité.
> Il vous donne de l'aisance et vieillit la silhouette.

Mieux vaut en effet boutonner et déboutonner longuement votre veste que vous ronger les ongles ou faire claquer le poussoir de votre « bic ». Sa connotation sport le rend portable par les très jeunes, sa correction et sa couleur en font l'instrument de l'autorité.

Attention, on ne porte jamais un blazer croisé ouvert, sinon pour s'asseoir ! Le bouton intérieur est là pour donner un peu d'aisance. Pensez-y lors de vos interventions en public, rien de plus mauvais pour votre cohérence qu'un blazer qui pendouille, alors que votre discours met l'impact sur la fermeté.

Sans aucun risque pour votre image, dites oui à un blazer avec des mocassins bordeaux ou marron, à un blazer avec une pochette. Mais fermement non à un blazer avec des chaussures noires, à un blazer avec une chemise en soie (quelle horreur !), à un blazer avec un pull ras du cou (sinon un T-shirt blanc parfaitement repassé, le week-end ou le vendredi au boulot). Un blazer avec écussons ou initiales, une marque ou un sigle est à bannir, sauf sur le pont de *votre* yacht si l'écusson est celui de *votre* club.

Le pardessus est de retour

Le pardessus ? Droit ou croisé, à peine cintré, il a la forme d'une veste longue et bien structurée. Il doit être assorti à votre costume, ce qui limite vos choix de couleur (marine, camel) sauf si vous êtes Crésus.

Le pardessus droit et noir directement sur la chemise et le *jean* est un *friday wear*

Manches montées ? Comme votre veste, il donne une carrure aux épaules tombantes et une stature aux tailles modestes. Le baron Raglan, qui pensait dissimuler son bras amputé à Waterloo, a laissé son nom à une emmanchure plus large : la manche « raglan ». La couture part de l'aisselle et va directement au col donnant une plus grande aisance aux « ronds », aux très grands, et aux « baraqués ».

Est-ce bien nécessaire me direz-vous ? Vous faites partie sans nul doute de ceux qui courent de leur voiture à leur bureau, de leur bureau à l'avion, de l'avion à l'appartement : que d'encombrement et que de dépenses pour quelques secondes sur vos épaules. Je serai impitoyable : il n'existe pas – à moins que vous ne vous entêtiez à porter un blouson court sur votre veste de costume – d'alternative au pardessus.

> Les plus beaux pardessus sont en cachemire ou en poil de chameau. Choisissez-le droit à quatre boutons sous patte, surtout si vous êtes petit.
> Réservez les pardessus croisés aux très frileux (ou très âgés) et aux très grands. Vous l'abandonnerez aux portes de la ville et ne le porterez jamais en week-end.

La manche du manteau recouvre *toutes* les autres manches, sans pour cela vous transformer en manchot : elle s'arrête à la racine du pouce.

Et puis, je vous en prie, non et non à un pardessus en *tweed* ou à chevrons des puces (ou d'ailleurs) dans l'entreprise, non à un manteau de cuir au bureau, non à un manteau à capuche – sauf un *duffle-coat*. Un col de velours sur un Chesterfiel le matin à dix heures est une préciosité réservée à la City à Londres, aux diplomates et banquiers suisses. Non aussi à un manteau de fourrure ou un col de fourrure, sauf si vous habitez la Russie et, j'insiste, non à un anorak de ski en ville.

Réservez le loden, cette Land-Rover des pardessus, à vos vestes de *tweed* et à vos complets de velours et de flanelle, souvent trop chauds et trop informels dans les bureaux ; sauf peut-être en déplacement et en province. Attention ! L'image du *gentleman-farmer* à la Jean Poiret vous séduit peut-être ; utilisez-la avec circonspection si vous êtes un dirigeant, ou si vous travaillez dans la finance, l'administration, l'informatique : elle dessert les messages de technicité et de *leadership*.

Le *duffle-coat* a le vent du large en poupe mais le *trench* et la parka résistent

Comme celui de Monty, le général Montgomery, qui le rendit glorieux. À l'origine, son drap rugueux et ses boutons de corne le réservaient à un usage strictement sportif ou militaire, et il fallait toute l'audace d'Yves Saint Laurent ou de Jean Cocteau pour oser le porter « décalé » sur un smoking. Le prince faisant l'habit, il y a gagné l'autorisation d'accompagner vos blazers et vos vestes de *tweed* au bureau, sous certaines conditions.

> Le *duffle-coat* est réalisé aujourd'hui dans des tissus moelleux et urbains, pour accompagner avec élégance vos costumes d'hiver à tendance sport.

Le soir avec un smoking, jeté sur les épaules à la de Jean Cocteau ? Si vous n'avez pas de génie artistique, réservez-le aux occasions informelles. Surtout si vous n'êtes pas le patron, ou si vous n'êtes pas très jeune, ou si vous ne travaillez pas dans la pub. Excluez l'horrible *duffle-coat* doudoune matelassée cuir. Le *duffle-coat* est le seul manteau à capuche que vous puissiez porter, alors dites adieu aux *duffle-coats* fantaisie, en fourrure ou en cuir.

Le *duffle-coat* a le vent en poupe

Providence du voyageur et de l'homme d'affaires surmené, le *trench* a bon caractère : il se roule en boule dans une valise, vous sert d'oreiller dans l'avion, avant de protéger votre beau costume de l'ondée. Il n'est jamais froissé d'être si mal traité et vous permet le soir venu d'être le chevalier de la femme de votre vie en le posant, comme une cape, sur ses épaules nues. Le plus beau de ses cadeaux est de vous faire ressembler au vieux Bogart dans ses meilleurs jours…

> Le *trench* est fantastique
> et doit faire partie de toutes les garde-robes.

Burberry et Aquascutum sont maîtres en la matière. Préférez-le en coton et portez-le « vrai » : froissé et couleur mastic. Pas d'ajouts inutiles, de bavolets et de boucles que l'on trouve encore sur certains modèles. Les formes raglan sans ceinture et légèrement plus courtes vont aux statures enrobées et aux petites tailles.

Mais non, vraiment, non à des boutons dorés sur un *trench*, à un *trench* en tergal ou en polyester.

Et de grâce, ne devenez pas l'homme-sandwich de Burberry en déclinant le fameux tartan beige de la doublure sous toutes ses formes : de la cravate au chemisier, en passant par le « bob ». Ceci est vrai pour toutes les marques : Lacoste, Lee Cooper, Dior, etc. Ne faites pas leur publicité, faites la vôtre.

Pour les allergiques aux manteaux ceinturés, bonne nouvelle, vous ne serez plus condamné à geler si vous n'aimez pas les formes raglan non ceinturées. De larges parkas doublées de lainage ont fait leur apparition dans les années 1990. Yves Montand les a rendues populaires en les portant avec cravate et complet trois pièces.

Le grand retour des vestes en *tweed* :
les pièces en cuir aux coudes,
au boulot seulement le vendredi

> Si vous choisissez votre parka sobre de couleur
> et sans accessoires superflus (deux poches et c'est tout),
> elle peut faire le trajet quotidien au bureau,
> mais à aucun prix sortir le soir,
> ou dans les occasions formelles.

La veste de *tweed*

Les usines de tissage écossaises faisaient autrefois ample usage de la rivière *Tweed* pour y laver la laine à l'eau claire. À l'origine noirs et blancs, les fils entrecroisés furent ensuite teints à la main dans des décoctions de bruyères ou de genêts, donnant aux tissus leurs couleurs raffinées. Les *tweeds* anglais et écossais sont les plus beaux ; fins et souples, ils peuvent, dans les occasions informelles, être portés sur votre lieu de travail, surtout si vous êtes jeune cadre débutant.

> C'est le grand retour du *tweed* en veste sur les *jeans*,
> comme dans les années soixante-dix.

En jupes déstructurées et frangées pour les femmes, en vestes colorées de laine fine pour les hommes qu'ils n'hésitent pas, comme Christian Lacroix, à décliner avec des chemises rayées et des cravates à pois. Un exercice de haute voltige que vous ne vous autoriserez que si vous voguez sur la crête bobo[1] !

Accompagnez-les, à l'anglaise, d'une cravate et d'une chemise à col boutonné, voire d'un *sweat* à capuche. Vous les réchaufferez d'un *trench* ou d'une parka et éviterez les manteaux. Et puis, non vraiment aux tissages trop épais, trop colorés ou fantaisie,

---

1. Les bobos, pour bohèmes bourgeois : mouvement de mode apparu dans les années 1990 et *décalant* le vêtement BCBG avec des apports transgressant ou cassant les codes.

aux pièces de cuir aux coudes, sauf si vous avez des trous à vos manches, et dans ce cas, gardez la veste pour le week-end chez vous.

Non absolument à un costume entier en *tweed*, sauf si le tissu est très fin et le motif très discret ; à une veste en *tweed* au bord de la mer, sauf si vous faites un remake de *Mort à Venise*.

Il est tout à fait possible, et même recommandé de dépareiller vestes et pantalons si vous respectez les codes d'harmonie des couleurs : au moins une couleur forte en commun si la veste a plus de deux couleurs. Ceci est vrai pour les vestes de *tweed*, mais aussi pour celles de fin lainage prince-de-galles qui peuvent être portées avec un pantalon gris uni.

Le pantalon droit

Pantalon poché aux genoux, tombant piteusement sur les talons ou plissant traîtreusement sous le ventre, laissant parfois entrevoir de coquets fils d'ourlets dans le bas ; pantalon trop cintré qui comprime le ventre, fond de pantalon bosselé par les plis de la chemise ou la doublure des poches, pantalon moulant et révélateur d'intimité, poches bâillantes et encombrées d'objets hétéroclites. Ah, que le pantalon est triste lorsqu'il n'est pas parfait ! Et quelle image il donne de votre dynamisme.

Deux doubles pinces orientées vers l'extérieur pour un costume, une pince unique tournée vers l'intérieur pour un pantalon indépendant. Et même si un jeune soixante-huitard sommeille encore en vous, bannissez à jamais les formes moulantes, serrées ou droites.

Le pantalon à pinces se porte préférablement sans ceinture, avec des bretelles boutonnées à l'intérieur de la taille. Classiques ou fantaisie, elles sont devenues l'emblème des *preppies* aux USA.

Les poches revolver doivent être vides et plates. Elles sont parfaitement inutiles, mais restent la seule et unique différence entre le pantalon masculin et le pantalon féminin : on s'y accroche. La doublure remonte de manière disgracieuse quand vous enfilez votre chemise ; pourquoi ne pas la faire enlever et faire coudre l'entrée de la poche ?

À revers ou sans revers ? Porté par les Anglais du siècle dernier soucieux de ne pas maculer le bas de leur pantalon en marchant dans la boue, il est devenu parfaitement inutile dans les bureaux et les salles de réunion. Mais il dure. Le revers est pervers : il possède une connotation sport que son utilité pratique dénie aujourd'hui. Par contre, il donne du poids et un « tombé » à des tissus trop fins ou trop secs. Il est donc parfois recommandé sur vos costumes classiques et sur vos costumes d'été au tissu de coton fin et mou. Il est inutile sur les *tweeds* et les velours, là où normalement il devrait être porté. Conclusion ? Vous ferez comme vous voudrez.

Les poches doivent être profondes et taillées en biais. Elles sont diablement confortables pour y glisser la main et donner ainsi du « maintien » à votre allure. Inutile en effet de conserver cet air de pingouin coincé, les bras « inanimés » pendouillant lamentablement le long du corps, ou désespérément crispés à l'entrée d'une poche. Apprenez à animer vos bras : laissez-les suivre et scander vos paroles, marchez d'un bon pas et glissez une main dans la poche de votre pantalon ; oui, la fente latérale de votre veste vous permet ce geste. Exercez-vous et pratiquez cet art durant vos prises de parole en public.

Et dites sans hésitation non à un pantalon et à une veste aux motifs différents, à un pantalon à motifs avec une veste unie (le contraire est parfaitement possible), à un pantalon de couleurs vives. Non à un pantalon trop court, qui laisse voir la couleur de vos chaussettes quand vous êtes debout, même si vous êtes un *métrosexuel* averti.

L'IMAGE DE SOI

Le quiz des dirigeants

Cherchez les meilleures solutions
(par exemple : 1 h A O)
(réponses pp. 324-325)

1

Costume bleu rayures

2

Costume flanelle grise

3

Costume
Prince-de-Galles

h

i

j

A
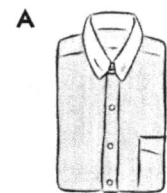
Chemise fine rayure
col blanc Windsor

B
Chemise blanche unie
col classique

C
Chemise rayure fine
col classique

O

P

Q

Parlons de votre garde-robe, Messieurs

Le quiz des dirigeants

Faites de même sur cette page

(réponses pp. 324-325)

4

Blazer marine,
Jean foncé

5

Veste tweed ou pied-de-poule, pantalon gris

6

Costume lin beige

k    l    m    n

D    E    F    G

Chemise imprimée « fermière »   Chemise à petits carreaux   Chemise à grands carreaux   Polo à manches longues

R    S    T    U

Oui certainement à un pantalon qui casse légèrement, si vous êtes très grand. Cet effet raccourcit la silhouette. Mais vraiment non encore à un pantalon de toile ou de coton avec une veste de laine. « *Le* jean *accompagné d'un blazer sera l'uniforme de demain.* » Ce que j'écrivais dans un de mes livres sur l'image il y a une paire d'année s'est enfin réalisé. Attention, pourtant ! Le *jean* prend ses quartiers dans le *friday wear*, et dans certaines fonctions qui excluent le haut encadrement. Il est alors foncé et de denim épais, taillé comme un *vrai* pantalon. Le *baggy* ou le *stone wash* n'intéresse personne. Le lamentable *destroy* est écœurant avec ses entailles, ses pièces et ses longs fils qui traînent derrière la chaussure. Fuyez si votre banquier le porte !

Et puis, afin de faire vos gammes, jouez sur ce tableau et faites un sans-faute.

La garde-robe masculine idéale

Selon la tribu à laquelle vous appartenez, cette garde-robe peut varier considérablement. Les publicitaires et gens de communication, par exemple, savent admirablement varier de tenue en fonction de l'interlocuteur. Mais en règle générale ils bannissent costumes et vestes s'ils ne sont pas très décalés et… tout noirs.

Une garde-robe classique conviendra au milieu des affaires internationales.

Voici, messieurs, ce que doit comporter votre garde-robe :

- **Un blazer** marine ou camel en tissu fin et doux – laine et mohair – pour le printemps, en tissu moelleux et doux – cachemire – pour l'hiver, droit ou croisé. Vous le porterez avec des chemises à col classique ou boutonné, à fines ou moyennes rayures ; avec des cravates rayées ou à motif « club ». Chaussettes noires et marine ;

- **Trois pantalons** gris clair, anthracite, bleu marine (marron ou noir, éventuellement), que vous porterez avec le(s) blazer(s) et certaines vestes de vos costumes, en hiver. Pour l'été, trois pantalons légers de coton, de laine sèche, ou de lin beige, marine, gris clair. Ajoutez un *jean* foncé et bien taillé si vous avez moins de quarante ans ;

- **Un costume bleu foncé**, croisé de préférence, pour les occasions formelles ou tous les jours si vous êtes au top-niveau. Vous le porterez avec une chemise à col Windsor unie ou rayée. Le costume marine à fines rayures tennis peut être une alternative ;

- **Un costume gris foncé** de laine sèche style super 100, ou un costume de flanelle plus souple, facile à porter avec une chemise unie bleu dur ou à rayures bordeaux avec une cravate imprimée cachemire ;

- **Un costume croisé ou droit imprimé prince-de-galles léger**, gris ou dans des bruns fondus. Portez-le avec une chemise à fines rayures grises et une cravate à fond uni bordeaux ou vert foncé ;

- **Une veste en *tweed* léger** (plus épais, il est importable en ville) peut être une alternative au costume précédent. Un blazer *camel*, beige, en lin ou en coton pour l'été. Un costume de coton beige ou mastic, que vous porterez comme la veste en lin (en été), sur des chemises à manches courtes rayées ou unies. Accompagnez d'une cravate à larges rayures ;

- **Un smoking** noir ou marine. Si vous n'en avez pas ce n'est pas grave, louez-en un ;

- **Pour les chemises**, quatre à six chemises unies à manches longues, dont automatiquement deux bleues et deux blanches. Trois chemises à rayures fines ou moyennes à manches longues. Trois chemises à manches courtes unies (teintes pastel) et rayées ;

- **Polos et cardigans** sont épatants lorsque la cravate peut être évitée. Des polos de couleurs pastel (pour accompagner un costume, un samedi matin), ou si d'aventure vous êtes invité, dans des circonstances professionnelles, à la campagne. Un cardigan boutonné en cachemire ou un sans-manche raffiné sont admis par temps froid sous une veste confortable. Jamais sous un costume, qu'il soit croisé ou non. Jamais, au grand jamais, *sans* une veste. Le polo noir est l'uniforme des ados et des publicitaires ;

- **Pour les imperméables**, on peut choisir le merveilleux Burberry que l'on mettra régulièrement au placard quand on sera lassé de son tartan beige que l'on voit partout ! Coton beige ou mastic ou large parka vert foncé, marine ou gris foncé, le *trench* permet d'assortir une doublure amovible couleur camel ;

- **Le manteau** s'était éclipsé mais il revient, plus étroit, moins épaulé. Il se porte parfois à la place de la veste, et directement sur une simple chemise blanche, avec un *jean* foncé. Un classique incontournable : droit, de couleur marine ou camel en poil de chameau ou cachemire, avec son écharpe de cachemire unicolore.

Les accessoires, c'est magique ! À vos chemises, cravates, chaussettes et chaussures

> Les accessoires sont magiques,
> ils permettent de personnaliser à l'infini une tenue.
> Apprenez aussi leurs codes de base car ils sont l'alphabet
> de votre image.

Lorsque vous les aurez bien assimilés, rendez-vous au chapitre 13 ou vous apprendrez à « décaler » vos vêtements et vos accessoires.

◆ **La chemise**. Elle nous vient du fond de l'Antiquité et du Moyen Âge car c'est un des premiers vêtements cousus que l'homme se façonna.

 Le coton

Le coton, déjà tissé par les Aztèques, fut cultivé par les colons de Virginie dès 1607.

Cette fibre qui a autant de classe que les gospels nostalgiques est aujourd'hui un élément de confort et de netteté, central pour votre image.

Choisissez toujours votre chemise en pur coton,
fibre noble par excellence, et déclinez les épaisseurs :
en Oxford ou en popeline de coton pour l'hiver,
en voile de coton pour l'été.

Décidez une fois pour toutes du col qui vous va en prenant le temps d'essayer différentes chemises. Ne choisissez plus au hasard et, quitte à braver le regard lourd du vendeur : essayez ! Les cols aussi se déclinent selon votre morphologie, vos intentions et les circonstances.

Plus votre visage est rond, votre cou large, plus vous choisirez des cols allongés qui amincissent. Pour les minces et les traits « en lame de couteau », les cols larges dits « italiens » adoucissent.

La chemise sur mesure (Charvet, Courtaud), est un luxe nécessaire pour les bras trop longs, les corpulents et les cous très minces. C'est un plaisir ineffable peu cher payé, pour les raffinés et les inconditionnels des manchettes.

Non à une chemise transparente sur un T-shirt, ou un T-shirt dont le col apparaît. Une gourmette ou une chaînette visible sur la chemise. Non aux matières synthétiques, aux chemises noires ou *fluo*, aux couleurs violentes ou aux rayures trop larges. Non aux cols « étrangleurs », trop petits, ou mal taillés. Oui aux manches courtes et aux couleurs tendres, avec une cravate, l'été.

- **La cravate.** Votre cravate se voit comme le nez au milieu de la figure. Elle ne sert à rien, sinon à étrangler encore un peu plus l'homme archaïque en vous, et accessoirement à dissimuler le boutonnage de votre chemise.

Collerette, jabot, lavallière, elle fut le théâtre passé de bien des excès, mais elle revient aujourd'hui à des dimensions plus sages : 145 mm x 8 mm x 4 mm. Elle est le point d'attraction du regard vers le milieu du « triangle sensible » délimité par les deux revers de votre veste et le col de votre chemise.

> L'œil averti perçoit, en quelques secondes,
> le langage des coutures, des boutons, du nœud de la cravate,
> du tissu de la chemise.
> Sont-ils bâclés ? Déplacés ? Avachis ? Tiraillés ?
> Il y a de bonnes chances pour que vous le soyez aussi.

On dit que les ascètes la portent étranglée et que les bons vivants la portent lâche, portez-la donc à sa place, au milieu de votre col de chemise.

Aussi important que la cravate, le nœud de la cravate et sa disposition sur la chemise. Le *four in hand* est le plus simple et le plus seyant. Mais le *demi-windsor*, un peu plus épais, se porte obligatoirement avec les cols italiens ou les cols Windsor.

Un effet peut être obtenu avec un gilet, en faisant légèrement « bouffer » la cravate sur l'encolure du gilet. Un pli creux central au sortir du nœud est agréable avec un col sur patte ou à épingle.

Le demi-windsor

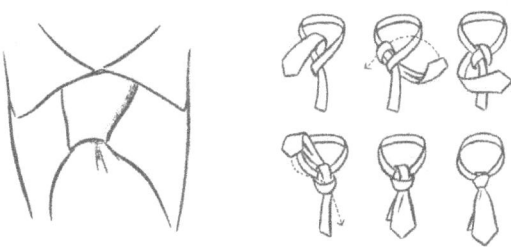

Votre fils adore sa cravate-paysage chargée de pagodes miniatures et d'hibiscus colorés : vous aurez soin de lui en laisser la responsabilité… jusqu'à son entrée dans la vie professionnelle. Alors vous le dissuaderez de postuler à son premier emploi avec la cravate « Betty Boop » qu'il préfère, et vous l'initierez aux joies de la mesure : les cravates tissées aux rayures très fondues sont élégantes avec les blazers et les vestes en *tweed*, les cravates de soie imprimée de petits motifs chasse et golf sont réservées au blazer bleu marine, tandis que les cravates imprimées cachemire sont toujours belles avec les complets gris et bleu foncés.

Un dernier mot sur sa couleur : la cravate doit être le lien avec lequel vous « nouez » (rassemblez) ensemble toutes les couleurs de votre mise : costume, chemise, pochette et autres accessoires compris. Pensez-y, vous n'avez droit qu'à trois couleurs, pas une de plus.

Non à la cravate-jabot trop large et à la cravate-lien trop fine. Non à la cravate « club » alors que vous n'appartenez à aucun. Non à une cravate rouge sur une chemise rose. Non au nœud tout fait ; il est un moins pour votre image, et il ne cache pas les boutons de la chemise ; apprenez à le nouer vous-même. Réfléchissez avant d'en porter un : avez-vous jamais vu un *leader* avec un « nœud-pap » ? Non à la cravate tombant au-dessous ou au-dessus de la ceinture.

Oui aux accessoires coordonnés : achetez toujours cravates, chemises et pochettes ensemble. Soigneusement désassorties, elles seront l'emblème de votre cohérence car elles auront au moins une couleur de base en commun.

Les nœuds de cravate

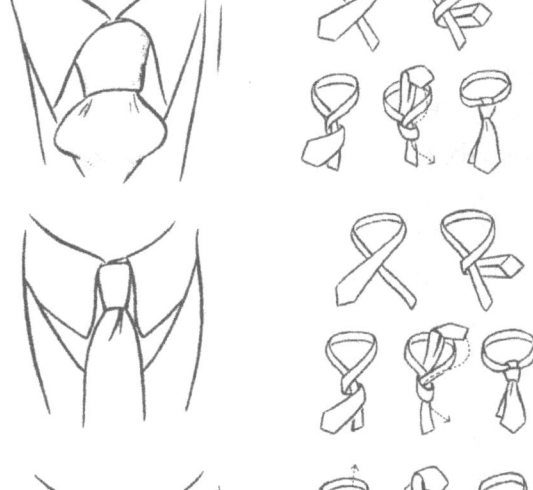

Le nœud Dior :
une ampleur
bien contrôlée

Le nœud anglais :
un classicisme mesuré

Le nœud Lanvin :
une décontraction
étudiée

- **La pochette.** La pochette ne servant strictement à rien est l'aune à laquelle on mesurera votre goût. Portée avant six heures du soir, elle est ostentatoire et coquette.

> Cravates et pochettes sont soigneusement désassorties…
> mais avec un petit quelque chose en commun :
> une couleur, un style, une texture, une complémentarité
> ou une similarité de style.

Un simple mouchoir de fine baptiste blanche sur un complet bleu marine, surtout s'il est porté avec une chemise rayée et un col Windsor, plaira à vos collaboratrices et à vos actionnaires.

Mais par pitié, dites non à la compétition hiérarchique. Laissez sa pochette à votre patron s'il en porte une dans la journée, c'est son « panache blanc ». Non aussi aux pochettes extravagantes ou pendouillantes ; il y a de grandes chances pour que votre interlocuteur vous attribue ces caractéristiques. Non absolument aux pochettes à motifs « golf » avec une cravate à motifs cachemire. Là aussi on ne mélange pas les genres.

- **Les chaussettes.** De larges mollets poilus apparaissant entre une socquette tire-bouchonnant sur la cheville et le bord d'un pantalon, en voilà assez pour mettre en cause tous vos beaux discours. Le remède est simple : ou vous portez des mi-bas, ou vous passerez votre temps à réajuster vos chaussettes. La honte !

> Les chaussettes se portent unies,
> ou avec une mince baguette sur le côté.
> Les couleurs : bleu marine, gris foncé, brun, noir.

Définitivement non aux chaussettes blanches. Les motifs jacquard discrets sont réservés aux très jeunes et aux occasions informelles, pourvu qu'elles soient portées avec des mocassins. Et trois fois non, sauf si vous êtes *métrosexuel*, à toutes les autres chaussettes : synthétiques, à motifs, de couleurs vives, de strass ou de dentelle.

- **Les chaussures.** Peut-être est-ce en souvenir du temps où les manants allaient pieds nus (les chevaliers, eux, étaient chaussés), les chaussures sont à la base de votre personne et de votre image. Elles signent son enracinement et sa solidité. Parce qu'elles sont peu visibles, elles sont aussi le baromètre de votre classe : il y a aujourd'hui une aristocratie de la chaussure.

Curieusement, c'est dans la chaussure que la mode a le plus évolué ces dix dernières années. La chaussure de sport a envahi la ville et on la voit maintenant apparaître, relookée et sophistiquée, sous les costumes d'homme. Pourquoi pas, si elle est noire ou marron, et que vous êtes très féminine.

Observez-la sur vos interlocuteurs : elle dit tout de leur mode de vie : talon éculé, semelle usée ou déjetée, cuir malmené, style imprécis ou fantaisiste de mauvais aloi, couleurs vulgaires sont autant d'incongruités pour une image excellente qui préférera les atouts d'un cuir noble et patiné par le temps.

Renouez avec la volupté d'être bien chaussé. Comme le reste de votre image, vos chaussures sont en quête de cohérence. Elles s'assortissent à vos tenues. Une règle simple est à mémoriser : la chaussure la plus lisse est la plus habillée, celle qui porte le plus de trous et de surpiqûres est la plus sport.

Le mocassin, faisant un peu bande à part, est décliné plus ou moins sport. Vous éviterez donc de le porter avec votre complet bleu marine et le réserverez à vos vestes de *tweed* et à vos pantalons de velours.

L'équation à mémoriser est simple :

- Dans la journée, portez le derby ou le richelieu noir ou marron, avec vos costumes droits. Avec vos blazers, vestes et complets de *tweed* fin vous pouvez porter vos mocassins (ils sont plus légers l'été) ou des richelieus marrons ou gold.
- Le soir et en costume, toutes les chaussures sont noires et les mocassins au placard. Pour le grand soir les mocassins ressortent en version effilée.

> La garde-robe professionnelle de base comporte au moins
> deux paires de chaussures lacées, noir et marron,
> une paire de chaussures à boucles noires,
> une paire de mocassins classiques.
> Vous y ajouterez une paire de chaussures de sport-ville
> marron ou noire, ou de *paraboots*.

Mais évitez de porter la même paire de chaussures tous les jours, sa durée de vie en serait diminuée.

La volupté d'une belle paire de chaussures se paie bon prix. Chez Weston (un français) ou chez Church (un anglais), on fait pourtant la queue. Les Lobb sont la Rolls des chaussures et sont réservées aux fanatiques : on y fait vos chaussures sur mesure, mais le résultat est éblouissant.

Dorlotez vos chaussures. Cirer ses chaussures le dimanche soir fait partie des grands plaisirs de la vie, quelle belle semaine en perspective avec ces merveilles aux pieds : leur patine va se bonifiant avec les années. Quelques gouttes d'eau sur votre chiffon après le cirage et un cirage d'un ton plus foncé que celui du cuir donnent un « fini » incomparable.

Derby, richelieu...

Derby   Richelieu

Mocassin à plateau   Chaussure à boucle

Les petits et les timides, les jeunes managers en quête d'autorité préféreront les chaussures dont les semelles sont légèrement débordantes. Les grands d'aspect sévère adouciront leur image avec des mocassins à pompon (modèle 173 chez Weston), ou des chaussures à lacets et à boucle. Les juniors adorent les Nike de cuir à fermeture sophistiquée, et il en existe de tout à fait acceptables pour la ville.

Pour le soir, les chaussures noires et lisses sans perforations sont parfaites. Le mocassin à bout effilé en veau noir ou, à la rigueur en vernis noir, est aussi agréable, mais peu porté.

Et puis j'écrivais il y a dix ans *« non… aux mocassins avec un pardessus et aux chaussures bicolores… aux mocassins marron après sept heures du soir, aux* docksiders – *mocassins de bateau – au bureau… non, aux chaussures gold après 18 heures »*. Tout ceci – qui reste inacceptable pour un puriste – est maintenant passé dans les mœurs

Mais vraiment non, n'insistez pas, c'est non, aux chaussures dont le talon excède 2,5 cm, même et surtout pour les petits.

- Les **accessoires**. Ces petits riens n'échappent pas à l'œil de vos interlocuteurs. Ils font partie de la concordance et de la lisibilité de votre image. Ils peuvent aussi la signer : un parapluie noir bien roulé comme une canne donne une allure et une démarche royales, un chapeau bien choisi devient un emblème, des gants « finissent » une allure.

Assortissez-les les uns aux autres et évitez de porter une ceinture de cuir « gold » sport avec une montre fine au bracelet noir. Le meilleur moyen de ne pas passer trop de temps devant son placard est de décider une fois pour toutes que vous déclinerez tous ces accessoires en noir ou en marron.

- **Le gant** est chargé de symbolisme : on « prend des gants », on « jette son gant », on a une « main de fer dans un gant de velours », on « relève le gant » ou « cela va comme un gant ». Le gant est un autre soi-même, il garde fidèlement l'empreinte de la main. Le gant, c'est la force, mais c'est aussi la protection de l'impur.

Personne autrefois ne sortait sans gants. On les porte aujourd'hui pour skier ou chasser, mais la mode revient, comme celle du chapeau.

Les retirer pour serrer la main de quelqu'un fait partie de la politesse la plus élémentaire, de même que se déganter en entrant dans une pièce ou lorsqu'on est reçu.

- **Le parapluie**, quand à lui, est noir avec un manche en bois ou en corne. Les autres, ceux à ramages, restent dans la voiture.

- **Les gants.** C'est non aux gants de sport tricot et cuir dans la vie professionnelle, mais comme tout le monde au-dessous de quarante ans circule maintenant en Vespa dans Paris, c'est alors oui ! Et oui encore aux gants marron ou noirs à surpiqûres, assortis à vos chaussures et à votre attaché-case.

- **Les ceintures.** Non vraiment aux boucles de ceintures trop voyantes, aux ceintures trop larges ou de couleurs vives, aux ceintures de cuir et en toile avec les costumes de ville.

- **Le chapeau.** Comme son nom l'indique, le chapeau couvre le chef à qui il donne belle allure et beau geste : comme nous aimions vous voir, Messieurs, retirer le vôtre pour nous saluer. Mais foin de nostalgie, le chapeau revient doucement. La hideuse casquette visière tournée sur la nuque fait son chemin dans le nouveau *street wear* et vraiment elle est inadmissible dans l'entreprise. On lui préférera le feutre Borsalino, arrivé dans les valises des voyous italiens. Outre qu'il a l'immense avantage de protéger du vent et de la pluie, le feutre mou flirte avec les archétypes et vous entoure de légende. C'est utile certains petits matins gris ou vous devez prendre la parole en public.

Il demande de l'aplomb car il ne saurait être porté que par un chef, veillez à vous assurer, avant de vous en couronner, que vous en assumez le statut pleinement : rien de plus triste pour votre image qu'un superbe feutre sur un emploi subalterne. Gris, marron ou noir, vous le préférerez à bords étroits.

Et pour le soir ?

Sur vos invitations vous lirez : « dîner jacket » ; il s'agit du smoking. Contrairement aux apparences, c'est le plus démocratique des vêtements : chacun peut aujourd'hui le louer et, dans une soirée, ressembler trait pour trait à son voisin.

Vos fonctions peuvent exiger d'investir dans un smoking. Consolez-vous en pensant que sa forme n'a pas changé depuis près de cinquante ans : si vous choisissez bien, il habillera aussi votre fils.

Il peut être *white tie* ou *black tie*. La différence ? Le premier est de moins en moins usité et transforme son possesseur en gentil pingouin empesé. La cravate, bien sûr, est blanche, et la veste noire sur une chemise blanche à col cassé.

Le *black tie* peut être noir ou bleu nuit. Il se compose d'une veste croisée ou droite – attention, elle est non fendue – à col tailleur, d'un pantalon à baguette de satin sur le côté de la jambe. La chemise est à col cassé et peut être recouverte d'un gilet si la veste est droite.

De charmantes fantaisies vous sont permises : gilet à motifs brodés ou en soie, par exemple. Restez discrets si vous voulez les porter avec plaisir pendant de nombreuses années.

Faut-il porter ses décorations sur un smoking ? Non, bien sûr ! La question se pose fréquemment à Monsieur le Président Chirac qui se contente de porter le ruban rouge. L'explication est donnée par André Damien, membre de l'Institut : « *Le vêtement du soir dénommé smoking ne comporte pas le port de décorations. Il s'agit en effet d'un vêtement d'intérieur qui était porté par les Anglais lorsqu'ils passaient au fumoir. Mais l'habit étant tombé en désuétude, la tenue de soirée moderne est devenue le smoking.* »

Le *spencer* voit parfois renaître sa vogue, surtout l'été où il voisine avec les vestes de smoking blanches. Sa veste est courte, c'est en fait celle de l'habit, sans la queue.

Lorsque vous aurez endossé une de ces merveilles, faites deux ou trois flexions sur votre tapis ou le tour de votre jardin en courant, vous serez encore plus beau après. Et puis refusez le *spencer*, pour les postérieurs ronds ; il dévoile impitoyablement cette partie charnue de l'individu. Regardez-vous de dos avant de l'acheter. Dites non aussi aux revers de pantalon sur un smoking, à la chemise en piqué avec un smoking.

J'ai un faible pour la pochette de fil blanc pliée au carré et dont on voit les coins, avec un smoking ou un complet marine foncé. Un simple œillet blanc à votre boutonnière est très apprécié.

Chapitre 12

À votre garde-robe, Mesdames

Être femme dans l'entreprise

C'est avec plaisir que j'aborde ce chapitre : les femmes ont un rôle important à jouer dans les organisations si elles savent rester femmes *et* compétentes. Elles ont un lourd contentieux à régler avec les projections masculines car on les a longtemps persuadées que leur destin social dépendait étroitement de leur apparence. C'est vrai, mais ni plus ni moins que pour tout un chacun. Une autre manière de les maintenir dans le gynécée !

L'efficacité, le sérieux, la crédibilité des femmes en milieu professionnel n'a pas été acquise d'un seul coup. Il a fallu deux guerres et l'obligation pour elles de remplacer les hommes aux machines pour que l'on s'aperçoive qu'elles faisaient aussi bien ; mieux même, disent aujourd'hui les dirigeants d'entreprise. Il y a à peine dix ans que les femmes accèdent en nombre aux postes de direction. Dans la vie politique le bilan est plus triste : la présence féminine va en décroissant.

Comme dans le domaine des qualifications, les femmes qui lisent ces lignes savent qu'elles doivent être vigilantes : elles n'ont pas le droit de se tromper d'image. Une féminité outrancière, et c'est le cauchemar des talons hauts, des cheveux fous ou décolorés, des boucles d'oreilles traînantes, des parfums agressifs ; la débauche des paillettes, des vêtements transparents ou trop collants qui affichent une sexualité qui n'a pas sa place dans le champ professionnel. Le leurre existe dans la nature, mais il a mauvaise presse dans l'entreprise.

Une compétence qui nie la féminité, et c'est la tristesse des uniformes fonctionnels, des longues jupes plissées, des robes sans âge ou à ramages (pourquoi les femmes enrobées s'obstinent-elles à porter des tissus imprimés ?), des fibres si pratiques et si laides, des couleurs mornes, des coiffures sans soin, des silhouettes négligées.

*Compétence et féminité
voilà le philtre magique d'une image équilibrée.*

Vivre au masculin est certainement plus facile aujourd'hui, mais être une femme est une chance qui se revendique visuellement : votre image peut en sortir gagnante, et ce qui vous paraît parfois un handicap peut devenir un atout.

Les femmes attirent le regard. Le visage de la mère est le premier que voit le nouveau-né, et on passe sa vie à le re-connaître. Les femmes sont aussi plus sensibles à l'esthétisme et plus douées pour la communication car elles pratiquent quotidiennement l'intuition. Foin des complexes : que le monde visuel de l'entreprise serait triste sans les femmes !

Si les dix dernières années ont marqué un cap important dans votre conquête du monde professionnel, Mesdames, le nombre d'erreurs criantes relevées dans les entreprises et en politique montre à l'évidence que vous n'êtes pas toujours à l'aise avec votre image. Une journée au féminin est toujours une journée bien remplie. Comment concilier le rythme soutenu de l'entreprise avec une Image de Soi harmonieuse ? Avec quels codes composer son identité visuelle ? Les pages qui viennent vont vous y aider.

La garde-robe professionnelle des femmes

S'il fallait donner un conseil aux hommes et aux femmes qui travaillent, je dirais aux hommes de se déshabiller le week-end et d'enfiler le survêtement jaune de leurs rêves – beaucoup d'hommes se coincent encore dans leur veste le dimanche matin. Par contre je conseillerais aux femmes de « s'habiller » plus en semaine et de mieux marquer la différence entre vêtement privé et vêtement professionnel : trop de femmes transplantent dans l'entreprise des frous-frous ou des mises trop *relax*, peu compatibles avec leurs fonctions.

La garde-robe professionnelle féminine est encore à inventer. Quelques marques américaines ont brodé sur le concept de *l'executive* : les WASP (*White Anglo-Saxon Protestant*) ont donné le ton, suivis bientôt par les YUPPIES (*Young Urban Professionals*), puis les YUMPIES (*Young Upwardly Mobile Professionals*) et les DINK (*Double Income No Kids*). De stricts tailleurs gris et des chemisiers à lavallières, portés sur de solides tennis (les « talons » sont dans le sac à main), ont envahi les trottoirs new-yorkais. Mais l'Europe n'a pas repris la tendance, et nos couturiers ont graduellement introduit dans leur garde-robe des vêtements parfaitement adaptés à la vie d'une femme élégante, qui travaille et soigne son image.

Conformément à la tendance qui fait glisser le vestiaire féminin *vers* le vestiaire masculin, la garde-robe professionnelle des femmes reprend à celle des hommes les signes discrets de la stabilité, de l'efficacité et de la rigueur. Elle y ajoute ensuite le charme et le clin d'œil d'une féminité bien présente, mais qui n'encombre pas : silhouette nette, buste en valeur et légèrement épaulé (important, la « carrure » dans le monde du travail), formes féminines doucement esquissées (la taille, le buste), couleurs rigoureuses soulignées d'éclats tendres ou vifs, matières souples sans mollesse. Les jambes gainées de noir allongent la silhouette, et chaussée confortablement de talons bas – autre transfuge de la garde-robe masculine – la démarche est alerte. L'éclat discret ou spectaculaire d'un détail ou d'un accessoire signe une image cohérente qui a de l'allure.

> **Inutile d'ajouter du *stress* à une vie bien remplie :
> les femmes cumulent souvent les journées.
> C'est donc sous le signe de l'efficacité
> que nous construirons votre garde-robe.**

Comme les hommes, jetez vos massacreurs d'image : vêtements trop petits, démodés, tachés, les « beaux restes » usés, les erreurs de soldes que vous traînez depuis des années sans savoir quand les mettre. Faites aussi la chasse aux boutons décousus, ourlets pendouillants, doublures en miettes, et autres vêtements froissés, ils sont une claque pour votre image.

Deux options s'offrent ensuite à vous :

- Coordonner vous-même vos vêtements en assortissant différentes marques connues et inconnues. C'est la solution qui réclame le plus de temps, mais c'est la plus élégante si le résultat est réussi. Elle peut sembler insécurisante à certaines ; ne la choisissez que si vous êtes très sûre de vous ;
- Confier à une marque favorite le soin de décliner plusieurs pièces de votre garde-robe. C'est la solution la plus sécurisante et la plus rapide. Elle peut sembler trop banale à certaines d'entre vous qui n'aimeront pas voir une marque signer leur allure.

Le *total look* est une solution facile qui, si elle ne fait pas de vous une « femme sandwich » – il y a longtemps que vous avez renoncé à arborer les divers logos des marques, même celui de Chanel sur votre T-shirt –, vous fait le porte-bannière d'un couturier. C'est la solution inévitable pour celles qui ont peu de temps, de grandes responsabilités et un poste hiérarchique qui exige une image structurée.

Une troisième solution, celle que je préfère, emprunte aux deux premières. Les pièces de base de la garde-robe, les *basiques*, sont choisis chez différents couturiers qui offrent leur savoir-faire mais ne typent pas trop leurs modèles. Ces intemporels vieilliront doucement, sans rien perdre de leur charme, et se marieront à la perfection avec d'autres intemporels choisis dans d'autres marques, pendant des années.

Une garde-robe de bon aloi

Manteaux, tailleurs, blazers, pulls structurés, jupes droites et plissées, châles, imperméables, cuirs sont des basiques qui seront le fondement de votre image. D'autres basiques apparaissent à l'horizon, ils peuvent s'intégrer dès aujourd'hui à une garde-robe moderne car ils sont dans la tendance. Un *must* : leur qualité. Achetez-les en période faste, vous ne le regretterez pas ; ils formeront à la longue un style personnel, sur lequel vous broderez avec les coups de cœur et les accessoires.

> L'astuce dans ce type de garde-robe
> est de renforcer la cohérence en choisissant toujours
> vos basiques dans une couleur de base pour commencer,
> puis plusieurs pour continuer.

Les accessoires par contre pourront évoluer en fonction de cette couleur de base, de vos goûts et de la mode du jour. Un chemisier coûte moins cher à remplacer, parce qu'on a trop vu sa couleur, qu'un manteau. Une des couleurs de base la plus répandue et la plus facile a coordonner est le noir.

Les nouvelles tendances des basiques ont beaucoup évolué depuis cinq ans avec la réapparition en couleur de base du marron, du *tweed* et des ménages souples et doux (comme la mousseline) avec des textures rêches et sèches (drap, whipord). Mais tous les bons vieux classiques conservent leur jeunesse, surtout lorsqu'ils sont décalés :

- **Les parkas** ceinturés mais surtout les vestes safari reprennent du service ;
- **Les survêtements** à capuche, introduits par Ralph Lauren, se portent de manière plus sophistiquée en coton blanc (comme une blouse) ou en fin cachemire ;
- **Les cabans** en drap de laine marine, à quatre ou à six boutons, accompagnent très bien les jupes droites et les pulls légèrement épaulés. En tissu plus souple, et légèrement plus courts, ils deviennent des blazers quatre boutons ;

Entre manteau court et tailleur : les vestes longues évoluent

- **Les vestes longues** évoluent entre le manteau court et la veste de tailleur, elles affichent parfois des couleurs acidulées. Plus courtes, avec des basques arrondies, elles font de jolies silhouettes sur des pantalons étroits du bas ;
- **Les capes**, et cette année les petits « couvre épaules » comme ceux des grands-mères, sont l'aubaine des jolies rondes et réchauffent gracieusement un tailleur. Les Waterproof de coton huilé, style « Barbour », avec le col de velours côtelé, sont tombés en désuétude mais ils reviendront ;

- **Les derbys** pour femmes, lisses ou à surpiqûres, ces chaussures volées aux hommes, sont idéals avec les jupes droites et les pantalons. Leur succèdent, dans le grand mouvement *sportmidable* actuel, les chaussures basses sport-ville, dont certaines vont très bien au bureau. Allongez la silhouette en choisissant une couleur de bas du même ton que celui des chaussures. Pour celles qui osent, les beaux *stiletto* sont des escarpins noirs à très hauts talons que l'on réserve aux occasions spectaculaires ;

- **Les peaux lainées** bien coupées, avec des vastes emmanchures, réchaufferont vos tailleurs et vos vestes. Les « kilts », écossais ou unis, au-dessus du genou, ont une allure juvénile et se portent sur des collants noirs avec des chaussures plates et noires, elles aussi ;

- **Les matières** issues du vestiaire masculin, telles que pied-de-poule, prince-de-galles ou fil-à-fil gris clair, sont les valeurs sûres de la féminité au bureau si vous adoucissez leur sévérité par des formes douces : tailleurs cintrés ou à « basques » ;

- **En vrac**, on peut aussi citer les boutons-bijoux ; la robe printanière de mousseline, l'imprimé « fermière ». Discrètement fleurie, elle est souvent boutonnée devant. Choisissez-la coupée dans une matière souple, soie, acétate, qui bouge bien. Réchauffez-la d'une veste courte bien épaulée ;

- **Le chemisier blanc** de lin, de coton, ou de soie : ce grand classique dédaigne les fanfreluches, pour afficher noblesse et authenticité dans des matières nobles ;

- **Le tailleur noir**, tout simple, avec sa jupe ou son pantalon, est accompagné d'un chemisier blanc ;

- **La marinière**, ce gilet de marin, a gravi tous les échelons du graphisme. À rayures marine ou noir sur fond blanc ou beige, il devient très sophistiqué avec un bijou barbare et une veste marine.

Un classique modernisé, le chemisier blanc en *stretch*

Des marques diverses déclinent des basiques pour différents budgets. Rien de comparable entre un blazer marine pur cachemire de Ralph Lauren et un autre blazer marine. Le toucher et le « tombé » du tissu, sa capacité à épouser vos mouvements et à vieillir en beauté font, avec le prix, la différence. Évaluez-la en terme d'années et en terme d'image. Ne vaut-elle pas que vous y mettiez le prix ?

Une garde-robe professionnelle masculine et féminine se construit soigneusement en fonction d'un contexte. Vous avez sans doute remarqué que la donnée de base de toute élégance est l'aisance. C'est cette aisance qui est la bonne nouvelle annoncée à votre interlocuteur : « Je suis bien. » C'est donc toujours le cadre, c'est-à-dire le lieu, le geste, la tâche, le statut, le temps qu'il fait, la température, l'heure et la circonstance qui donneront d'abord le ton.

Posez la question du cadre :

- **Voyages nombreux ?** Priorité absolue aux coordonnés : insistez sur la concordance des couleurs, quitte à restreindre votre choix. Le bleu marine et le blanc sont toujours beaux, partout. Variez et décalez astucieusement les accessoires qui déclineront vos vêtements du matin au soir : une paire de chaussures, des gants, un bijou habillent une tenue. Une jupe plissée voyage à l'aise roulée en longueur dans un collant.

- **Prise de parole en public et manifestations médiatiques ?** Ayez en réserve quelques tenues « un ton en dessus » de votre garde-robe ordinaire. À vous les coloris flatteurs aux lumières fortes et immettables ailleurs (rose indien, bleu électrique), les détails de charme (pochette de fine dentelle, châle fastueux), les bijoux spectaculaires, les lunettes originales.

- **Position hiérarchique exposée ?** Votre image doit vous protéger et exalter votre statut : soyez irréprochable. Pas de décalage, pas d'interprétation personnelle : trop de regards sont fixés sur *vous*. Tailleurs haut de gamme, accessoires et finitions parfaits, neutralité bienveillante sont vos atouts.

- **Âge tendre ou adolescence ?** Etre stagiaire ou faire ses premiers pas dans une entreprise se prépare physiquement. N'ayez pas peur de votre âge mais soyez « pro » !

Les stagiaires aussi construisent leur image

> *Un vêtement élégant*
> *est un vêtement où l'on est bien*
> *dans une situation donnée.*

Mais parlons enfin du basique féminin qui, comme son homologue masculin, fait un retour en force : le merveilleux petit tailleur. Il est l'événement de ces dernières années, la providence de la femme *manager*. Autorité, correction, sobriété, féminité sont ses messages. Le tailleur-pantalon est admis dans l'entreprise, et les jeunes l'ont adopté.

Le merveilleux petit tailleur

Jeté aux orties avec le soutien-gorge par les libérateurs de la femme, il avait complètement disparu des garde-robes au profit des longues jupes volantées des gitanes *baba cool*.

La scène se passe en Angleterre en 1885. La princesse Alexandra de Galles avait un problème, sa charge l'obligeant fréquemment à passer en revue, par tous les temps, des troupes militaires. La mode est alors aux « chichis » ornés de glands, de dentelles et autres passementeries, sans oublier la fameuse « tournure », ce petit coussin absurde placé dans le dos qui donnait aux femmes l'allure de poules faisanes. Imaginez ce qu'il en reste après quelques heures dans le brouillard anglais.

Elle confia le soin de résoudre cet important problème à un jeune couturier, John Redfern, qui s'inspira du costume masculin habitué, lui, aux intempéries.

La coupe stricte et fonctionnelle du veston fut conservée et complétée par une simple jupe droite. Un joli corsage de dentelle ou de lingerie fine de couleur claire adoucit l'austérité de cet ensemble. Alexandra fut enchantée et renouvela entièrement sa garde-robe, suivie bientôt par toutes les dames de la *gentry* anglaise qui trouvèrent l'ensemble *distingué*. Ce *tailor made costume*, bientôt baptisé tailleur, fut d'abord boudé par les Françaises qui adoraient leurs chichis. Mais il devint, avant guerre, la pièce maîtresse de la garde-robe féminine, de la plus modeste à la plus aisée. Actualisé, il devient tailleur-pantalon.

Le merveilleux petit tailleur-pantalon

Le tailleur est pour longtemps
à la base de toute garde-robe féminine ;
c'est par la taille plus ou moins cintrée,
par les épaules plus ou moins marquées
qu'il revendique sa féminité.

Comme un costume d'homme il s'accompagne l'hiver d'un manteau raglan ou épaulé de lainage, légèrement plus long. Mais un trois-quarts de peau lainée (Mc Douglas) un Burberry ou une parka de toile enduite ou de cuir font aussi l'affaire.

**Le manteau épaulé
accompagne bien le merveilleux petit tailleur**

Quelques détails qui ont leur importance

Difficile de décider une fois pour toutes que vos jupes seront au-dessus ou au-dessous du genou ; d'un hiver à l'autre, ces quelques centimètres changent toute la silhouette. Laissez quelques centimètres d'ourlets pour vos repentirs, et rappelez-vous que plus une jupe est courte, plus elle rajeunit, et plus vos talons doivent être plats et vos collants opaques.

Une tenue à éviter au bureau

Les connotations liées à la sexualité sont à réserver à votre vie privée ; c'est pour cette raison que vous ferez au bureau un emploi modéré de la dentelle noire, des talons aiguille, des bas à baguettes, des transparences ou des formes moulantes. Attention à la « maille » et aux acryliques qui ne laissent rien ignorer des imperfections de votre silhouette en collant disgracieusement par temps froid et sec !

Avec les jupes, tout est permis, enfin presque. La grande vague bobo à fait sauter bien des verrous. Mais toutes les jupes ne vont pas à toutes les silhouettes. Certaines, trop longues ou trop lourdes transforment les petites en paquets disgracieux.

Une veste tailleur se porte aussi avec une jupe plissée ou drapée sur le côté que l'on peut très bien désassortir. Un pantalon à pinces avec deux bonnes poches, comme chez les hommes, viendra multiplier cette tenue si vous assortissez chemisiers et pulls légers à la veste. Chacun y va, cette année, de sa broche (ou de sa fleur en tissus) au revers. L'année prochaine, ça sera fini !

Ne boudez pas les châles de cachemire ou de laine imprimée. Ils féminisent et réchauffent une tenue, et ils vous donnent aussi de jolis gestes, vous évitant l'embarras des bras ballants. Emportez-les lorsque vous devez prendre la parole en public : la position debout devant des personnes assises est difficile à soutenir sans gêne. Et si vous ne savez toujours pas quoi faire de vos bras, ce qui est souvent le cas, pensez aussi au stylo ou aux lunettes, ces accessoires providentiels des timides… et des autres.

Mais à propos, où en est le pantalon au féminin ?

À votre garde-robe, Mesdames

**Un *jean* ? Oui, mais bien accessoirisé :
la petite broche à fleur en boutonnière**

Le sexe du pantalon

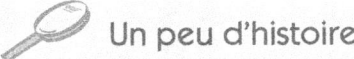 Un peu d'histoire

Au début était la robe, et hommes et femmes portaient indifféremment le vêtement drapé. Cela n'était pas très commode pour monter à cheval, mais on s'asseyait sur des couvertures pliées.

La plus noble conquête de l'homme est à l'origine du pantalon, mais pendant longtemps l'on ne sait à quel sexe le vouer : est-il féminin ou masculin ? Les amazones, des femmes pratiques, furent les premières à porter le pantalon avec de coquettes bottes sans talons qui adhéraient bien aux flancs de leur monture. Elles furent suivies rapidement par tous les cavaliers du monde. On sait que dans tous les pays la cavalerie représente à elle seule une aristocratie dans l'armée ; cette connotation restera au pantalon qui devint peu à peu un signe aristocratique que l'on refusa aux femmes.

Jeanne d'Arc, qui le portait, fut condamnée pour cela par des juges en robes. Au XVIIIe siècle, on le porta « à pont », Tintin l'inaugura « de golf », imitant le futur duc de Windsor, alors prince de Galles.

Les femmes qui le portent aujourd'hui sont toujours hors la loi ; aucun écrit n'est venu annuler l'édit qui le proscrit depuis bien avant la Révolution.

Rassurons-nous cependant ; conformément à l'évolution qui rend le vêtement de plus en plus fonctionnel, le pantalon pour femme est aujourd'hui parfaitement admis dans le monde du travail. Roland Barthes, expert en mentalités contemporaines, nous assure que « *le vêtement féminin peut absorber presque tout le vêtement masculin qui se contente de repousser certains traits du vêtement féminin (un homme ne peut pas porter de jupes, tandis qu'une femme peut porter le pantalon) [...] il y a un interdit social sur la féminisation de l'homme, il n'y en a presque pas sur la masculinisation de la femme »*[1]. Mais... Le « mais » fait toute la différence :

> Ne portez pas n'importe quel pantalon.
> Choisissez-le à pinces, coupé comme un pantalon d'homme,
> avec deux larges poches fendues et un pli devant.
> Il sera assorti ou désassorti à la veste de votre tailleur
> ou de votre *blazer*.

Greta Garbo recycla avec classe les vêtements masculins : pantalons aux jambes légèrement plus étroites en bas, derbys ou simples tennis blancs. Cette ligne est encore tout à fait actuelle : les formes *jean* sont trop collantes, les formes *jodhpurs* inesthétiques et inadéquates dans un bureau. Dans l'entreprise, le *jean* doit être propre, foncé et accessoirisé avec une veste.

Quand vous aurez lu le chapitre qui suit, le « décalage » n'aura plus de secret pour vous. Cette reformulation très personnelle et créative de votre identité visuelle procède par mélange des genres ou des styles. Allez doucement : un seul élément étranger au style général est permis. À la base, deux grands genres : le masculin et le féminin. Mais il y en a d'autres avec lesquels vous pouvez jouer.

Votre garde-robe idéale, Madame

Outre ce merveilleux petit tailleur et son (ses) pantalon(s) compatible(s), qui seront déclinés en plusieurs exemplaires plus ou moins cintrés, à veste plus ou moins longue, en lainage (l'hiver), en lin, en soie ou en coton (l'été), une garde-robe féminine professionnelle minimale comporte au moins :

---

1. Roland BARTHES, *Systèmes de la mode*, Le Seuil, 1967.

Un foulard de soie avec un T-shirt de coton blanc

- **Une jupe noire droite** au genou. Facile à plier dans la valise, elle va du soir au matin et vous dépanne si vous avez un problème pour coordonner une couleur rare ;

- **Une jupe plissée** plus longue, blanche (l'été), marine ou noire (l'hiver). Plissée dans vos collants, elle voyage impeccable et accompagne toutes les vestes ;

- **Quelques chandails** un peu structurés, ressemblant à une veste en plus souple, dans vos couleurs de base : ils reposent des vestes épaulées toujours un peu fatigantes à porter ;

- **Un blazer bleu marine** (cachemire), croisé ou non, assez long, des vestes plus ou moins cintrées beiges, noires ou marron, de lainage ou de lin ;

- **Une robe** ou une robe-manteau dans votre couleur de base ;

- **Des chemisiers** que vous déclinerez, avec vos tailleurs, du plus féminin (ornementé) au plus intemporel (sobre), du plus précieux (satin, dentelle, soie pour le soir) au plus pratique (coton, chambray pour le jour) ;

- **Des T-shirts de coton blanc** tout simples, impeccablement repassés, et leurs homonymes de soie, avec ou sans manches. Assortissez-leur quelques jolies pochettes et foulards de soie ;

- **Un *twin-set* d'une couleur douce**, auquel vous assortirez un grand châle de cachemire. N'hésitez pas à y glisser des épaulettes souples pour lui donner plus de tenue ;

- **Un confortable manteau de lainage**, long au mollet, croisé ou non, ceinturé ou non. Choisi dans votre couleur de base, il accompagnera vos tenues et leur sera coordonné ;

- **Un *trench*** ou un manteau de cuir noir ;

Un manteau de cuir noir

- **Un jeu de ceintures**, de la couleur de vos chaussures et de votre sac à main. Si les finances sont basses, pourquoi ne pas les choisir noires ? Vous compléterez plus tard avec des peausseries gold, marron ou lie-de-vin ;

Pour le soir, pensez à la délicieuse « **petite robe noire** », elle fait un retour en force avec le tailleur version *smoking*.

La délicieuse petite robe noire

Donnez-vous du genre, changez de style

En avant-goût du chapitre suivant consacré au décalage, voici quelques styles dans lesquels vous pouvez puiser, Mesdames, pour varier les plaisirs :

- **Le style maritime.** C'est la mode bateau, avec le bleu marine, le blazer à boutons dorés, les T-shirts rayés bleu et blanc, le blanc cru, le coton, le ciré brillant ;
- **Le style chasse** en désuétude. C'est la mode loden venue d'Autriche, le vert foncé orné de rouge vif, les jupes larges pour marcher, les épais collants de laine, les chaussures solides, les *boots* ou les *paraboots*, les chapeaux à plumes, les cravates ornées de motifs (gibier, cor de chasse, armes). Un de ses prolongements est le style « équitation » ou style « safari » ;
- **Le style campagnard.** C'est la mode fermière, avec les motifs fleuris, les tissus légers et de coton, les chapeaux de paille, les tissus « vichy » bleu et blanc, les carreaux, les broderies champêtres, le marron, le vert cru. Un de ses prolongements est le style « cow-boy » avec le *jean*, le coton bleu chambray, les chemises pressionnées, les bottes basses. Un autre est le style « écossais » ou style « irlandais » avec les chandails de laine brute torsadée, les lainages écossais, le *tweed*. Le style « romantique » ou style « gitane », avec ses volants et ses broderies anglaises, en fait aussi partie ;
- **Le style ville.** C'est la mode urbaine avec les tissus secs, légers et efficaces ; le gris, le noir, la robe-manteau, le tailleur, l'escarpin, les tissus prince-de-galles, les formes angulaires bien structurées, les formes croisées ;
- **Le style sport.** C'est la mode *jogging*, les tissus synthétiques, les couleurs fluo. Le style « aventurier » en est un prolongement avec les blousons d'aviateur en cuir vieilli. Le style « tennis » avec ses chandails de coton torsadés, jupes plissées blanches, tennis plates et blanches, T-shirts blancs, en fait aussi partie. Le *street wear* a vu en 2005 ses premiers défilés, il est à classer dans cette catégorie ;

- **Le style baby-doll**, en souvenir d'un beau film, permet d'accessoiriser avec des chaussures à brides et des robes de petites filles à smocks et à petites fleurs. Le vichy, les couleurs *layette*, le blanc et la dentelle, ouvrent sur l'enfance des petites-filles. Ridicule en *total look*, et au-dessus de vingt ans !

- **Le style ethnique** recycle les broderies, les lourds bijoux, le crochet, la fourrure à poils longs, les imprimés, les superpositions.

Les chaussures féminines

Un dernier mot sur les chaussures féminines. Les petits pieds bandés des Chinoises avaient, paraît-il, un attrait certain pour leurs époux. C'est probablement pour la même raison que nous nous affublons encore de talons de 9 cm. Mistinguett aurait dit à ce titre que les talons bas font la fesse triste.

Déséquilibre, fragilité, il faut toute la science du mannequin aguerri pour savoir marcher avec ces talons hauts… le temps d'un défilé. Personne n'y résiste des journées entières, en autobus, en avion, en métro. Genoux rentrés, pieds en dedans, dos voûté, démarche douloureuse, le tableau est triste à voir, et en tout cas incompatible avec l'image d'une femme à l'aise, en marche vers l'autonomie.

Votre inconfort se communique déjà à votre interlocuteur qui se demande comment vous pouvez penser à autre chose – à lui par exemple – qu'à votre mal au pied. Réservez cet objet incongru à votre vie privée, la plus noble conquête de la femme est certainement le droit de pouvoir marcher confortablement sans perdre sa féminité.

Des accessoires de qualité sont la botte secrète d'une bonne image. Talons usés, dessus fatigué, couleur écaillée, lanières serrées, et l'on vous attribue déjà ces adjectifs.

**La règle de base est d'assortir ses chaussures
à son sac à main et à la ceinture, éventuellement à ses gants.**

Comme toutes les règles, elles peuvent être transgressées en connaissance de cause : des gants marron avec des chaussures noires ne sont pas gênants ; des chaussures rouges ou beiges… si. Pensez à votre couleur de base, et renoncez aux idées toutes faites.

 ## Renoncez aux idées toutes faites

Oui… les « petites » peuvent porter des talons plats.

Oui… les jambes très fines peuvent porter des chaussures costaudes.

Oui… des escarpins noirs, vernis ou non, avec des bas noirs plus ou moins fins sont portables à toutes les heures du jour.

Oui… les mocassins à plateau sont disgracieux avec une jupe ou une robe, préférez les fins derbys lacés, avec ou sans talon.

Non… des chaussures à talons très haut « n'élancent » pas la silhouette si celle-ci est enrobée. Pis, elles accentuent le balancement de la partie charnue de votre personne.

Non… les bas clairs ne grossissent pas la jambe, ils sont même très jolis en été avec des chaussures beiges ou bicolores.

Non… les talons hauts ne se portent jamais avec un pantalon (ni un jean, *quelle horreur !) sauf si le pantalon est de M. Yves Saint Laurent et qu'il en a décidé ainsi.*

Non… les nu-pieds ne se portent pas au bureau ; les chaussures tressées ou les demi-sandales qui découvrent le talon prennent la relève.

Non… on ne porte pas de bas avec des chaussures qui découvrent le bout du pied ou le talon, a fortiori avec des sandales.

Non… on ne porte jamais une paire d'escarpins sans bas.

Quelles sont vos couleurs

La couleur a partie liée avec l'émotion : elle émeut, elle provoque, elle stimule. Comment l'utiliser pour votre garde-robe professionnelle ?

Les couleurs de base d'une garde-robe féminine sont à peu de choses près celles du vestiaire masculin : le bleu marine, le noir, le gris, le camel ou le beige.

Il est difficile de décliner toute une garde-robe autour du marron, et le vert foncé de type loden connote encore les années 1980 où on l'a beaucoup vu. Le blanc est une couleur d'été magnifique.

Il est à noter que *toutes* les couleurs autres que le noir et le marine posent des problèmes de coordination aux néophytes : si vous voulez faire un « sans-faute », ou si les finances ne suivent pas, jouez la sûreté et choisissez le noir ou le marine comme couleur de base.

Au chapitre de la couleur des accessoires, les femmes sortent apparemment gagnantes : leur palette est plus vaste et inclut des teintes violentes (fuchsia, violet) qui sont encore notre exclusivité. L'élégance est cependant de faire un usage circonspect de cette permission : moins il y a de couleurs sur vous, plus elles sont discrètes, plus leur alliance est inhabituelle, et plus vous êtes gagnantes. Les imprimés sont à manier avec précaution et sagesse car ils sont des signes-écrans.

Retenez donc cette règle : le noir est toujours la couleur de l'élégance absolue.

Osez des assemblages inhabituels

Du bleu marine et du marron ;
Du noir et du bleu marine ;
Du noir et du blanc ;
Du noir et du rouge ;
Du rouge foncé et du marron ;
Du vert foncé et du bleu marine ;
Du bleu lavande et du vert émeraude ;
Du noir et une couleur très vive : rose indien, vert pistache, mauve, bleu lavande intense ;
Du rouge et du jaune ;
Du rose et du rouge ;
Du rose et un autre rose ;
Du marron et un autre marron ;
Du noir mat et du noir brillant ;

C'est autour du visage, sur un chemisier, un foulard ou un châle,
que se joue votre atout couleur.
La règle à retenir est que la couleur près du visage
doit mettre en valeur votre carnation et vos yeux,
et non les faire disparaître.

Tenez-vous devant un miroir avec le vêtement que vous essayez et regardez-vous *de loin*, non pas sous les lumières violentes de la cabine d'essayage mais en évoluant dans le magasin. Que voit-on en premier ? Votre visage ? C'est bon. Ou le vêtement et sa couleur ? C'est mauvais.

Et puis prenez le temps de lire ces quelques lignes. Elles vous donnent le secret des teints de rêve :

- **Teint rosé, couperose, teint brouillé**, éviter les roses. Préférez le bleu lavande et le beige, le vert émeraude, le gris pâle, même si vos cheveux sont blonds ;
- **Teint très blanc**, éviter les blancs et les roses. Les beiges rosés, les bleus clairs, les jaunes pâles et le noir vous vont bien, même si vos cheveux sont blancs et surtout si vous vous maquillez avec soin ;
- **Teint mat clair**, les roses pâles très vifs, les bleus durs, les lavande foncés et les blancs brillants vous vont bien. Vous êtes des rares à pouvoir porter du kaki ;
- **Teint mat foncé**, éviter les marron, les jaunes pâles, les bleus et les roses pâles. Que les rouges intenses et brillants, les mauves, les oranges ne vous effraient pas.

Les hommes préfèrent les rondes ![1]

Voilà des années qu'on vous le répète et que rien en change ! Les hommes, paraît-il, préfèrent les rondes. Disons-le franchement, car ce n'est pas politiquement correct : les hommes adorent torturer le corps des femmes pour mieux les contrôler, et cela ne date pas d'aujourd'hui. Et derrière le regard des hommes, c'est la puissance du *regard social* tout entier qui s'exprime. Croyez-vous que Voltaire, Chateaubriand, ou Mme de Sévigné aimaient les tortures de la mode de leur époque ? Et pourtant, tous les grands esprits s'y sont conformés. Entre les petits pieds bandés des Chinoises d'autrefois et l'élégant *stiletto*, je ne vois guère de différence.

C'est la manière qui a changé. Le bistouri est venu remplacer le corset, et la gym intensive, les baleines et autres atours coercitifs. Aujourd'hui où la *malbouffe* expose ses ravages à travers des corps déformés, la minceur est un *must* cruel qui fait des ravages.

---

[1]. Pierre DUKAN, *Les hommes préfèrent les rondes*, Le Cherche midi éditeur, 2003.

Le corset est maintenant dans la tête, Moins de 14 % des femmes déclarent se sentir complices de leur corps et 65 % des femmes qui affichent un IMC[1] normal désirent pourtant perdre du poids[2]. On aboutit à une situation jamais vue : les normes alimentaires sont en baisse et l'IMC est à un niveau (17,5, celui des mannequins) qui était considéré comme pathologique autrefois. *« La tyrannie de la silhouette longue et osseuse est une folie qui ne dit rien de bon sur la santé d'une société »*, écrit Annie Hubert[3], anthropologue et organisatrice du symposium *« Corps de femmes sous influence »*. Pourtant, les sites internets ou évoluent des corps squelettiques d'anorexiques sont les plus visités, et cette pathologie terrible est en hausse. Le phénomène est insidieux car il est relayé par le discours médical et les émissions de télévision.

Il est donc prématuré d'annoncer le déclin de la minceur, même si les excès des années 1990 sont en passe d'évoluer. Les créateurs ont un problème de taille pour une simple raison esthétique : plus une silhouette est longiligne, plus un vêtement est petit, plus c'est joli en photo ou sur un cintre. Aujourd'hui, il faut avoir du cran pour franchir la porte des boutiques où la vendeuse (qui taille un 36) vous dit, la mine éplorée, qu'elle n'a rien pour vous. Cela finit par devenir lassant bien que certains couturiers conviennent parfaitement aux rondes (Dries Van Noten, Jean-Paul Gaultier, Stella Mc Cartney, et Vivienne Westwood). On aimerait ne plus sombrer dans la déprime quand on essaye un vêtement.

Pour les hommes, nous dit-on, les rondeurs sont un formidable encouragement à entrer en contact sexuel et tactile avec la future « reproductrice ». Celle qui à des seins, des hanches, et qui sera capable d'enfanter.

---

1. Pour calculer votre IMC, divisez votre poids par votre taille au carré.
2. Enquête OCHA (Observatoire Cidil de l'harmonie alimentaire) CSA, menée en juin 2003, auprès de 1 000 femmes françaises, âgées de 18 à 65 ans.
3. Annie HUBERT-BARÉ, *Pas de panique (alimentaire) !* Marabout, 2002.

Appétit ou déséquilibre hormonal ? Gourmandise ou dépression ? Maladie ou bonheur de vivre ? Bien des surcharges pondérales, bien des minceurs suspectes devraient amener la personne à se poser la question sur ce qui l'amène à se déformer ainsi ? À quel regard obéit-elle ? À quelle haine d'elle-même ? Il y a à la clé une image du corps perturbée depuis la petite enfance que ni les régimes ni les traitements n'aboliront. Une psychothérapie analytique s'avère indispensable. Trop pleine ? Trop vide ? De quel grand manque souffrent les anorexiques. Elles jouent avec la faim et avec mort (la fin), et font des concours de minceur. « Je sais comment faire si je décide de mourir » me dit P., styliste filiforme, avant d'éclater en sanglot pour dire qu'elle se trouve grosse. Les boulimiques ont du mal à sortir du cocon (de la cuirasse ?) de l'enfance et du lien pathogène avec la mère. Pour elles manger, c'est aimer et plaire à maman.

Mais il n'y a pas que la détresse psychique et le besoin de compenser les manques affectifs et sexuels qui soient à la source des surcharges pondérales. Les causes en sont parfois multiples et dépendantes les unes des autres. Je n'ai strictement rien à en dire si elles ne vous gênent pas et n'affectent pas votre estime de soi.

Chaque corps est différent et chaque corps a sa taille et le poids d'équilibre qui va avec. Ma devise est : On ne se prive de rien, mais on bouge !

Si votre poids vous gêne, il faut faire raisonnablement le nécessaire en vous adressant à un très bon service nutritionniste, et en suivant parallèlement une psychothérapie analytique. Voici quelques secrets de femmes en attendant des jours meilleurs.

> En général, évitez les tissus trop mous, trop collants,
> ou l'abondance de volants et de frous-frous.
> Il y a bien des tendances actuelles qui sont interdites
> aux rondes : le caleçon, les tissus transparents,
> les matières brillantes (satin), les matières épaisses (le *tweed*),
> et c'est dommage.

Voici quelques alternatives qui vous consoleront :

- **Alternative au *tweed* ?** Un *tweed* serré et plus fin avec une petite ceinture basse à porter sur un pantalon noir, un *jean* foncé ou une jupe crayon droite et foncée ;

Pour les rondes : un *tweed* serré et une ceinture basse

- **Alternative au satin ?** Le satin brillant ne pardonne rien. Non aux blousons militaires, mais trois fois oui à sa destination d'origine : la lingerie. Un petit haut de satin sous une veste en *tweed* frangée ? Un décalage réussi ;
- **Alternative au *leggin* ?** Le caleçon est agréable sous les tuniques (au dessus ou juste au dessous).

Chapitre 13

Le décalage est un art qui s'apprend

Le *décalage* créatif

Si vous avez suivi pointilleusement les conseils donnés dans les pages qui précèdent, vous aurez peut-être le sentiment que votre image, pour élégante qu'elle soit, n'est pas pour autant *numineuse* et qu'elle manque de charme, de personnalité. Vous vous sentez un peu collé aux codes, trop conforme.

Ce que vous voulez c'est l'individualiser, trouver votre style. Soit. Je vais vous donner la clef d'un jeu qui vous permettra de devenir le créateur de votre image et de vous adapter à votre contexte professionnel, quel qu'il soit.

Mais laissez-moi vous rappeler ceci : les codes de base que vous venez d'apprendre sont ceux qui vous permettront d'être à l'aise partout. Ce sont ceux que vous devez adopter dans les situations formelles, ou celles dont vous ne connaissez pas le contexte, lorsqu'il faut « assurer ». Ce sont celles du *leadership* et de la haute diplomatie. Aucune transgression n'est alors autorisée, sinon celle qui consiste à raffiner encore et encore sur la qualité des matières et l'économie des signes et des couleurs.

Mais parlons du « décalage ». Si la véritable élégance est loin du conformisme, elle se garde bien pourtant d'ignorer les codes.

Elle sait que les codes, qu'ils soient esthétiques, sociologiques, psychologiques, historiques, sont l'alphabet de base sur lequel se construit la grammaire de l'image : il faut les connaître par cœur, comme des gammes. Mais les gammes ne font pas la musique.

Mettez de la musique dans votre image avec le décalage.

Il est l'atout suprême de ceux qui possèdent si bien leurs doigtés qu'ils peuvent jouer avec les codes, et même les transgresser. Car qu'est-ce en fait que créer, sinon transgresser l'ordre des signes en vigueur ? Tous les grands peintres ont un jour transgressé pour créer du nouveau, de l'unique, du personnel. Décaler, c'est organiser différemment son vêtement et faire cohabiter des *genres* qui, habituellement, ne se mélangent pas.

La règle n° 1 est simple : Allez-y dou-ce-ment !

Le décalage est à manier avec brio car transgresser, c'est passer outre un ordre établi. À la clef un *couac* horrible, ou la musique harmonieuse du créateur.

Mais qu'est-ce que le décalage ? Il y eut dans les années soixante-dix une publicité Hermès qui fit du bruit. On y voyait cohabiter le foulard mythique, symbole de classe et de maturité, avec son antithèse, un blouson de *jean*, symbole de l'aventurier texan et de la jeunesse.

Les jeunes générations se sont jetées sur l'aubaine, et la cohabitation *jean*-jeunesse-aventure avec le vêtement-institution-conservatisme est devenue courante. On a vu partout des blazers croisés marine ou des *spencers* du soir avec des *jeans*, et des complets gris sur des Lacoste rose pâle. On a vu et on verra des vestes de *tweed* posées sur des vestes de *jean*, elles-mêmes posées sur des chemises noires.

Ces codes éclatés (le *kitch*, dont on nous promet le retour en est l'extrême) sont aujourd'hui passés dans les mœurs, espace de liberté que les classes montantes n'ont pas dédaigné de s'approprier. Elles y expriment leur dynamisme et leur créativité face à l'immobilisme figé des codes.

Conscient et mesuré, le décalage est toujours ironique. Il est un clin d'œil au second degré : « Voyez, je m'aventure loin de nos codes communs, mais je suis des vôtres. » Comme toute ironie, il est une aristocratie qui reconnaît les siens.

Jamais sans mon *jean* !

Le *jean* est un tissu qui fait aujourd'hui partie des basiques. Il vient ajouter une touche *relax* ou annoncer le week-end. C'est la base du *friday wear*. En chemisier sous une veste classique, en pantalon foncé avec un chemisier blanc, en blouson sous un manteau, il égaye les tenues classiques.

Le friday wear

Le friday wear est une initiative américaine mise en place il y a une dizaine d'années par les entreprises soucieuses de libéraliser les dress codes un peu trop sévères. Il faut savoir que les pays ont des attitudes très différentes face aux apparences, et la notion de tenue correcte peut varier. L'Amérique étant, contrairement à ce que l'on imagine, un des pays les plus libéraux sur le vestiaire de la vie privée, et le plus coercitif en ce qui concerne la tenue de travail. Il suffit de se promener dans les rues de New York pour constater que le tailleur noir et le chemisier blanc (sans oublier le sac contenant les escarpins noirs, tandis que les pieds sont chaussés de Nike pour bien marcher) sont l'uniforme féminin.

Néo-BCBG, un denim policé est la preuve de votre maîtrise du décalage. Dans l'entreprise (et ailleurs) il ne sera jamais taché, jamais délavé. Il ne traîne pas sous les chaussures, il est droit et peu évasé à la cheville. Pas de ventre à l'air, au grand jamais ! Son alternative est le simple pantalon noir, qui est si joli avec une blouse blanche, et avantageux pour les rondes.

Cela a l'air facile, et pourtant, on ne fait pas n'importe quoi.

        Jamais sans mon *jean*

Jouez avec nous et voyez laquelle de ces tenues est acceptable dans l'entreprise. La tenue numéro un ou la tenue numéro deux ?
(réponse p. 325)

Soft transgression

Marié à une veste de tailleur ou à un *tweed* Chanel, à un bon basique (chemise blanche ou blouse sage), il est vraiment idéal. Une paire de chaussures soignée sera de mise, on pourra lui adjoindre une ceinture ad oc : ceinture chaînette, carré Hermès.

Certaines transgressions, parfois charmantes dans la vie privée, ne sont pas toujours heureuses : on voit de charmantes battantes accumuler sur un tailleur strict des boucles d'oreilles de strass longues-comme-ça et des transparences de dentelle noire, autrefois réservées au grand soir. D'autres mélangent dans la plus parfaite innocence les références au sport (un blouson fluo) avec les références au soir (des bas noirs à baguette et des talons de neuf centimètres).

> Une transgression naïve et ignorante fera fiasco.
> Une transgression savante et consciente
> peut être votre meilleur outil de promotion.

Parfois c'est la réussite et le décalage fonctionne ; il est accepté avec enthousiasme par l'entourage comme un nouveau code de base. Un homme d'affaires glisse sous son blazer de cachemire une chemise de chambray – tissu autrefois réservé aux ouvriers agricoles –, et c'est joli. Des chemises à petits carreaux bleus et blancs, style fermière, apparaissent sous de sombres costumes croisés. Superbe ! Le message est alors : « Je suis un prince, je suis au-dessus des codes car je les crée. » Chacun met en scène sa liberté.

L'histoire de la mode est balisée de décalages réussis : les premiers cols souples du prince-de-galles, et le col « mao » de Jack Lang font aujourd'hui partie de l'histoire de la mode. Retenez qu'ils ont en commun d'enfreindre les codes en proposant des juxtapositions nouvelles. Ils jouent avec l'interdit dans une revendication perpétuelle d'originalité et d'individualité. À vous de déceler les juxtapositions inhabituelles et d'en jouer avec art.

Un décalage réussi : jouer les superpositions

Le décalage est un art qui s'apprend

Une veste col mao

Voici quelques dialectiques de décalage à cultiver avec précaution :
- Ville/campagne ;
- Vulgaire/raffiné ;
- Sport/ville ;
- Une couleur/la même (camaïeux) ;
- Pois/rayures ;
- Rayures/rayures ;
- Rayures/imprimés fleuris ou à pois ;
- Couleurs pastel/bleu marine ;
- Féminin/masculin ;
- Jour/soir ;
- Enfant/adulte ;
- Habillé/relax ;
- Noir/couleurs explosives ;
- Noir sur noir.

> Ce sont les accessoires et les achats mode
> qui vous permettent de décaler à loisir.
> Un pas de côté de la norme,
> une touche de *too much* et le tour est joué.

Attention, c'est difficile : un imprimé léopard, quelques paillettes sur un T-shirt sous une veste, un foulard en guise de ceinture, une broche pour fermer une ceinture, une veste *vintage*[1], une opposition dans les textures (noir brillant, noir mat, noir dentelle), un chemisier sage de dentelle vieillie, une chemise de

---

1. *Le vintage*, est un vêtement unique, qui est daté comme une pièce de musée, et qui est interprété de manière personnelle par son possesseur (broderies ajoutées, transformations, incrustations de dentelles, etc.).

jean bien repassée, des sandales à haut talon sous un *jean*, un *leggin* (caleçon) sous une veste longue, un léger foulard drapé sur les hanches, et le tour est joué.

Le décalage au masculin

Décaler, pour les hommes, est un sport difficile. Le dandysme est mal noté dans l'entreprise mais peu à peu il perd sa connotation futile ou féminine.

> Un détail, un foulard, une écharpe noire ou blanche, un *jean* foncé, un col roulé noir, une pochette rouge, suffisent parfois à introduire ce petit pas de côté par rapport à la norme qui sera votre signature.

On s'inspirera du passage sur les *métrosexuels* et des suggestions suivantes :

- Un camaïeu de couleur dans des dégradés de gris ou de bleu, pour la chemise, la cravate imprimée et le complet ;
- Une cravate fleurie et naïve (campagne) avec un complet gris foncé (urbain), une chemise à fond gris à col Windsor (ville) ;
- Une chemise de *jean* très fin, à boutons pression (campagne), ou de chambray gris (campagne) sous un blazer de cachemire vert foncé (urbain-chasse), une cravate à motifs « chasse » liant le tout ;

Une chemise de *jean* et une cravate sous une veste

- Une chemise rose tendre ou mauve layette (enfance), sous un complet croisé gris (adulte), avec une cravate fleurie (champêtre) ;
- Une chemise à rayures, sous un complet à fines rayures tennis, une cravate à pois dans des tons voisins ;
- Une chemise blanche avec un complet bleu, une cravate bleu marine, très classique et une pochette rouge vif.

Il est pourtant des cas où la transgression va trop loin et où, avec ou sans panache, elle ne vous sera pas pardonnée. Voyez ci-dessous la liste des horreurs absolues pour les messieurs :

- Un complet de *tweed* pour accompagner le soir une dame vêtue de soie ;
- Un smoking avec des mocassins ;
- Un costume fait à Hong Kong ;
- Une chemise de smoking à jabot de dentelle ;
- Des chaussettes blanches le soir ;
- Une pochette de soie sur un loden ;
- Une cravate à mi-poitrine ;
- Une épingle à cravate ;
- Une cravate avec motif chasse ou golf sur un costume de ville bleu foncé ;
- Une cravate trop large ;
- Un col de chemise ouvert sur une chaîne de cou ;
- Une chemise à rayures épaisses (plus d'un demi-centimètre) ;
- Un nœud papillon à élastique ;
- Le col d'une chemise rabattu sur la veste ;
- Une chemise cintrée, une veste cintrée ;
- Un nœud papillon rouge avec un smoking ;
- S'endimancher un dimanche ;
- Une cravate dont les pans ne terminent pas en pointe ;
- Un foulard dans l'encolure de la chemise au bureau.

Quelques décalages au féminin

Bien des décalages autrefois interdits sont aujourd'hui monnaie courante : on mélange les pois avec les rayures, l'écossais avec les petits carreaux, les rayures avec d'autres rayures, les petits pois avec les gros, les imprimés fleuris entre eux, le *tweed* avec la soie, etc. Voici pour vous inspirer quelques décalages autour d'une garde-robe professionnelle.

> Ils sont à manier avec prudence en tenant compte
> de l'entreprise où vous travaillez et du contexte.
> Ils ne seront des succès que s'ils sont volontaires.

Voici pour commencer la base d'un décalage bien compris :

- Porter une paire de tennis immaculées et bien plates avec un ensemble tailleur (pantalon ou jupe plissée). Porter le haut d'un *jogging* à capuche gris (en soie ou en très beau coton) sous une veste de *tweed* confortable ;
- Porter un T-shirt *Fruit of the Loom sous* un tailleur noir, avec des bas et des chaussures de ville ;
- Porter une chemise en *jean* souple (col fermé par un bijou) sous un tailleur de ville ;
- Porter une cravate d'homme noire sur un chemisier de chambray et un blazer marine, avec une jupe droite. Des bas de laine blanche avec des derbys marron. Un chandail rayé marine (noir) et blanc avec un blazer marine et une jupe plissée blanche.

Et pour aller plus loin dans le décalage mais toujours bien compris :

- Une coiffure très sport (jour) avec un maquillage élaboré (soir).
- Une simple blouse blanche de coton à col ouvert portée sans maquillage (féminin) avec un tailleur noir (masculin) ;
- Des bas noirs, avec des chaussures raffinées de couleur avec petits talons ;
- Une veste de *jean* sur un pantalon noir et des converses ;
- Une coiffure savamment décoiffée (plein air), avec tailleur et manteau somptueux (ville) ;
- Des chaussures plates et à fortes semelles (sport) avec bas clairs et un tailleur raffiné (ville) ;
- Un tailleur noir le jour (masculin) raffiné (féminin) ;

Une veste de jean sur un pantalon noir et des converses

- Un tailleur beige décliné en délicats camaïeux avec sa blouse, ses bas, ses chaussures, ses bijoux, mais une forme sportive (ici veste dite « cavalière ») ;
- Pas de bijoux du tout ;
- On peut aussi faire cohabiter exclusivement des couleurs non complémentaires : rose-rouge, jaune-rouge, noir-marron, marine-marron, mauve-rose, blanc-noir (Christian Lacroix est coutumier du fait) ;
- Ou bien faire cohabiter des imprimés denses : prince-de-galles + pois + imprimés fleuris ; ou bien, imprimés fleuris + rayures ;
- Ou encore faire cohabiter des symboles de classes opposés : dentelle-cuir, fourrure-drap, matière précieuse-matière vulgaire.

Il y a des jours où vous êtes en forme et des jours où ça ne va pas ; ne choisissez pas celui-là pour étrenner votre robe moulante rouge vif à la réunion de huit heures quinze. Le ridicule ne tue pas, mais il est inconfortable pour vos interlocuteurs si vous n'avez ni la distance ni l'humour pour l'afficher comme un drapeau ou un éclat de rire.

Il y a aussi des circonstances où cet éclat de rire gênera vos interlocuteurs, où il sera pris comme du mépris ou de l'indifférence : c'est le cas dans les négociations qui exigent souvent de jouer profil bas. Dans d'autres cas, il sera un clin d'œil charmeur qui détendra l'atmosphère. J'aime le décalage et je pense qu'il est un grand régulateur des inégalités sociales : l'astuce et l'intelligence remplacent le pouvoir et l'argent.

N'importe qui peut aujourd'hui avoir du style avec un peu de talent et d'audace.

Le décalage est un art qui s'apprend

Une veste « cavalière » dans un tissu délicat

Il existe aussi des horreurs absolues chez les dames. Méditez ce qui suit, et tenez compte de la onzième tendance : l'évolution du sport vers la ville. Ainsi, il y a deux ou trois ans j'aurais écrit ici qu'une tenue « froufroutante » pour accompagner, de jour, un monsieur vêtu *tweed* était inadéquate. Or, la réapparition du *tweed* dans la garde-robe féminine et masculine est un *scoop* qui va durer. Mieux encore, mousseline et *tweed* ne sont plus incompatibles.

Voici donc ce que vous éviterez à tout prix :

- Des chaussures rouges à talons avec des bas noirs et un tailleur vert olive (etc.) ;
- Des talons hauts avec une jupe large à la cheville ;
- Des chaussures à talons de neuf centimètres si vous êtes petite ;
- Une jupe trop courte qui montre vos sous-vêtements ;
- Tout ce qui est « sexy » de manière primaire : des bas suggestifs, une robe trop décolletée, un pantalon moulant ou de satin, une jupe de mousseline transparente, etc. ;
- Toutes les transparences : un soutien-gorge rose apparaissant sous une blouse transparente, une jupe ou un pantalon qui colle au corps et laisse entrevoir vos sous-vêtements, des bretelles de combinaison ou de soutien-gorge apparaissant dans l'encolure ;
- Un pantalon moulant avec des talons hauts ;
- Un épais chandail douillet rose layette, tricoté par votre petite sœur ;
- Une robe trop habillée à un cocktail (trop de paillettes, trop de brillant) ;
- Les accumulations de bijoux vrais ou faux.

Chapitre 14

Faites-vous une tête sans vous prendre la tête

Le langage des cheveux

Blanchie et parfumée à la racine d'iris, à l'os séché ou au bois vermoulu et pourri, poudrée abondamment à la farine, amoncelée en de complexes échafaudages, la chevelure a atteint dans l'Histoire des sommets d'extravagance... et d'infortunes : on raconte que la vermine fourmillait sous les perruques poudrées du XVIIe siècle, infligeant à leurs possesseurs des démangeaisons terribles. *« Les panaches ont rendu bossues toutes nos élégantes »*, et il faut parfois se mettre à genoux dans les diligences, s'indigne un contemporain du Grand Siècle, qui constate que l'architecture et les lieux doivent être modifiés pour laisser passer ces « montgolfières »[1].

Dieu merci, les temps ont changé ! Mais le langage des cheveux est toujours là.

Papillotés, crêpés, soutenus de crins, gonflés de faux cheveux, frisés au fer ou à la « permanente », lissés au *brushing* ou à l'huile, épilés – on enlevait les cheveux blancs un à un avant

---
1. Cité par Philippe PERROT, *Le travail des apparences,* Le Seuil, 1984.

l'apparition des teintures –, décolorés, teints, méchés : la torture du cheveu n'est pas l'apanage du féminin, l'homme aussi a eu son compte.

Quant à la couleur, elle a aussi ses tendances. Blonde ou blanche au XVIIIe siècle, la femme romantique lisse ses bandeaux bruns, tandis que les poètes célèbrent l'exotisme des peaux orientales. La fin du XVIIIe siècle voit l'abandon des perruques, mais les postiches triomphent ainsi que, de façon surprenante, les cheveux roux longtemps honnis.

Dalila, nous raconte la légende, tint à garder pour elle ce symbole puissant de séduction féminine : elle ravit, en coupant ceux de Samson, sa force et son image. C'est que la chevelure a, avec les ongles, un symbolisme commun : elle pousse comme la vie. Vitalité, force, sexualité, certes, mais aussi puissance désorganisatrice de l'univers pulsionnel. Rappel des autres pilosités du corps et évocation d'une intimité troublante, c'est bien de l'animalité qu'il s'agit.

Croyance ou réalité culturelle ? On a toujours placé les femmes du côté du « continent noir »[1], cet abîme incontrôlable où logent les passions. Pas étonnant que les religions s'en mêlent et interdisent par voie de *tchador* l'exposition impudique. Le cheveu fut, pendant longtemps, interdit de sortie. On le couvrait d'un chapeau ou d'un voile, et même dans la plus stricte intimité, une femme ne se faisait pas voir sans un bonnet de dentelle.

Après quelques errances (mai 68 bouscula bien des codes), la chevelure longue fait aujourd'hui la femme. C'est elle que l'on coupe pour entrer au couvent, c'est elle que l'on couvre de cendres les jours de deuil, c'est elle aussi que l'amant déploie en prélude à l'intimité et à l'abandon.

---

1. Expression attribuée à Freud.

Comme pour le vêtement, l'histoire de la chevelure est une histoire de la contention : le monde social et institutionnel demande à être rassuré par la capacité du possesseur à exercer un contrôle sur son « naturel ».

C'est vers 1909 qu'un certain M. Nestlé, vivant à Londres, inventa l'indéfrisable ; ouvrant ainsi l'ère nouvelle de la coiffure démocratique. S'ébauchent alors trois grandes tendances, qui recoupent point par point les tendances vestimentaires :

- Le pratique prend le pas sur l'encombrement et la coupe prolonge la tenue mieux que les poudres et les huiles ;
- La netteté de la santé (campagne) prend le pas sur l'apprêté ostentatoire (ville) ;
- La coiffure féminine évolue vers la coiffure masculine, sans pour autant s'y confondre.

En bons experts d'image,
vous avez compris que la coiffure a son langage.
Là aussi toute forme est langage.

Le langage des cheveux

Signes
Volumes plaqués
très maintenus
ou pendants

Évocations
Contrainte,
refoulement,
tristesse,
rectitude

Signes
Volumes souples,
lisses,
bougeant bien

Évocations
Aisance,
mesure,
adaptabilité,
sens pratique

Signes
Volumes courts,
nuque rasée

Évocations
Adrogynie,
vivacité,
pugnacité,
humour

Faites-vous une tête sans vous prendre la tête

Signes
Volumes rassemblés
et retenus souplement

Évocations
Contrôle,
raffinement,
compétence,
organisation

Signes
Volumes importants,
non retenus,
libres

Évocations
Vitalité,
spontanéité,
exubérance,
naturel

Signes
Asymétrie,
front invisible

Évocations
Jeu,
ostentation,
dissimulation,
ironie

Signes
Volumes épais dissimulant le visage et le front

Évocations
Complexes, immaturité, dissimulation

Signes
Volumes très aprêtés ramenés sur le front

Évocations
Préciosité, créativité, dandysme

Signes
Volumes nets et souples

Évocations
Souplesse, adaptabilité aisance sens pratique

Faites-vous une tête sans vous prendre la tête

Signes
Volumes nets ou rasés,
nuque et oreilles dégagées

Évocations
Pugnacité,
franchise,
sens sportif

Signes
Volumes mi-longs souples

Évocations
Romantisme,
affectation,
adolescence,
immaturité

Signes
Coiffure gomminée

Évocations
Dandysme,
élégance,
retenue

Peut-être avez-vous glané dans le texte qui précède les termes clés qui esquissent une sémiologie du cheveu ? Vous constaterez avec moi qu'ils s'inscrivent tout naturellement dans la filiation du langage des gestes, du corps, du visage ou du vêtement, sur l'horizontale « ouvert-fermé ».

Que faire de vos cheveux ?

Avant d'aller plus loin dans l'exploration sémantique des formes de coiffure, il faut savoir que vous pourrez intervenir sur trois points : les volumes, la matière, la couleur.

- **Pour la matière**, le problème est vite réglé. Plus un cheveu est brillant et sain, plus il évoque la vie, plus il est beau. Une très bonne raison pour respecter leur texture naturelle et pour les soigner. Une belle matière, comme pour le vêtement, a un tombé soyeux, qui bouge souplement avec vous. Le *mouvement* et la *souplesse* sont deux critères qui fondent la coiffure contemporaine, et Jean-Louis David, qui inaugura les premières coiffures dégradées, détrônant ainsi les *brushings* fastidieux, insistait beaucoup sur cette qualité.

- **Pour la couleur**, c'est à peine plus compliqué. L'industrie de la chimie cosmétique a fait depuis vingt ans des pas de géant. On peut garder toute sa vie la teinte de ses cheveux d'enfant. Là encore, faites du naturel un allié : restez proche de votre couleur d'origine. Toutes les teintures exigent un suivi assidu : un cheveu pousse entre un ou deux centimètres par mois ; rien de plus dévalorisant que ces racines qui se montrent. Balayages, mèches, « coups de soleil », sont autant de ruses légères qui éclairent, sans modifier, votre teinte naturelle.

Chacune (chacun) a aujourd'hui eu recours à la teinture pour reculer, à jamais parfois, le signe avoué de l'âge : les cheveux blancs. Il faut savoir ici encore repérer le panache de certains défis qui vous classent : des cheveux blancs très soignés sont une parure raffinée que j'ai rencontrée souvent dans les milieux de la haute élégance (Marie, le mannequin de Christian Lacroix, a de longs cheveux de neige). « Je suis blanche, et alors ? », semblent dire ces visages encore jeunes, affirmant avec audace que tout restait à dire sur l'âge et sur la séduction des femmes.

- **Pour le volume**, c'est plus compliqué. Quelques grandes lois d'optique sont à connaître :

  - Tout ce qui vient couvrir votre visage, que ce soit la barbe, la moustache, une frange ou une mèche devant l'œil, sera interprété comme un souci de dissimuler. Les cabinets de recrutement en sont conscients qui tolèrent tout juste une fine moustache chez leurs cadres ;

  - Les lignes descendantes – donc les cheveux longs – vieillissent et attristent l'expression. C'est le cas notamment pour les cheveux trop longs chez les hommes ;

  - Les lignes montantes – donc les cheveux courts – sont un *lifting* naturel. Ils rajeunissent et dynamisent un visage et une silhouette ;

  - On choisit sa coiffure en fonction de sa silhouette, c'est-à-dire debout devant un miroir. « Petite tête » ou « grosse tête » ? Infiniment plastique, le volume de vos cheveux permet d'équilibrer votre allure.

> Retenez ceci : une silhouette enrobée exigera un volume légèrement plus gonflé qu'une silhouette petite et fine.

Mais n'exagérez pas. Rien ne vieillit comme une chevelure crêpée ou trop apprêtée sur un visage ridé. Ne faites pas comme les élégantes du XVIIIe siècle dont on localisait les yeux au milieu du corps. Les « petites têtes » sont toujours plus élégantes que les « grosses têtes ».

Mon passage dans la mode m'a laissé, je l'avoue, l'amour des fronts. Cette partie noble du visage, si bafouée à notre époque, éclaire le regard, ouvre l'expression. Montrer son front est comme une main tendue, et j'ai la satisfaction d'avoir fait, au cours de mes séminaires, bien des adeptes qui s'en félicitent aujourd'hui. Si le Soi devait loger quelque part, ce serait derrière votre front.

 Ce qu'il ne faut pas faire

Dites non définitivement à ces coiffures qui connotent des évocations négatives, violentes, désuètes ou déplacées dans l'entreprise.

Non aux coiffures à la Gorgone, semblables à des nœuds de serpents emmêlés, leur volume important est peu soigné et ne connaît jamais le peigne. Non aux permanentes mal conçues, qui frisottent le cheveu ou le rendent poreux ; elles font des ravages sur la tête de celles qui se plaignent des cheveux « plats » dont tant d'autres rêvent. Non aux tons platine, si seyants sur un écran de cinéma, sous la lumière savante d'un expert photographe ; à la lumière du métro ou de la salle de réunion, l'effet est pitoyable. Non à la « queue-de-rat » ; ce n'est pas parce qu'il est sur votre nuque et que vous ne voyez pas ce triste petit élastique, qu'il ne signale pas haut et fort que vous avez les cheveux sales (ou la paresse de les coiffer) ; au pire, nouez un velours noir en catogan. Non aux nuques rasées ou trop courtes, si votre cou n'a plus vingt ans ni la gracilité de l'adolescence. Non au gel et aux cheveux plaqués ou dressés sur le crâne. Non et non aux mèches violettes ou roses.

Pour les hommes, dites non aux barbes fournies, peu ou pas taillées, aux moustaches tombantes, surtout quand votre carnation et vos cheveux sont bruns. Non à la barbe blanche, elle vieillit inutilement avec des cheveux bruns. Non aux « bananes » ou autres masses de cheveux ramenées sur l'avant du crâne ;

> *non aux coiffures « punk », aux « brosses » agressives et carrées, découvrant trop les oreilles. Non aux favoris, aux « pattes » trop longues ou trop courtes ; utilisées avec nuance, elles élargissent les visages trop minces. Non et non à la mèche dissimulant la calvitie.*
>
> *Non aussi aux nuques longues et peu soignées, aux franges si vous n'êtes pas Philippe Sollers, non aux fronts trop couverts, aux cheveux plaqués en arrière et luisants de gel ou de « gomina ». Cette allure est une préciosité permise, après 21 heures.*

Lisez ci-dessous les évocations concernant les différents volumes qui vous sont permis dans l'entreprise, et faites votre choix en fonction de votre message et… du contexte.

Comment équilibrer la nature

Une des tendances les plus remarquables de la mode ou des modes des vingt dernières années est l'accent volontariste mis sur le *naturel*, ce mythe porteur de tant de polémiques esthétiques (en photographie, par exemple), psychologiques (la valorisation des émotions dans les sciences humaines), philosophiques (la quête du vrai dans le monde représenté), sociales (le retour au corps), etc.

Nul ne saurait ignorer, à moins d'être très naïf, que de nombreux efforts président à l'expression de ce *naturel* esthétique et corporel. Même tout nu dans votre salle de bains, épilé, massé, poncé, « body buildé », pouvez-vous dire que vous êtes naturel ?

En fait, ce que l'époque refuse de voir sur l'image des gens, c'est la vision de l'effort ou de la contrainte qu'elle impose. Un maquillage, oui (le fond de teint a souvent été imposé aux hôtesses de l'air), mais à la limite de l'invisible : *naturel*. Une coiffure seyante et vivante, oui, mais que ces apprêts restent invisibles, et que l'effet soit *naturel*.

L'industrie cosmétique s'est engouffrée dans cette tendance, qui tend à accentuer les secrets préparatifs de l'hygiène au détriment d'un apprêt ostentatoire dont la pesanteur viendrait, là encore, bousculer le mythe tenace de ce *naturel* possible. Votre interlocuteur social veut certes percevoir votre *prévenance*. Il ne veut pas être culpabilisé par la vision de votre effort.

C'est sans doute sur la coiffure que ce subtil dosage a le *plus* d'effet. L'*effort* perce péniblement sur des cheveux permanentés, colorés de manière ostentatoire, maintenus ou coupés à « contre nature ». Acceptez la nature de vos cheveux, allez donc dans son sens.

Ne prenez pas vos cheveux à rebrousse poil !

Une hygiène absolue (un lavage sous la douche tous les deux ou trois jours avec un shampooing léger respectant leur PH acide), un bon masque pour les nourrir de temps à autre, et surtout une coupe intelligente respectant leur implantation leur conserveront beauté et mouvement.

Voici quelques « trucs » de professionnels pour vous faire des cheveux heureux.

 Cinq « trucs » pour des cheveux heureux :

Délayez votre shampooing dans un verre d'eau et n'en faites qu'un seul, laissez poser trois minutes. Terminez vos shampooings par un long rinçage à l'eau froide, il régularise la séborrhée et rend vos cheveux brillants.

Avant de faire un brushing, *laissez sécher vos cheveux, ils seront moins traumatisés et le résultat est le même.*

Pour un joli volume, séchez vos cheveux la tête à l'envers (femmes). Ne contrariez pas vos « épis » naturels, ils ont leur charme (hommes).

Une coiffure ne doit pas démentir un vêtement, ni une personnalité ; sinon de manière consciente et volontaire pour personnaliser un style. Pas de coiffures luisantes et sophistiquées avec un vêtement de sport, pas de crinière décolorée d'amazone avec un tailleur de battante. Là aussi, faites concorder les messages.

Et voyez ci-dessous comment jouer astucieusement avec les volumes pour harmoniser l'architecture de votre visage.

Les lunettes, le sourire ou le maquillage ne sont pas accessoires

Il est un signal important qui vient modifier la teneur de votre regard, et dont vous vous contentez paisiblement d'ignorer la portée : ce sont **vos lunettes**. Quelle que soit leur forme, qu'elles soient fumées ou non, les lunettes sont toujours perçues comme un signal-rempart qui dissimule et modifie votre expression en même temps qu'il tient votre interlocuteur à distance. Elles gênent la communication. Aucune paire de lunettes ne devrait être « vissée » continuellement sur votre nez.

Pensez à les enlever de temps en temps
afin que votre regard nu soit perçu par votre interlocuteur.
Vous n'y voyez rien mais on vous voit.

Utilisées judicieusement elles ponctueront vos propos mieux que vos bras ballants. Connaissez-vous les figures de style de cet accessoire des temps modernes ? Enlevées d'un geste vif, elles instaurent une connivence soigneusement ménagée, un aparté « entre quatre yeux ». Brandies, elles argumentent avec panache et enflamment vos propos. Mordillées, et c'est à éviter, elles témoignent de votre incertitude ; repoussées sur le bout du nez ou en demi-lune, elles affichent votre scepticisme ; il faut être Bernard Pivot pour recycler à la hausse cet emblème antipathique. Repoussées sur le front elles sont le signe de la haute technicité ou de la réflexion intense.

Choisissez bien leur forme car elle peut modifier radicalement l'équilibre de votre visage et la signification de vos regards. De mauvaises montures de lunettes peuvent rendre quelqu'un antipathique ou envoyer un mauvais message.

> Choisissez donc vos lunettes pour estomper
> ou appuyer votre image naturelle et votre propos.

Essayez vos lunettes debout – c'est d'ailleurs ainsi que vous devriez juger de vos vêtements et de vos accessoires, coiffure comprise – avant de regarder votre visage. Leur forme doit entrer dans la globalité du message de votre image, de votre silhouette à votre stature, en passant par votre carnation et vos vêtements. La cohérence du message visuel est à ce prix.

Assortissez-les, surtout si vous êtes une femme, à la couleur de votre garde-robe de base. Évitez les *strass* et les formes trop sophistiquées avec des vêtements sport. Veillez à ce que leur couleur soit un rappel des couleurs que vous portez : l'écaille accompagne les tons camel, les bruns, les beiges, et leurs dérivés. Le noir sied aux marines, au blanc et aux vêtements de couleurs vives. Le métal est un peu sec mais donne du « sérieux » aux silhouettes trop enfantines.

Le langage des lunettes

Montures lourdes et épaisses. *Elles descendent bas sur les joues et ont de larges verres. Elles sont réservées aux carnations claires et à ceux qui désirent accentuer l'effet écran pour renforcer leur autorité, structurer un visage trop mou ou trop jeune. Attention ! Elles attristent le regard et intimident. Il faut les enlever souvent.*

Montures de métal. *Elles évoquent la sécheresse de la technicité et de la science. N'en rajoutez pas si vous avez les cheveux gris, un visage en lame de couteau, et si vous avez l'air d'un prof autoritaire. Ou alors ne soyez pas surpris du malaise de vos interlocuteurs. Le métal or est réservé aux émirs.*

Montures de plastique de couleur fantaisie. *Pour adoucir la sévérité d'un visage et accentuer les connotations avec l'enfance, la décontraction, l'humour, le plastique de couleur et les formes rondes viennent à votre secours. Elles ressemblent à des jouets ou à des lunettes de poupées et vous sont permises, messieurs les managers, si vous n'avez pas de problème d'assertivité. Évitez quand même de ressembler à votre petit garçon quand vous devez conduire une réunion au sommet.*

Les montures rétro, rectangulaires, rondes ou ovales, les montures spectaculaires. *Elles signent et personnalisent un visage. Des « binocles » très ronds, des montures très larges ou en « œil-de-chat » mettent de l'humour sur un visage banal. À manier cependant avec prudence : elles « parlent » plus fort que les traits de votre visage, et l'expression de votre regard passe inaperçue.*

Les demi-lunes. *Attention, elles vous donnent l'air suspicieux ou agressif. À n'utiliser que si vous visez ce but. Retirez-les si vous parlez avec votre interlocuteur. Faites-lui de temps en temps le cadeau de votre regard.*

Les lunettes-prothèses. Ce sont toutes les lunettes à double foyer ou aux verres très épais, ainsi que certaines montures trop fonctionnelles. Elles voilent totalement votre expression et sont importables dans vos prises de parole en public ou dans vos manifestations télévisuelles. Remplacez-les par des foyers variables ou des lentilles de contact ou choisissez des montures résolument modernes.

Les lunettes, un supplément d'âme

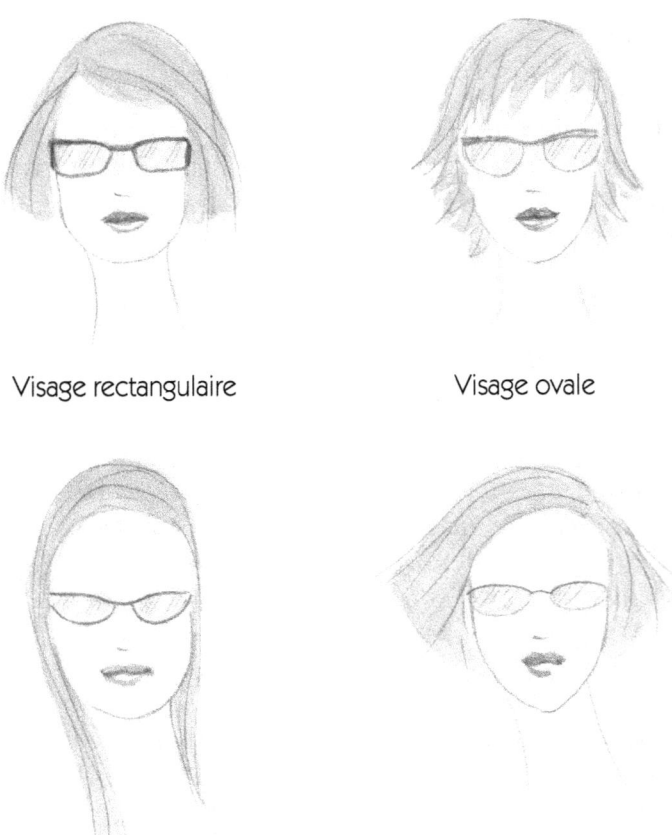

Visage rectangulaire

Visage ovale

Visage rond

Visage triangulaire

- **Votre silhouette vous signe.** Choisissez le bon motif et si vos formes vous paraissent trop rondes, placez le vêtement à motifs en haut du corps.

Sachez ce qui vous met en valeur.

- **Un joli sourire** est un atout pour votre image. Ne laissez pas votre sourire s'abîmer à cause d'une dent à pivot absente. Si la technique ne peut réparer la nature, passez un instant devant votre glace à rééduquer votre sourire : un sourire doit monter jusqu'aux yeux et faire pétiller votre regard. C'est à cette étincelle qu'on juge de votre chaleur et de votre authenticité.

> Dans votre sourire aussi, allez jusqu'au bout.

- Je ne m'étendrai pas ici sur les étapes d'un **bon maquillage** : les journaux féminins en abondent, mais ils illustrent plus souvent des situations d'exception que le quotidien professionnel tel qu'il se vit. Pour cette raison ils sont souvent excessifs.

> Maquillage des yeux ou de la bouche il faut choisir ;
> les deux, c'est trop,
> et votre personnalité disparaît au profit du masque.

Rien ne vaut l'éclat de la vie et des émotions qui passent sur un visage. Vos yeux et votre regard sont ce que vous avez de plus personnel, les « ombres à paupière » et l'*eye liner* sont à réserver à vos parutions en public, là ou les lumières fortes exigent ce maquillage. Un peu de poudre, un joli rouge à lèvre vif et une touche de *blush* pour le moral suffisent. Un peu de *blush* sur les paupières, le front et le cou donnent de l'éclat, un crayon contour blanc, suivi d'un contour châtain avant de passer votre rouge à lèvre accentuera la netteté de votre visage.

Conclusion

Se plaire à soi-même

Rajeunissement du regard, comblement des rides, mais aussi implants fessiers, lifting du sexe, amplification du point G et raccourcissement des petites lèvres. « *Les femmes sont incroyablement influencées par la mode* », constate un chirurgien brésilien dans un journal féminin[1]. Où commence la pathologie concernant l'Image de soi ?

Miroir des sociétés, l'histoire de la beauté et de la mode, tout comme celle des apparences, est travaillée autant par les imaginaires individuels que par les idéologies sociétales. Le XIXe siècle, après avoir imposé une ligne de partage de plus en plus contrastée entre les classes sociales (c'est l'apparition de la « distinction » des grandes bourgeoises contenues dans des corsets élancés, en opposition aux corps arrondis et tassés des silhouettes villageoises), évolue vers une beauté mise à la portée du plus grand nombre. La psychologie, la philosophie accentuent le triomphe du sujet – le « je » – et l'assomption nécessaire d'une identité personnelle. Est-ce pour autant que la beauté et l'élégance se trouvent démocratisées ?

À l'heure où sonne la norme collective et où s'accroît la pression du nombre, l'Image de soi n'est pas un narcissisme vain mais une démarche d'élaboration consciente, voire de préservation, de son identité personnelle, en accord avec son désir. C'est

---

1. *Marie-Claire*, mai 2005.

une organisation qui nous structure psychiquement car elle est porteuse de sens. Pour peu que la personne soit le maître d'œuvre de son image, et que son désir soit formulé (on est bien loin du relooking).

Mais ce travail approfondi ne s'arrête pas aux apparences : il concerne l'être tout entier, sa *psyché* (l'être intérieur avec son histoire personnelle, parfois sa préhistoire ou son histoire sociale et familiale). C'est l'avènement du sujet qui connaît son désir et dit « je ».

On comprendra en lisant ce livre que mon projet a été de mettre à la portée du plus grand nombre un vocabulaire visuel et un savoir-vivre esthétique, lequel tend aujourd'hui à se dissoudre dans une sorte de norme collective qui nivelle par le bas des savoir-faire et des savoir-être qui sont la fierté de notre civilisation.

Car il n'est pas facile de rester soi-même parmi les autres. Pierre Bourdieu à bien noté cette démarche schizophrène – voisine du fameux *double bind*[1] qui rend fou – qui nous amène, pour vivre en société, à la fois à « appartenir » et à « se distinguer ».

Pour appartenir ne faut-il pas endosser les codes, signes et coutumes d'un groupe donné ? Le risque n'est-il pas, en s'incorporant, de disparaître dans la norme collective en perdant son individualité, voire son humanité ? Trop obéissant, trop adapté, l'être se vide de lui-même.

Se distinguer alors ? Avec le risque que l'affichage d'une trop grande individualité provoque le rejet. L'heure n'est plus où Platon, l'idéaliste, recommandait de se détourner du paraître pour lui préférer la pureté des idées. Car la pensée humaine

---

1. Le *double bind*, ou double contrainte, est une injonction paradoxale impossible à réaliser. Le psychanalyste Ronald Laing y voyait la source de la schizophrénie.

Conclusion

s'enracine dans une *physis*, un corps et des sensations. Tout s'incarne. Y compris la forme.

Se plaire à soi-même, n'est-ce pas la question ? Il est étonnant que cela ne soit pas l'apanage de tout un chacun et que parfois ce soit le regard extérieur – celui de l'aimé, du parent, du professeur – qui nous sculpte. Nous nous y ancrons, nous le laissons nous définir. Il est alors plus que jamais nécessaire de comprendre le poids du regard social et d'apprendre à maîtriser cette contrainte pour nous organiser, au lieu de nous aliéner.

Pauvre Narcisse, hanté par cette question et qui se penche sur son image reflétée par l'eau d'une source. Souvenez-vous. Il a refusé de suivre la nymphe Écho qui a cherché à le séduire, il a refusé la vie et la sexualité. Et il reste là, comme engourdi, à contempler sa « beauté ». Il préfère l'irréel à la réalité de lui-même. Oui, c'est dans cet ordre qu'on se construit : c'est soi-même, l'être intérieur – sensations et émotions comprises – qu'il faut préférer.

Mais quel est ce miroir dans lequel aime à se contempler Narcisse ? Jacques Lacan appelait stade du miroir ce moment, vers le huitième mois, où l'enfant perçoit son image de soi entière. Moment fondateur, certes, mais les mots de la maman qui accompagnent cette image, ses bras et le son de sa voix, tout autant que ce qu'ils disent de l'image de l'enfant, ne sont-ils pas aussi importants que l'image reflétée ? « Tu es cela », entend et ressent l'enfant tandis qu'il se voit tout entier dans le miroir maternel. Quelle que soit son apparence il se verra, se sentira beau, s'il est aimé.

L'œuvre de civilisation dans laquelle s'implique l'être humain, et qui fait sa dignité, l'amène parfois à se tromper sur l'ordre dans lequel une identité humaine se construit. Pour s'aimer soi-même, pour aimer la réalité de son image réelle, il y a une construction identitaire à effectuer : je suis cela. Identités psychiques, mais aussi identités culturelles, esthétiques, sociales. Construire son identité ne va pas de soi, et si l'on a rapidement une carte d'identité, ce n'est pas pour autant que l'on est un sujet. C'est-à-dire quelqu'un qui connaît son désir.

Pour peu que l'éducation soit dépourvue de tendresse, ou trop orientée vers le paraître ou vers le qu'en-dira-t-on, la faille narcissique apparaîtra avec la difficulté à aimer. La tendresse, qui est de l'amour désexualisé, est indispensable au développement de l'enfant.

La construction d'une identité se fait de l'intérieur – l'éprouvé – vers l'extérieur – l'être social tel que le regard d'autrui nous le renvoie. Somme toute, il faut se préférer à son image. Cela suppose une saine distance vis-à-vis d'elle et du conformisme social.

Nous avons espéré, dans ces pages, vous amener à exprimer votre désir. L'important n'est pas tant la manière dont on vous voit, ni celle dont vous vous voyez, que celle dont vous désirez être vu. « *L'anatomie c'est le destin* », écrivait Freud qui n'était jamais venu à un de nos séminaires constater comment un vêtement peut aider quelqu'un à devenir ce qu'il veut être.

C'est l'objet de notre Lecture d'Image, cet outil qui permet de se voir vu, mais aussi de mettre en place une image porteuse de sens et conforme à son désir. La Lecture d'Image a permis à des générations de narcisses hébétés, de grands blessés de l'apparence (nous intervenons aujourd'hui dans les hôpitaux, les ANPE, les soins palliatifs et bientôt dans les écoles), de jeunes diplômés paumés, de managers timides ou déracinés de leur culture d'origine, de constater que la mode fait des miracles et restaure l'estime de soi.

La question n'est pas de savoir si l'on est plus ou moins soi-même en *jeans* ou en complet-veston, mais de pouvoir l'être avec les autres en tout lieu. Car Narcisse meurt de n'avoir pas su s'ouvrir au monde extérieur et à l'amour de l'autre.

Nul ne se suffit à lui-même. Et nous avons besoin du retour d'image grâce au regard des autres, sans pour cela en être dépendants. C'est bien alors de l'expression d'une liberté dont il s'agit.

Réponses aux questionnaires

Réponses au questionnaire de la page 185
La fin des timides

Faites le total de vos points, secteur par secteur, et voyez dans quel secteur votre score est le plus élevé. Lisez ci-dessous nos commentaires.

Secteur 1 :

Votre estime de vous-même et votre confiance en vous sont encore un peu faible. Vous êtes toute petite devant votre mari, votre chef, votre directeur, et Papa, Maman vous dominent encore. Écoutez-bien vos émotions et votre ressenti et reliez-le à vos expériences passées. Quelle est la vraie cause de votre frayeur, de votre colère ? Ne passez-vous pas plus de temps à ressasser qu'à vous faire entendre ?

Si cela n'est pas clair pour vous à la fin de ce livre, faites-vous aider par un psy. Il existe parfois des cause transgénérationnelles (secrets de famille, mensonges) qui minent une existence d'aujourd'hui en bloquant l'accès au sens.

Secteur 2 :

Vous n'êtes pas timide, et vous êtes tout près du but, et ce livre va vous aider à vous affirmer. Rapprochez-vous encore plus de vous-même, et écoutez l'altérité. Mais *préférez-vous* au lieu de chercher encore parfois à plaire à tout prix et à rendre l'autre riche. Apposez sans crainte votre avis et donnez-vous le temps d'élaborer avant d'agir.

Secteur 3 :

Vous êtes un (e) battant (te) ou bien... vous avez triché ! Êtes-vous sûr qu'il n'entre pas un peu d'obsession dans cette pugnacité ? Contre qui (quoi) vous battez-vous encore ? Papa, Maman ? L'inconnu ? Apprenez à lâcher prise de temps à autre (est-ce si important d'avoir toujours raison ?) Cela sera moins fatiguant pour vous et pour autrui.

Réponses au questionnaire des pages 187-188
Mesurez la *numinosité* de votre image personnelle

Quadrant N° 1 : Vecteurs vestimentaires, cosmétiques et esthétiques

A - Votre commentaire : « Je suis moche et nul(le) ! »

Notre réponse : N'êtes-vous pas enclin (ne) à l'auto-dépréciation ? C'est un moyen commode pour ne rien changer dans votre vie. Assurez-vous que votre projet est bien d'en rester à ce que vous êtes aujourd'hui. Sinon, apprenez que c'est avec ses défauts que l'on fait les qualités de style. Portez vos défauts comme un drapeau, et montrez-les... chouchoutez-les... oubliez-les !

B - Votre commentaire : « Tout cela m'ennuie ! »

Notre réponse : C'est tout à fait votre droit. Il se peut que vos valeurs soient plus intériorisées. Apprenez cependant le b.a.-ba de l'alphabet, et vérifiez que votre image vous va bien[1]. Tenez-vous en au strict minimum, mais qu'il soit parfait. Comme aux règles de politesse auxquelles vous excellez.

Quadrant N° 2 : Vecteurs sociologiques et anthropologiques

A - Votre commentaire : « Je me fiche des bonnes manières, je préfère être authentique ».

Notre réponse : L'authenticité est un sentiment intérieur connu de vous seul. Pour qu'il soit communicable, il est nécessaire de le mettre en forme à travers les Vecteurs d'Image. Comme dans le langage, on s'exprime mieux avec une bonne syntaxe.

---

1. Voir du même auteur : *Valorisez votre Image* : les enjeux de l'apparence en milieu professionnel, Éditions d'Organisation.

B - Votre commentaire : « Je viens d'un milieu modeste (différent), j'ai le sentiment de les trahir si je change ».

Notre réponse : Chaque milieu à son excellence. Mais c'est plutôt votre épanouissement personnel que vous craignez. Votre succès, il est vrai, signerait définitivement la fin de la fusion (avec votre mère) et votre entrée dans votre vie... à vous.

Quadrant N° 3 : Vecteurs psychologiques et relationnels

A - Votre commentaire : « Personne ne me comprend, les gens sont si méchants ».

Notre réponse : Vous manquez de sécurité intérieure et l'estime de vous-même vous fait défaut. Un coupable potentiel en vous-même vous place souvent dans des situations périlleuses. Les compensations que vous contruisez pour vous sécuriser n'arrangent pas les choses (dispersion, déni, défi, manque d'écoute). Acceptez de vous séparer de la « bonne petite fille » qui est en vous et dites non à ce qui ne vous convient pas.

B - Votre commentaire : « Impossible d'obtenir ce que je souhaite »

Notre réponse : Votre assertivité vous joue des tours. Apprenez à dire je et à ne pas vous affoler quand votre interlocuteur se trompe en parlant de vous. Apprenez aussi à bien différencier vos besoins (il est impératif de les satisfaire), et vos désirs (on ne sait jamais si la vie les satisfera).

Quadrant N° 4 : vecteurs morphologiques et physiologiques

A - Votre commentaire : « Je suis timide car je suis trop petit » (ou trop grand... ou différent).

Notre réponse : Félicitations, vous travaillez dur pour vous comprendre et vous connaître. C'est un atout. Privilégiez sur votre image les évocations ayant trait à la solidité (bonnes chaussures, épaules un peu larges, textures raffinées, couleurs foncées), et peaufinez votre assertivité en lisant les chapitres suivants.

B - Votre commentaire : « On ne peut rien y faire ! Ma voix (mon regard, ma présence) est comme elle (il) est : atone »

Notre réponse : Vous vous asphyxiez dans un repli mélancolique sur vous-même. Vous vous refusez d'exister. C'est facile. Choisissez donc le déplaisir de vous confronter à vous-même, et faites-vous aider s'il le faut par un psy. Ouvrez les yeux sur le vaste monde et dites avec nous : « Comme c'est intéressant ! ».

Réponses au questionnaire de la pages 232-233
Le quiz des dirigeants

Réponses

1 A h O   BON. Un grand classique formel pour les seniors et les dirigeants. Un peu trop coincé pour les jeunes.

2 B h O   BON. Un « zéro défaut » excellent pour être face au client japonais ou pour votre entretien de recrutement. Un peu trop sage pour certaines professions.

3 C h P   BON. Ce prince de galles discret s'accommode d'une chemise de même ton à fines rayures. La cravate unie lie le tout.

4 C m S   BON. Correct et relax à la fois, jusqu'aux chaussures.

5 F I O   MAUVAIS. Trop d'imprimés disparates. Préférez le suivant : 5 G I 4, excellent *friday wear*.

5 A i 4   MAUVAIS. L'incohérence totale. Recommencez le livre au début !

2 D i Q   BON. Relax et correct à la fois, c'est un ensemble *casual* pour un jeune dirigeant. L'imprimé « fermière » bleu plus ou moins soutenu donne un joli teint et la cravate à (petits) pois est un décalage heureux.

6 G T   BON. Pourquoi pas ce *friday wear* l'été avec un polo de coton à manches longues ?

6 E k P BON. Hormis les chaussures, trop lourdes et trop chaudes. Préférez R ou S.

4 F n P MAUVAIS. Rien ne va plus ! La chemise est trop sport et la cravate en tricot est réservée aux vestes de *tweed*.

5 E n 4 BON. La cravate en tricot calme le jeu de la chemise à carreaux. Un bon *casual* pour l'hiver, pour les jeunes ou pour les professions (durs chantiers) du BTP.

3 C I Q BON. Bien que très « décalée », cette succession d'imprimés forts est agréable si vous restez dans les mêmes coloris. Pas plus de trois en tout.

6 F T   BON. Pour les très jeunes, l'été.

2 D k R BON. L'idéal jeune et classique. La cravate de *twill* à l'imprimé léger donne de la gaieté à l'ensemble.

1 D I Q MAUVAIS. Les rayures verticales du complet ajoutent à la confusion de la chemise à carreaux. Il faudrait être un as pour réussir cette combinaison, cependant c'est possible. La cravate à imprimés large est vraiment une erreur ; portez-la plutôt sur un complet de flanelle grise.

2 B i Q BON. Voici une combinaison que vous ne devriez jamais rater.

Réponses au questionnaire de la page 286

La tenue numéro deux est acceptable. Les transparences sont inadéquates en entreprise.

Bibliographie

AMADIEU, Jean-François, *Le poids des apparences*, Odile Jacob, 2004.

ANDRÉ, Christophe, et LELORD, François, *L'estime de soi*, Odile Jacob, 2001.

ANZIEU, Didier, *Le Moi-Peau*, Dunod, 2001.

BARTHES, Roland, « Histoire et sociologie du vêtement », *Annales*, 12e année, n° 3, juillet-septembre 1957.

BARTHES, Roland, *Systèmes de la mode*, Le Seuil, 1967.

BARTHES, Roland, *L'empire des signes*, Le Seuil, 1993.

BAUDRILLARD, Jean, *La société de consommation, ses mythes, ses structures*, Gallimard, 1996.

CARDAN, Jean, « La Métoposcopie », extrait de Grillot DE GIVRY, *Le Musée des sorciers, images et alchimistes*, Tchou, 1929.

COURTINE, Jean-Jacques, et HAROCHE, Claudine, *Histoire du visage du XVIe au XIXe siècle*, Payot, 1994.

CYRULNIK, Boris, *Sous le signe du lien*, Hachette, 1989.

CYRULNIK, Boris, *Les nourritures affectives*, Odile Jacob, 1993.

CYRULNIK, Boris, *Mémoire de singe et paroles d'homme*, Hachette, 1998.

DUKAN, Pierre, *Les hommes préfèrent les rondes*, Le Cherche midi éditeur, 2003.

FOUCAULT, Michel, *Surveiller et punir*, Gallimard, 1993.

FREUD, Sigmund, *Malaise dans la civilisation*, PUF, 1992.

GOFFMAN, Erving, *Les rites d'interaction*, Minuit, 1974.

GOFFMAN, Erving, *Façons de parler*, Minuit, 1987.

GREEN, André, *Narcissisme de vie, narcissisme de mort*, Minuit, 1983.

HALL, Edward T., *Guide du comportement dans les affaires internationales*, Le Seuil, 1990.

HALL, Edward T., *La Dimension cachée*, Le Seuil, coll. « Points », 1978.

HUBERT-BARÉ, Annie, *Pas de panique (alimentaire) !* Marabout, 2002.

JUNG, Carl Gustav, *L'homme et ses symboles*, Robert Laffont, 1967.

KERBRAT-ORECCHIONI, Catherine, *Le parler frais d'Erving Goffman*, Minuit, 1990.

LEMOINE-LUCCIONI, Eugénie, *La robe : essai psychanalytique sur le vêtement*, Le Seuil, 1983.

L'honneur : image de soi ou don de soi, l'idéal équivoque, Autrement, 1991.

MASLOW, Abraham Harold, *Motivation and personality*, Harpercollins College, New York, 1987.

MIERMONT, Jacques, *Dictionnaire des thérapies familiales*, Payot, 2001.

Perrot, Philippe, *Le travail des apparences*, Le Seuil, 1984.

PIERSON, Marie-Louise, *L'intelligence relationnelle*, Éditions d'Organisation, 2004.

SALINGER, Jerome David, *L'Attrape-cœur*, Pockett, 2005.

SANSOT, Pierre, *La beauté m'insupporte*, Manuels Payot, 2004.

SILLAMY, Norbert, *Dictionnaire de la psychologie*, Larousse, 2003.

TOUSSAINT-SAMAT, Maguelonne, *Histoire technique et morale du vêtement*, Bordas, 1990.

Index des noms propres

A

ALEXANDRA DE GALLES, Princesse, 260
ALLEN, Woody, 64, 183
AMADIEU, Jean-François, 22
ANZIEU, Didier, 40
AVEDON, Richard, 11

B

BALADUR, Édouard, 24
BALASKO, Josiane, 64
BALZAC, Honoré de, 219
BARTHES, Roland, 29, 79, 149, 266
BAUDRILLARD, Jean, 22, 29, 78
BLOOMER, Mme, 158
BOURDIEU, Pierre, 29, 71
BOURDIN, Guy, 11
BROOK, Louise, 42
BRYNNER, Yul, 64
BYRON, Lord, 219

C

CARDAN, Jean, 35
CARDAN, Jérôme, 109
CASANOVA, 41
CHANEL, Coco, 146, 159–160, 261, 287
CLAUDEL, Paul, 76
COCTEAU, Jean, 225
CORMAN, 28
COURRÈGE, 179
CROCKETT, Davy, 70
CYRULNIK, Boris, 29, 39

D

DAMIEN, André, 246
DARWIN, Charles, 117
DE CLOSETS, François, 57
DE SAUSSURE, Ferdinand, 29, 78
DESCARTES, 75
DIOR, Christian, 146
DON JUAN, 41

E

ÉDOUARD VIII, 159

F

FÉE CLOCHETTE, 70
FITZGERALD, Scott, 216
FOUCAULT, Michel, 24, 93
FRAGONARD, 78
FREUD, Sigmund, 27, 45–46, 151

G

GARBO, Greta, 267
GAULTIER, Jean-Paul, 278
GODARD, Jean-Luc, 45, 55
GOFFMAN, Erving, 13, 29, 99, 101, 104, 106–107

H

HADÈGE, Claude, 35
HALL, Edward T., 29, 126
HERMÈS, 287
HOLMES, Sherlock, 159
HORVAT, Frank, 11

J

JEANNE D'ARC, 266
JOHN, Elton, 173
JUNG, Carl Gustav, 28, 69, 77

K

KANT, 11
KERBRAT-ORECCHIONI, Catherine, 107
KNAPP, Peter, 11

L

LACAN, Jacques, 28
LACOSTE, 146
LEROI-GOURHAN, André, 29
LEVY, Bernard-Henri, 24
LORENZ, Konrad, 29

M

MAGRITTE, 77
MARGIELA, Martin, 201
MASLOW, Abraham Harold, 38
MAUSS, Marcel, 14
MC CARTNEY, Stella, 278
MC DOUGLAS, 262
MISTINGUETT, 273
MONROE, Marilyn, 42, 134
MONTAIGNE, Michel de, 181
MONTAND, Yves, 227
MONTY (général Montgomery), 225

N

NEWTON, Helmut, 11
NOUREEV, Rudolf, 60

P

PARK, Robert, 75
PASCAL, 43
PERROT, Philippe, 182
PETER Pan, 70

PIVOT, Bernard, 312
POIRET, Jean, 182, 225

R

RAGLAN, 224
REDFERN, John, 260
REICH, Wilhelm, 28, 109
ROSS, Édouard, 99
ROUSSEAU, Jean-Jacques, 181
ROYAL, Ségolène, 24

S

SAINT LAURENT, Yves, 17, 148, 195, 225, 274
SALINGER, 101
SANSOT, Pierre, 21
SARTRE, Jean-Paul, 24, 39, 44
SCHOPENHAUER, 40
SÉVIGNÉ, Mme de, 156
SHAKESPEARE, 21
SIMMEL, Georg, 14
SOLLERS, Philippe, 24, 309
STANISLAVSKY, 61
STEINCHEN, 12

T

TINTIN, 266

V

VAN NOTEN, Dries, 278
VOLTAIRE, 21
VUITTON, Louis, 146, 163

W

WELLES, Orson, 64
WERTHER, 219
WESTWOOD, Vivienne, 278
WINDSOR, duc de, 266
WINNICOTT, Donald, 99

Y

YOURCENAR, Marguerite, 183

Index des concepts et notions

A

Accessoire, 189, 211, 244, 275
Adoucisseur, 107
Alexythimique, 50
Alpaga, 199
Amour-propre, 102, 107
Anthropologie, 29
Apparence, 72, 76
Aquascutum, 227
Archétype, 28, 65, 69
Assertif, 88
Assertivité, 82
Assignabilité, 183
Auto-contact, 114

B

Bain sensoriel, 30
Bas, 264
Basique, 162, 193, 203, 253
Beau, 150
Besoin
   d'appartenance, 150
   de réalisation, 151
   de reconnaissance, 151
   de séduire, 41
Bioénergie, 28
Biologie, 32
Black tie, 246
Blazer, 221, 234–235, 254, 258, 269, 272, 294
Bleu marine, 272
Blush, 316
Body-building, 164
Bon goût, 31
Bonne manière, 31
Borsalino, 245
Bouche, 111
Bourgeoisie, 158
Bouton, 222, 256
Broderie, 272
Brushing, 306, 311
Burberry, 227, 262

C

Caban, 254
Cachemire, 198, 264, 269
Cape, 255
Capital-image, 153, 193
Cardigan, 236
Carreaux, 272
Ceinture, 147, 245, 270
Châle, 269
Chambray, 200, 269, 272, 294
Chandail, 269
Chapeau, 245
Charisme, 57, 60, 124, 128
Charme, 183
Chaussette, 241
Chaussure, 241, 256, 273
Chemise, 209, 235, 237
Chemisier, 256, 269
Cheveux, 299
   blancs, 306
Cheviotte, 199
Chirurgie esthétique, 38
Coaching, 186
Code, 31, 145, 149, 214, 283
   corporate, 23
   esthétique, 149, 152
Coiffure, 306, 310

Coïncidence identité-physionomie, 35
Col, 237
Collant, 263
Communication, 26–27, 32, 100, 115, 120, 138, 149, 163
    non verbale, 123, 142
Complet, 216
Confidence, 127
Conflit intra-psychique, 28
Connivence, 128
Corps, 71, 109, 154
    physique, 150
    social, 150
Costume, 216, 235
Coton, 269
Couleur, 210, 275, 306
Courrège, 179
Courtoisie, 98, 105
Cravate, 211, 238
Crayon, 316
Crinoline, 158
Culture, 115
Cybernétique, 46

D

Décalage, 141, 194, 272, 283
Décalé, 163
Décaler, 214
Déjeuner d'affaires, 130
Démarche, 133
Demi-lune, 313
Demi-windsor, 238
Denim, 160, 200
Dentelle, 264, 269
Derby, 242, 256, 294
Désactualisateur, 108
Devant le juge, 142
Développement personnel, 59
Dévêtu, 146
Disposition interne, 124

Distance
    intime, 127
    personnelle, 128
    publique, 128
    sociale, 128
Doigt, 114, 122
Double bind, 102
Duffle-coat, 225

E

Écoute active, 48, 127
Embauche, 141
Émetteur, 46, 128
Émotion, 48, 50, 58, 116, 131
Entretien, 149
Épi, 311
Espace, 130
    sensoriel, 43, 96
Establishment, 162
Estime de soi, 82
Ethnologie, 29
Éthologie, 29
Étiquette, 98
Excuse, 107
Eye liner, 316

F

Fashion victim, 173
Feed-back, 48, 116, 127–128
Feed-back loop, 86
Femme, 249
Fil-à-fil, 200, 256
Fonction, 124
Fort, 219
Four in hand, 238
Front, 112

G

Gabardine, 199
Gant, 244–245
Garde-robe, 193
Genre, 39

Gentleman-farmer, 225
Gestalt, 180
Geste, 114–115
Gilet, 219
Goretex, 201
Grand, 218
Grooming, 221
Guanaco, 199

H

Habit, 145
Haine de soi, 86
Haute couture, 155, 195
Héritage, 65
Holding, 82
Honneur, 103–104
Hug, 136

I

Idéal du moi, 82
Identification, 44, 60, 184
Identité, 75, 150
   visuelle, 139, 141, 250
Image, 120, 122, 133, 141, 182, 283
   des personnes, 138
   interne, 179
   psychique, 65
Image de Soi, 14, 30–32, 34, 36–37, 41, 43, 49–50, 61, 65, 77, 82, 86, 140, 174, 179, 186, 250
Imago, 65
Imperméable, 236
Impression, 209
Inconscient, 27
   collectif, 28, 67
Influence, 60
Injonction paradoxale, 102
Intemporel, 193
Interaction, 100
Interface, 40, 76, 149
Introjection, 37
Invariant, 81

J

Jambe, 114
James (Bond), 216
Jean, 167, 200, 272, 284, 291, 294
Jermyn Street, 222
Jeu, 94
Jogging, 272, 294
Jupe, 254, 256, 263, 269
Juste distance, 91, 124

K

Kilt, 256

L

Lacoste, 284
Laid, 150
Laine polaire, 201
Lambswool, 199
Langage
   corporel, 112, 143
   du vêtement, 148, 153
   vestimentaire, 143
Layette, 273
Lecture
   d'Image, 79, 127, 186
   du corps, 113
Leggin, 291
Lèvre, 114
Libre association, 81
Lin, 199
Linguistique, 78
Lisibilité, 183
Loden, 199, 225, 272
Loi somptuaire, 22, 155
Lolita, 167
Luminex, 202
Lunettes, 264, 311
Lurex, 179

M

Madras, 199
Main, 114
Malheurs de Sophie, 157
Manière, 143
Manteau, 236, 255, 269
Maquillage, 309, 316
Marinière, 256
Marque, 252
Matière, 256, 306
Mémoire, 75
Mentir, 101
Mérinos, 199
Message, 58
    connoté, 81
    dénoté, 81
Métalangage, 125
Métaphore, 76
Métoposcopie, 35, 109
Métrosexuel, 211, 220, 231, 291
Minimisateur, 108
Mocassin, 242
Mode, 150, 153, 156, 162
Mohair, 199
Moi, 46, 179
Monture, 313
Morphologie, 110
Morpho-psychologie, 28
Mouvement, 306

N

Narcissisme, 27, 40, 104
Naturel, 31, 61, 309
Neutralité, 128
Névrose d'échec, 87
Nœud papillon, 211
Noir, 210
Norme, 29
Nudité, 147
Numinosité, 69

O

Objectif, 152
Ombres à paupière, 316
Organisation des codes et des signes, 29
Oxford, 237

P

Pantalon, 158, 210, 230, 235, 255–256, 266
Paraboots, 242, 272
Parapluie, 245
Pardessus, 223
Parka, 227, 254, 262
Pas, 133
Peau, 114, 256
Personne, 124
Pertinence, 183
Petit, 218
Philosophie, 29
Phobie, 51
Pied-de-poule, 200, 256
Pieds, 129, 134
Piercing, 167
Place, 131
Poche, 231
Pochette, 240
Poignée de main, 136
Poil de chameau, 199
Polo, 236
Popeline, 237
Poudre, 316
Pouvoir, 162
Présence, 58
Prince-de-galles, 200, 256, 272
Prise de parole en public, 115
Projection, 37, 44, 81
Prophylaxie, 94
Proxémie, 126–127
Psychanalyse, 27
Psyché, 47

Pull, 254
Pulsion, 116
Pyjama, 209

Q

Qualité, 195, 254

R

Raglan, 224
Rayure, 209
Réactivité, 52
Récepteur, 46, 128
Regard, 38, 115, 123
Relookage, 179
Réminiscence, 52
Repas d'affaires, 131
Représentation, 75, 137
   de choses, 46, 50
   de Soi, 65, 76
Résilience, 29
Respiration, 114
Revers, 231
Richelieu, 242
Rituel, 99
Robe, 256, 269
Rôle, 92, 94
Rouge à lèvre, 316

S

Satin, 269
Savoir-vivre, 143
Séduction
   active, 42
   manipulatoire, 42
   passive, 42
   perverse, 42
Seersucker, 199
Sémiologie, 29, 78
Serge, 199
Shampooing, 310
Shopping compulsif, 173

Signal, 116
   d'expansion, 117, 120
   rempart, 117–118, 311
Signalétique, 145
Signe, 141, 146, 149–150, 152, 156
   de reconnaissance, 138
Signe-écran, 275
Signifiant, 81
Signifié, 81
Smoking, 235, 246, 271
Sociologie, 29
Soi, 77
Soie, 269
Soldes, 195
Somatisation, 50
Souplesse, 306
Sourire, 115, 316
Spencer, 246, 284
Sportmidable, 256
Stade du miroir, 28
Stiletto, 162, 256
Stimuli, 128
Strech, 218
Street wear, 146, 166, 245, 272
String, 167
Style
   « aventurier », 272
   « cow-boy », 272
   « écossais », 272
   « équitation », 272
   « gitane », 272
   « irlandais », 272
   « romantique », 272
   « safari, 272
   « tennis », 272
   baby-doll, 273
   campagnard, 272
   chasse, 272
   d'entreprise, 141
   maritime, 272
   sport, 272
   ville, 272

Stylo, 264
Subjectif, 152
Superman, 70
Support d'identification, 65
Survêtement, 254
Symbole, 67
Symbolique, 110
Syndrome de Vénus, 64

T
Tailleur, 255–256, 260
Talon, 263
Tchador, 300
Teint, 276
Teinture, 306
Tendance, 152–154
Tennis, 294
Territoire, 125, 129
  du moi, 126
Tête, 115
Texture, 209–210
Tissus, 196, 209
Tombé, 196
Tonus musculaire, 114
Total look, 252, 273
Totem, 142
Transgression, 162
Trench, 227, 269
Tribu, 23, 138
T-shirt, 269
Tutoiement, 125

Tweed, 200, 229, 235, 272, 287, 294
Twin-set, 269

U
Uniforme, 138
Unisexe, 162

V
Valorisation, 183
Vecteur d'Image, 30, 91, 142, 149
Vendeur, 202
Veste, 216, 255, 264
  safari, 254
Vêtement, 148–149, 189
Vêtu, 146
Vichy, 272–273
Vigogne, 199
Vintage, 290
Visage, 111
Visualisation, 26
Vocabulaire vestimentaire, 138
Volume, 307
Vuitton, 163

W
White tie, 246

Y
Yeux, 112
Yuppies, 210

www.ingramcontent.com/pod-product-compliance
Lightning Source LLC
Chambersburg PA
CBHW070719160426
43192CB00009B/1252